寻 梦

XUNMENG CAIHONG RENSHENG

彩虹人生

（第五版）

阮俊华 著

ZHEJIANG UNIVERSITY PRESS
浙江大学出版社

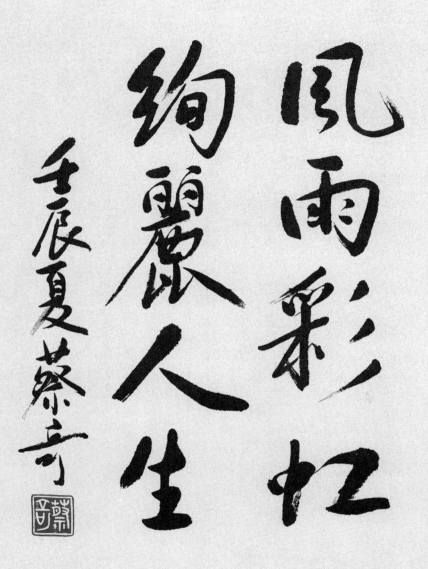

风雨彩虹 绚丽人生

壬辰夏 蔡奇

时任浙江省委常委、组织部部长蔡奇题词（2012年夏）

序一

大学的根本,是培养人才。胡锦涛总书记在清华大学百年校庆的讲话中指出,高等教育的根本任务是人才培养。党的十七大报告强调,要坚持育人为本、德育为先,实施素质教育,提高教育现代化水平,培养德智体美全面发展的社会主义建设者和接班人。我国《高等教育法》也明确规定,高等学校应当以培养人才为中心,开展教学、科学研究和社会服务,保证教育教学质量达到国家规定的标准。在当今信息化、文化多元化和经济全球化的大背景下,如何教育人,如何培养人,如何让大学生更好更快地成长,是当前大学教育所面临的机遇和挑战。

作为一所百年名校,浙江大学秉承"以人为本、整合培养、求是创新、追求卓越"的办学理念,以人的全面发展为核心,强调知识、能力、素质并重,着力培养具有远大理想、高尚品德、广博知识、健全人格、健康体魄的高素质的创新型人才和未来领导者。浙江大学在育人工作中积极探索育人新思路、新模式,广泛动员全校师生发扬求是创新精神,积极参与全员育人、全过程育人、全方位育人。在这个过程中,浙江大学涌现出了一大批高素质的优秀辅导员和育人教师标兵。2010 年度全国辅导员年度人物入围奖获得者、浙江大学管理学院党委副书记阮俊华老师就是其中一位。《人民日报》《中国青年报》、新华网、人民网、《浙江日报》、浙江电视台等数十家媒体均报道了他的事迹,在社会上引起了较大的反响。

阮俊华老师对思政工作有深入的研究,探索贴近实际的创业模式教育,牵头负责了教育部人文社会科学高校思政方向辅导员专项课题,以第一负责人的身份开展了多项浙江大学学生思政重点课题研究,多项成果获浙江省和浙江大学表彰,在国内核心期刊和正式刊物上发表了十余篇大学生思想政治教育论文,主编的《知行合一·实践报国——大学生从社会实践走向成功》一书是一本指导高校团委开展大学生社会实践的优秀参考书,故他的理念有着扎实的理论基础。难能可贵的是,阮俊华老师能够在理论研究的基础上不断深入育人之道的求索和创新,并将其转化为实实在在的育人平台,这样的平台具有广泛的示范作用和推广价值。第一,他探索出大学生创业教育实践新模式,推出求是强鹰实践成长计划,着力培养大学生创业就业的实战能力,优化大学生创业就业的资源配置;第二,他热心公益服务和环保事业,创新大学生志愿服务模式,创建绿色浙江、浙江大学青年志愿讲师团等社团组织,引领广大学生志愿者服务社会主义新农村建设和生态文明建设;第三,他创新思想政治教育新模式,推出个人实名腾讯微博、新浪微博和彩虹人生博客,努力打造一座师生交流的"彩虹桥";第四,他创新沟通服务渠道,做学生的良师益友,切实引领学生成长和发展。此外,阮俊华老师组织开展的个人"绿色通道"服务、"相约周五"行动和"院长面对面"活动,以学生成才为己任,用真情、真爱、真诚关心学生,营造了良好的育人氛围。

最为难得的是,阮俊华老师有着做一名好教师的崇高人生理想,并将其与大学育人工作紧密联系在一起。在他看来,人生最幸福的事情就是得天下英才而育之,人生最宝贵的财富就是培养众多优秀的学生,人生最大的收获就是学生对他的信任和情感,人生最大的快乐就是看到学生的进步和对社会、国家的贡献。他以他的青春和激情帮助和成全了更多青年学生的彩虹人生。

为了让这种育人理念和育人经验影响更多的人,让每一个有志青年都有机会开创绚烂的彩虹人生,阮俊华老师把彩虹人生博客的博文精选汇编成书,奉献给大家。本书的每一篇博文都体现了他在教书育人方面的感悟和体会,每一篇文章都是一座他与学生心与心交流沟通的"彩虹桥"。书中没有枯燥空泛、居高临下的说教,而是以一个朋友最朴实的口吻,深入浅出地解析大学生读书做人的方方面面,在娓娓道来中引导学生在内心深处实现深刻的成长。在"十年树人"一章中,他列举了众多孜孜以求、努力成才的浙大学子榜样,展现了育人的基本理念;在"湖畔沉思"一章中,他看到了很多学生在细节方面存在的问题,希望学子们不仅要大处着眼,更要小处着手;在"求是强鹰"一章中,他分享了在育人平台建设过程中的经验和心路历程;在"紫领论坛"一章中,他通过讲述紫领计划的开展过程和脚踏实地的一系列实践活动,展现了学子们成长成才的过程……

我希望更多的教师能够像阮俊华老师一样投身到立德树人、教书育人的工作中来,以高尚师德、人格魅力、学识风范教育感染学生,做学生健康成长的指导者和引路人!

浙江大学党委副书记

2011 年 9 月

序二　我喜欢看孩童吹出彩虹

小时候,我听老师说,气象上有一种光学现象——当阳光照射到半空中的水滴时,光线被折射或反射,天空中会形成拱形的七彩光谱,呈现赤、橙、黄、绿、青、蓝、紫,从外到内,有序排列,这就是众所周知的彩虹。

随着阅历的增长,我对于彩虹的认识也更深了一层。我体会到,人们心目中的彩虹其实不只是自然现象,也是一种人文现象。它由三大要素组成。

一是阳光。彩虹是放大了的太阳影子,是自然和人生的最大正能量。可以说,阳光是彩虹的父亲。

二是水滴。阳光只有照射到空中接近圆形的小水滴,才能形成彩虹。雨露是孕育彩虹的母亲。

三是梦想。随着工业化和城市化的快速发展,彩虹已经成为童年遥远的记忆。因为稀见彩虹,我会常常在公园驻足,看孩童用肥皂水吹出的泡泡上的彩虹。在雾霾笼罩之时,彩虹一定是绚丽的梦想。我们希望发展和成长,更渴望充满纯真、童趣、遐想的七色彩虹。

现实生活中,我们每个人都有彩虹情结。对彩虹内涵领悟颇深,而且以行动诠释其魅力的,当推浙江大学管理学院党委副书记阮俊华老师。他用20年心血打造和推广彩虹人生公益育人平台。在此要向阮老师表示由衷的敬意!

我是新入伙的,对彩虹人生公益育人事业的理解不深,但我把它当作在一位老师的感召下,一群理想主义者塑造人生彩虹的社会实验,旨在使人生像彩虹一样丰富、精彩、有意义,兼具梦想和追求。

为了让更多人,尤其是青年朋友们,能有机会感受我们共同经营的彩虹人生公益事业,更有机会去开创属于自己的彩虹人生,阮俊华老师不仅有行动,还将其在彩虹人生中经历的感悟整理成书,与大家分享。读者可以从"紫领论坛"中感受到,人生的可贵之处在于信仰的可贵,在于心中要有大爱;从"求是强鹰"中体悟到,创业创新,自我提升,共同迎接大众创业、万众创新的黄金时代;从"绿色梦想"中了解到,一个环保 NGO 执着了 15 年的梦想与坚守;从"十年树人"中明白,成长没有捷径,唯有经历磨炼,才能迎接人生的彩虹……

彩虹人生公益育人事业的参与者,不管是商界、政界、学界的导师、顾问,还是莘莘学子,都是社会的精英,都是一群追求人生意义的寻梦者。而阮俊华老师用行动回答,彩虹人生就是成就他人、造化自己。有梦想才有未来,有追求才叫人生。因此,我们永远年轻。

这是我在彩虹人生一次跨年活动中的即兴演讲,略作修改后,是为序,旨在推荐这本书。

浙江省科学技术厅厅长　周国辉

2015 年 3 月

序三 彩虹人生,让生命更有意义

生命有没有意义,我相信没有经历过的人,很难去定义。

翻开中国的历史——

盖西伯拘而演《周易》;仲尼厄而作《春秋》;屈原放逐,乃赋《离骚》;左丘失明,厥有《国语》;孙子膑脚,《兵法》修列;不韦迁蜀,世传《吕览》;韩非囚秦,《说难》《孤愤》;《诗》三百篇,大底圣贤发愤之所为作也。

翻开西方的历史——

精神病学和神经学专家、犹太人维克多·弗兰克曾连同他的家人被纳粹逮捕并押送至集中营。3 年后他被解救出来,成为为数不多的幸存者之一。他在《生命的意义》一书中写道:"一旦找到了生命的意义,一个人的生存适应力就会大大提高。"

被称为"希望使者"的尼克·胡哲天生无手无脚,他曾被普通学校拒之门外,曾被同学奚落甚至想过轻生,但是当他认定自己的使命是去激励更多人积极乐观地活着,他从一名需要别人关爱的个体变成给别人带来希望的励志演讲家。

翻开新闻——

在本世纪的一次矿难中,数十人丧生,而被深埋井下 5 天 5 夜的刘传良和刘健父子,却奇迹般地生还了。后来,刘传良说,是"为亲人活着"的念头救了他,支撑着他脆弱的生命。

……

在巨大的人生苦难面前,使生命得以延续的,就是活着的意义。生死之上是哲学,生死之下是人生。

人从思考与观察中认识自我,比如人与自然的关系、人在宇宙中的位置……随着文明的发展,人不再满足于为了生存而活着,开始寻求超越肉体的力量,开始思考自己未竟的事业,开始为了精神追求而废寝忘食,这是动物所不具备的。

事实上，人类的伟大在于跳出了仅仅为了生存的循环层面，进入了一种主观能动的进化。这种变革，来自从要求生存到追寻意义的演变。生存，是肉体的一种存续，更倾向于解决"怎么活着""怎么活得更好"的问题；而生命的意义，是精神的一种寄托，解决的是"为什么活着""为谁活着"的问题。

2019 年是我创办彩虹人生的 20 周年。1995 年 7 月我毕业留校担任辅导员，1999 年我创办了浙江大学绿之源协会，并开始搭建彩虹人生公益育人平台。我开始逐渐明白，教师的责任，就是教好学生；教师的幸福，就是成就学生。我在彩虹人生公益育人平台的建设中一直在追寻一名老师的价值和意义。

我很欣赏一句话：钱以外的东西才是梦想。金钱和物质，是使我们"活得更好"的手段，这种生存的筹码被太多的人当成了活着的意义和终极追求。为了金钱而赚钱，为了物质而消费，你可能会获得短暂的幸福，而最终陷入填补欲望的长期痛苦。未经历风雨，怎能见彩虹？为了意义而活，为了梦想而活，你会经历风雨历练的痛苦，但却会拥有长久的幸福。彩虹人生的意义，在于推动我们做一个有价值的人，而不是一个有价格的人。一个人的价值来自对人生意义的挖掘，而价格仅仅是价值的外在化和附属品。

当很多青年人停留在"生存—物质—价格"的循环，另一批青年人已经在彩虹人生公益平台上探寻"意义—精神—价值"的延伸。

19 年前的春天，当我还在浙江大学环境与资源学院做团委书记时，我的一位学生找到我，说想要在暑假骑自行车环浙江宣传环保。我相信这是一次冒险但充满意义的征途，就与他们一起组织了"千年环保世纪行"活动。2000 余千米、36 天的骑行，沿途环保公益的宣传，这让包括这位学生和我在内的一群年轻人的人生轨迹从此改变，更是催生了浙江首家民间环保组织绿色浙江。这位学生就是绿色浙江秘书长忻皓，19 年的付出和坚守，也让他从一名普通学生成长为首届中国生态文明奖获得者、中国青年五四奖章获得者、中国志愿服务金奖获得者，真正成为一名引领和推动社会发展的公益青年领袖。

浙江省七彩阳光公益基金会理事长王承超，在学生时期就是浙江大学优秀共产党员、浙江大学西部支教团团长，2012 年获得中国青年志愿者先进个人这一中国志愿者最高殊荣。他于 2007 年与我认识，并和我一起创办、推动求是强鹰计划,一直坚守着彩虹人生公益事业的梦想。无论是在贵州湄潭乡村支教,还是2013年毕业后继续做强鹰的专职服务工作,抑或是2017年参与创办浙江省七彩阳光公益基金会,他一直在追寻着自己的内心,实现人生更大的意义和价值!

杭州创业发展促进会秘书长张加林,90后女生,大学期间与我在微博上相识,后到求是强鹰俱乐部实习,一直追随着彩虹人生的梦想。作为2013年浙江省优秀毕业生,她放弃了公务员和企业高薪的机会,为了梦想全职加盟彩虹人生公益育人平台,做求是强鹰的专职服务工作,成为一名社会公益事业的专职工作人员。

他们选择无人比拟的勤奋和不计报酬的付出,他们选择将大把的青春、大好的时光花费在一般人眼中不具有物质意义的工作上。但我们坚信,以社会组织为代表的民间力量,将引领一场自下而上的社会管理变革,这必将创造更大的物质财富和精神财富。

心理学家马丁·塞利格曼曾说,追求有意义的生活,就是"用你的全部力量和才能去效忠和服务一个超越自身的东西"。当你意识到自身的意义,就能明确自身所肩负的责任,就不会为世俗的标准动摇内心,就能坦然地面对人生的任何挑战,拥有超越一般人的意志力和生命力。

彩虹人生,让人生不苟且、不庸碌、不迷茫,让生命更有意义。

阮俊华

2019年4月于浙大紫金港启真湖畔

前　　言

　　人生是一场不知终点在何处的马拉松。

　　当我 20 年前刚刚踏上绿色环保公益事业的道路时,我相信我的人生将由无数的绿色来点缀。而之后不论在工作还是生活中,我都坚持着自己作为一名环保志愿者的理想。然而,正如我彩虹人生博文中所说:人生是一场不知终点在何处的马拉松。经历了无数的风风雨雨,随着对学生工作的不断思考,对党建工作的持续投入,对教育事业的深刻感知,我逐渐领悟到:人生不应该是单色调的,而应该是多姿多彩的,正如风雨过后悬挂于天际的那道彩虹。如今,我正走在一条彩虹人生之路上,并且希望将它塑造成为一座通向未来的彩虹桥,帮助和成全更多的青年学生找到属于他们自己的彩虹人生。2010 年 8 月 29 日我受新浪网邀请开通了彩虹人生博客,一直坚持更新至今,2013 年 2 月 19 日我开设了彩虹人生微信公众号,也一直坚持更新至今。博客和公众号上留下了不少我对学生培养、大学教育、青年工作以及人生道路的思考。值彩虹人生创办 20 周年之际,值《寻梦彩虹人生》40000 册售罄之际,结合学生和网友的建议,我修改了部分文章,整理成最新的第 5 版与大家分享,希望与更多的青年朋友共同成长。

　　当今社会,物质的丰富如同一把双刃剑,在提高人们物质生活水平的同时,对不少人的思想产生了巨大的冲击。大学是衔接校园生活和社会生活的通道,我们的学生在接受学校教育的同时,也难免会遭受到社会上一些负面思想的侵蚀。

　　可以看到,当下不少青年朋友对未来的人生道路充满了迷茫:前路漫漫,我应该朝着哪个方向前行? 今后我的事业应该如何规划? 我应该如何为之努力? 心中充满这些疑问的他们,很多都在受到挫折后斗志全无、一蹶不振,抑或在以后的人生道路上逐渐趋于平庸。作为一名教师,我对这样的情况深感痛心。在我看来,很多青年学生的资质并不差,其中一些人的能力和水平甚至非常突出。他们本该有着美好的未来,但为何会踏上一条截然相反的人生道路呢？

这个问题看似难以回答，但似乎又很容易找到症结所在。人生是一场不知终点在何处的马拉松，而跑过马拉松的人都知道，三样东西不可或缺：方向（目标）、耐力（坚持）以及环境（机遇）。我想这三样东西能够很好地回答部分青年朋友在人生道路上的困惑与问题。我曾经说过，未来30年是中国社会重塑信仰的30年。信仰是什么？虽然很难下定义，但我认为，信仰就是指引人前行的明灯，就如同天上的北斗星，你可能无法触及它的所在，但是它能够帮助你辨别方向，让你找到今后的人生道路。理想亦是如此。不得不承认，在当今中国，不少大学生缺乏信仰和理想。大学之前的教育使得绝大多数的学生产生了一切以分数为重的思想，考上大学就是目标。然而当他们上了大学以后，这个目标就消失了。那么，接下来的目标是什么？他们不知道。如同一个马拉松选手跑到了预先设定的点，以为到达了终点，却蓦然发现，前面还有很多岔路，而他根本就不知道该往哪个方向前进。目标出现了断层，前行的脚步也就为之停顿。由此，很多学生大一前半年就在浑浑噩噩中度过，寂寞、空虚如附骨之疽，侵蚀他们的心灵，甚至改变了他们的人生轨迹。因此，我认为必须在大学之初就帮助学生塑造信仰和理想，帮助他们找到未来的人生方向。同时，也希望这本书能够帮助那些已经找到理想和信仰的学生更好、更快地成长起来。

当然，在我们的大学中还是有相当大一部分学生拥有自己的理想和信仰的。他们刚一入大学便有着清晰的职业规划，有着明确的人生目标。然而这些人中真正能够脱颖而出的，却寥寥无几。为什么？很简单，一个词：坚持。就如同在跑马拉松途中，很多人会感到疲乏，或是在遇到挫折时想要放弃。这时候，他们的脑海中有个声音在叫嚣：别跑了，休息一会儿，等体力恢复了再跑。于是一部分人停了下来，原地休息。但是他们重新起跑时，却发现自己很难回到休息之前的状态，而且已被未曾休息的人远远地抛在后面了。这时候，他们的脑海中又有一个声音响起：算了，别跑了，反正已经落后别人那么多了。于是，他们放弃了。坚持，一个说来轻松无比的词，却如同一条难以跨越的鸿沟，阻断了人们前行的道路。行百里者半九十，培养学生的毅力在当前的大学教育中尤为重要。那么，如何让大学生坚持自身的理想？如何帮助大学生抵御外在的诱惑？如何减轻大学生的思想包袱？……我未曾间断过对这些问题的思考，也希望我的努力能够鼓励大学生在人生道路上继续前行，帮助他们抵达理想的彼岸。

在我从事学生工作的这些年中,不乏学生向我诉苦,说自己得不到大的机遇,找不到合适的舞台展示自己。对于这样的学生,我通常会反问一句:你是否主动争取了呢?不少人在生活中抱有这样的态度:希望天上掉馅饼,还非要大的,如同宋国那个守株待兔的农夫一样。生活中没有"天上掉馅饼"的事情,机遇是要靠自己争取和把握的。没有付出,如何收获?机遇要靠不断努力得来。也有不少学生会忽视一些小的机会,然而,也许这些小机会就是通往下一个大舞台的大门。另外,常怀感恩之心对于抓住机遇而言也非常重要。机遇是别人给予我们的支持,因此我们要怀有感恩之心。怀有这样的心态,才能在今后的人生道路上更容易获得机遇。在本书的一些章节中,会不时提到感恩之心,我也希望我们的大学生能够怀着感恩之心,不断努力,抓住机遇,真正开创属于自己的彩虹人生。

有人会问:为什么想出这样一本书?其实我的目的很简单,就是希望在自己的能力范围内帮助更多的青年学生塑造信仰和理想,鼓励他们坚持不懈地走下去,更好、更快地到达理想的彼岸,能够成长为堪当中华民族复兴大任的时代新人。或许一个人的力量微不足道,一本书的能量也无法改变太多的东西,然而我相信,只要有一点点的改变,就会如亚马孙森林里的蝴蝶扇动翅膀一般,在社会上引领更多的人投身到为社会、民族和国家创造更多物质和精神财富的事业中来。

本书共分"紫领论坛""求是强鹰""湖畔沉思""绿色梦想""十年树人""佳节明志""真情告白"等7章,主要介绍了我对学生培养、青年工作和大学教育的一些实践、思考以及人生感悟。此外,本书还包括我对环境教育事业、大学生行为规范以及党建工作的一些认识,更有一些学生以及网友对文章的评论,摘录下来和大家一起分享。书中若有不足之处,希望大家批评指正。同时也欢迎更多朋友关注彩虹人生微信公众号和彩虹人生新浪博客。

在此,也与更多朋友共勉,共同寻梦彩虹人生,让人生更加出彩,让生命更有意义!

阮俊华

2019 年 4 月

目　录

第一章
紫领论坛

第二章
求是强鹰

第三章
湖畔沉思

第四章

绿色梦想

第五章

十年树人

第六章
佳节明志

第七章

真情告白

彩虹人生:培养引领和推动中国未来发展的健康力量

大学之道,在明明德,在亲民,在止于至善。

这是《大学》里的第一句话,也是开宗明义的一句话,直接地说明了教育的目标在于培养、弘扬正大光明的道德,在于弃旧从新,在于使人达到完美的境界。这也正是教育的伟大之处。浙江大学新时期的目标是培养具有国际视野、高素质的创新型人才和未来领导者,而管理学院也一直把培养具有国际视野、创新能力、创业精神、社会责任感的高级管理专业人才和未来领导者作为使命,现在我们提出了更加明确的目标——培养引领和推动中国未来发展的健康力量。

何谓健康?现代人的健康观应该是整体的健康观。世界卫生组织提出,健康不仅是躯体没有疾病,还要心理健康、社会适应良好和有道德。寻梦彩虹人生,就是要培养拥有理想、激情、阳光、微笑、感恩、责任、爱心等七大内在特质的健康力量。这也是我们创办紫领人才培养计划、求是强鹰计划等一系列学生成长计划的原因,我希望能有更多的学生努力成为引领和推动中国未来发展的健康力量,寻找到他们的彩虹人生。

永远不要放弃你的梦想、理想,因为它将是你成长道路上指引前进方向的明灯。当你在忙碌的生活中迷失自我时,请静下来想一想你的梦想、理想,重新找到方向,重新上路。当前进的道路上布满迷雾时,请找到那盏为你指引前进方向的明灯,踏上彩虹桥,顺利到达理想的彼岸。

有了理想,不能少了激情。如果说理想是舵的话,那么激情就是帆,推动我们长风破浪,直济沧海。在现实生活中,不乏怀揣理想者,但是由于缺乏激情,他们缺乏开创新天地的热情,对社会、对他人持悲观、冷漠的态度,或是对自己不够自信,而缺乏激情的生活让他们逐渐消沉。因此,充满激情也是一个人拥有健康力量的表现之一。

用激情点燃梦想,更需在阳光中塑造自我。外表的阳光,源于健康的体魄。这是一切的基础,就好比大楼的根基、战舰的底板,所以要认识到身体健康的重要性,养成体育锻炼和良好作息的习惯。而内在的阳光,是心态的阳光,是由内而外的焕发。内在的阳光可以照亮自己,感染他人,使我们的脚步更加坚定从容。

微笑,代表着一种乐观的态度。乐观,在当今社会变得越来越重要。当身处逆境、面临困难时,我们需要微笑,也许它无法解决实际问题,但它能够帮助我们获得面对困难和逆境的勇气和信心。调整好心态,也许成功就在不远处。阳光总在风雨后,而在风雨中我们更加需要微笑,去迎接崭新的天地。

感恩,是作为引领和推动中国未来发展的健康力量所必备的心态。感恩社会,感恩自然,感恩集体和他人,感恩父母,感恩自己,一切的一切都值得感恩。正是由于感恩,我们才会自愿去承担责任;正是由于感恩,我们才会乐于奉献,为促进整个国家、民族和社会的发展贡献自己的力量。

责任,是在《寻梦彩虹人生》一书中出现频率最高的几个词之一。健康力量的核心就是责任,包括社会责任、生态责任、集体责任、家庭责任、自我责任。生活在这个社会中,我们扮演着不同的角色,也要承担相应的责任。一个有责任感、敢于担当的人才能成长为中国未来的脊梁,才能真正去引领和推动社会的发展。

爱心,是博大的关怀,是奉献的精神。奉献爱心,源于无私,始于担当,重在行动。我们要学会关心、理解和帮助他人,使自己的心灵得到升华,使生活变得更加充实而幸福。另外,做一件好事容易,难的是做一辈子好事,所以爱心更应是一种坚持,让爱在心中扎根,坚守奉献精神,持之以恒,引领社会风气,承担共建和谐的责任。

我们在创办紫领计划时,以提升学生的榜样性、激励性、愿景力、创造力、号召力为育人出发点,以期在优秀大学生中更好地培养并造就具有国际视野、创新能力、创业精神、社会责任感的中国未来的脊梁。而我也希望在未来的日子里,能够有更多的青年学生养成理想、激情、阳光、微笑、感恩、责任、爱心的彩虹特质,拥有属于自己的阳光心态,真正成为引领和推动中国未来发展的健康力量。

而本书的目的就是希望通过我的一点点教书育人的经验和感悟,帮助更多的青年学生培养他们的彩虹特质,拥有阳光向上的心态,寻找他们的彩虹人生。

雨后天霁,当阳光照射到空气中的水滴时,光线通过折射和反射,在天空上形成拱形的七彩光谱,这就是彩虹。青年是早晨八九点钟的太阳,正处于蓬勃向上的时期。在引领和推动中国未来发展的健康力量的道路上,我希望我们青年学生能够散发出如太阳一般炽热的光芒,在经历风雨的磨砺之后,折射出如彩虹一般绚丽的人生道路。

与诸君共勉!

(2012-02-10　09:13:16)

(http://blog.sina.com.cn/s/blog_6b84aa070102dwqm.html)

第一章　紫领论坛

　　紫领人才培养计划作为浙江大学彩虹人生公益育人品牌之一,以信仰为名,以卓尔不群、超越自我为出发点,结合新时代对新型人才的呼唤和需求,以内在品质塑造和领导力提升为目标,邀请50余位政界厅级以上领导干部担任紫领特聘导师,以导师带徒的形式培养紫领学员,选拔与培养富有责任担当与奉献精神、有志于公共管理服务事业的浙大学子。

　　紫领人才培养计划自2009年9月启动,坚持至今已有10年,形成了以政界、学术界、公益界知名人士为代表的紫领特聘导师队伍,开展了新颖的紫领导师带徒、紫领问政讲堂、紫领课堂、紫领论坛、求是堂沙龙、紫领基层挂职等品牌活动,形成了以紫领人才俱乐部为平台支撑的育人新模式。往期学员包括往届或现任浙江大学学生会、研究生会、博士生会的主席团成员及各大社团负责人,也包括浙江大学十佳大学生、学生辅导员、国家奖学金获得者、竺可桢奖学金获得者、百人会英才奖获得者、教育部学术新人奖获得者等在内的历届浙大优秀学子,推动了众多求是学子毕业后服务基层、服务西部、服务国家。

　　在彩虹人生的博客中,专门开设了紫领论坛板块,以供紫领学员和众多网友进行思想交流和碰撞。也希望他们能在其中领悟到紫领精神的内涵,并在今后的工作和生活中不断用紫领精神来严格要求自己,促进自身的成长和发展,同时承担起自己肩负的责任和使命,帮助身边的同学,引领时代和社会的风尚。

彩虹人生 20 年:成全他人才是更大的价值和意义

在我看来,每一个学生就好比一粒种子,都有与众不同的基因。发现每一个生命个体的独特之处,应该成为所有教育的出发点。

美国游泳名将菲尔普斯曾经是一个被人嫌弃的孩童,他因为大耳朵以及口吃,被同学嘲笑。从幼儿园开始,他很难安静地坐着,不能集中注意力,被诊断出多动症。他曾经被断言什么事情也做不好,这让他的母亲深感不安。不过,早在菲尔普斯童年时期,他特异的体型便引起了游泳教练的注意,他的大手大脚就像水中的桨,修长的四肢也非常利于在水中前进。正是由于教练的发现以及菲尔普斯超出常人的艰苦训练,他成为在奥运会上斩获八金的第一人。

对游泳天赋和兴趣的发掘,成就了菲尔普斯。并非每一个孩子的特质都很容易被发现,这也就给了教师一个光荣而神圣的使命——帮助他人发掘生命的特质和兴趣的方向,这意味着一种成全。教育,应该因材施教,而不应该齐头式地划定标准,以致沦为冷冰冰的机械化大生产。

彩虹人生,其实是想告诉每一粒正在萌芽的种子,人生不是黑白而单调的,也不存在唯一的标准,而是有着无数斑斓的选择和空间,关键是找到适合自己的颜色和位置。彩虹人生一直致力于帮助青年学子找到前进的方向。

彩虹人生强调"成全"而非"成功",我们不一定非要用世俗的标准来评价每一个孩子的未来。正如林清玄所言,国宝级的红豆杉固然可以做雕刻、做家具,但平凡的榕树又何尝不能当风景呢?让孩子沿着适合的方向去发展,我认为这就是一种高尚的成全。

教师的第二个神圣使命,我认为是提供成长的平台,这也意味着一种成全。同样的一瓶饮料,在便利店里卖 5 元,到中档饭店卖 10 元,而到了五星级饭店就卖 50 元。水没有变,关键是平台变了。

2019 年是彩虹人生成立 20 周年。我的学生中,有中国志愿服务金奖、母亲河奖获得者,有浙江省在校生中获千万元风投的第一人和全国"互联网十"大学生创新创业大赛总冠军,有浙江省师德先进个人青年教授和万人计划青年拔尖人才,有中国十大杰出青年和全国劳动模范。他们的成长所折射出的最朴素的道理,就是平台有多大,舞台就有多大。彩虹人生就是那座彩虹桥,可以成全更多青年人的梦想。

一根蜡烛点燃另一根蜡烛,不但自己没有损失,而且为世界带来了更多的光和热。教师的第三个神圣使命,就是用一盏心灯点亮另一盏心灯。

什么是"心灯",我认为是青年人对成长的渴望和诉求,也可以理解为上进心。一粒种子,纵然有适合成长的空间和方向,有优良而肥沃的土壤,但如果心门没有打开,也终究没有萌芽的希望。

一个鸡蛋,从外打破是食物,从内打破是生命。人生亦如是,从外打破是压力,从内打破是成长。激发青年人的上进心,就会让他们更加主动地成长。这就需要教师的引导和个性化的关怀与鼓励,用大爱教育人、帮助人、成全人。

对于一名教师而言,人生最幸福的事情就是得天下英才而育之,人生最宝贵的财富就是培养了众多优秀的学生,人生最大的收获就是学生对他的信任和情感,人生最大的快乐就是看到学生的进步及其对国家的贡献。

作为一名教师,人生的价值不在于我们自己有多闪光,而在于有多少青年学生和朋友因我们而闪光。

人的一生,不仅仅要成就自己,成就他人才是更大的价值和意义。寻梦彩虹人生,我愿弯下腰,成为一座彩虹桥,以青春和激情帮助和成全更多青年学生的彩虹人生!

(2019-03-24)

(https://mp.weixin.qq.com/s/jHlNK0NKTIy_Dl_m-2AhtQ)

评　论

笔墨人生

作为一名学生,遇到彩虹人生、遇到阮老师是我莫大的幸运。这里就是我的精神家园、人生启蒙地。这里帮我明悟初心和志向,阮老师那种无私奉献的精神和家国情怀深深感染着我,让我有动力选择到基层去服务;这里帮我拓展视野和格局,德高望重的老师,满怀理想的同学,每一次交流都是精神的洗礼,都是格局的重塑,都是能力的提升;这里帮我激发自强不息的精神,让我明白人生需要奋斗才最美,人生需要奉献才最高尚,而今投身基层,便是以我所学所悟去奋斗、去服务,有锻炼与成长,更有快乐与幸福。不论求学还是工作,阮老师都一直无私地关爱和帮助我,我觉得自己无比幸运,无比感恩。

Goldpine

平台,不只是机会的集散地,更是勇气的磨炼场。回想过去,在青涩懵懂的时候幸遇彩虹人生,一路走来已然是第5个年头。这个平台带给我的远不只是成全,更重要的是让我找寻到了人生的方向。那种感觉,仿佛在大海远航中看到了灯塔的光亮,于是整个人充满了希望和力量。在这个平台上经历的人和事丰富了我的大学时光,让我的思想日益丰满,让我的能力精进提升。展望未来,我敢于应对挑战、追逐梦想,因为身后有平台的陪伴。彩虹人生本身就是一曲彩虹的乐章,我希望能陪它走过下一个20年。

吴涛

时间很快,走出校园5年,常在想校园生活中什么人、什么事对我的影响最大。我想除了系统地学习了专业理论知识外,应该就是遇到了阮俊华老师,并加入了彩虹人生公益育人平台。在这里,阮老师一以贯之的奉献精神、脚踏实地的务实作风、为国育才的高尚品格以及将学生视如己出的关心关爱为我树立了一个生活上、工作上的崇高榜样,让我在职业发展上有了目标,前进道路中有了依靠,逐风飞翔时有了温暖。在这里,除了遇到了好导师,还遇到了一群有共同追求的小伙伴,大家先后都走上了工作岗位,一起发光发热,你促我赶,你传我带,将彩虹人生燃起的那盏明灯薪火相传,将初心、将理想、将那份守望相助一直传承下去。我想再过5年、10年,可能人生的感悟会更加丰富,但彩虹人生、阮老师、一起成长的小伙伴留在心间的温暖则弥足珍贵。感谢生命中遇到你们!

少一些"自我",多一些"无我"

　　冯友兰先生在《人生的境界》一文中提到,人有四种境界:自然境界,仅仅满足于生理的需求;功利境界,热衷于功名利禄;道德境界,能端正自己的行为并努力感化他人;天地境界,达到人与自然的和谐统一。现在的人,大多还是处在功利境界,只关心自己眼前的名利,很少探讨作为一个人是否应该在道德上和天地内多做一些思考。

　　让我感到一丝担心的是,在社会的大环境下,功利的势头似乎还在青年学生中蔓延。在日常的学生工作以及和学生的交流中,我发现有的同学似乎十分热衷个人的得失:如何获得一份收入颇丰但安逸的工作,如何获得一些荣誉头衔,一旦有什么事与自己的想法、利益相悖便起而攻之,等等。当然,学生追求成功的愿望是值得欣慰的,尤其是在竞争日益激烈的今天。不过,有人说,中国人"轻家国而重乡土,怯于公战勇于私斗",我们这个伟大的民族还是存在着重视自己而轻视国家大义的劣根性。那么,我们能否跳出狭窄的"自我",而更多地向道德境界和天地境界追求,以达到"无我"的境界?

　　我们的大学,尤其是像浙江大学这样全国一流的大学,应该更多考虑社会的责任和民族的未来。大学本身就是人类灵魂的圣地,集古今思想文化之大成。大学的成就不仅在于培养出了多少科学家、多少工程师、多少管理者、多少学者,更在于是否能够引领时代风尚,在多大程度上能够改善社会现实。大学应该要做道德和责任上的标杆,让他人包括我们的教师和学生明白,我们不仅仅是在工作和生活,更是在改善社会,改善人类的未来,这才是大学真正的使命。

　　围墙之内,努力隔绝社会上的一些喧嚣和浮躁,维持着校园一方净土,就是想让在校园内熏陶多年的大学生明白自己的价值不能通过收入、名誉来衡量,而是更多地体现在自己身上肩负的国家责任上,用自己的思想和行动来改变这个社会,对抗社会的种种不公,净化人们的心灵,做指引他人前进的明灯。我真诚地希望我们的青年学生能够少一些"自我",多一些"无我",将眼光更远地放在我们的社会、民族、国家和世界上,多思考能够做什么让他人生活得更好、更有尊严,让我们的社会更加完美,让我们的世界更加和谐,从中让自己的精神境界得到升华。

(2010-12-09 08:20:55)

(http://blog.sina.com.cn/s/blog_6b84aa070100nlnw.html)

□ 评 论

鲍 睿

阮老师,我认为在"自我"到"无我"之间还需要一个"有我"的过渡。人的成长并不是一蹴而就的。"有我"指的是人从自我走向社会的一个过渡环节,首先是突破自身思想的桎梏,开始融入社会,并在社会中、天地间感受自己的存在,逐渐实现自身价值与社会价值的统一。最后才达到真正的"无我"之境,做到自身与社会、国家和自然的和谐统一。

许唯杰

其实,在我看来,很多同学在进入大学之前已经或多或少、主动或者被动地以自我为中心架构了自己的价值观,这样的价值观可能是来自人性本身,可能是来自身边的影响。同时也有很大一部分人是心怀天下、心中有梦来到大学的。所以,大学其实起到了对人生的巨大影响作用。要在大学营造起一个良好的氛围,在象牙塔内给学生做梦的空间,即使学生有些过激的行为也要允许。因为如果一个民族的青年都没有一点做梦的能力,那么这个国家也将危矣。

前不久和高中的同学聊了很久,在一个相对较差的学校的他更深刻地体会着大学中的投机分子的功利性,为了个人利益去入党、去加入各种组织、去做一些竞赛项目,而最终的目的仅仅是得到一份好的工作。我不敢说他们错了,只想说这样的现实很让人悲哀,而我的同学也感到很孤独。

我是这样鼓励我的同学的,只要有理想、有抱负,即使艰难也要坚守下去,总有拨云见日的那一刻。

改变别人或许需要很久,但是坚守自己是我们的底线。只有坚守住了自己,才能去改变社会。希望有梦想、有担当的大学生能为了家国天下守住心中的一片净土。

柳 思

我觉得阮老师的意思还可以表达成少一些"小我",多一些"大我"。日常生活中我们要少用表示自己的"我",而应常常说"我们"。用"我们",说明我们已经深深地融入了脚下的这片土地。接下来的中国,是大发展、大变革的中国,历史的发展需要一批引领社会、改造社会、把握方向的壮志青年,需要他们少一些功利,多一些革命激情;少一些斤斤计较,多一些高瞻远瞩。我们就要做这样一群走在最前面的人,我们的母校也应该培养这样一批肩负复兴使命的青年。

lhy0825

从自我到无我,是一种质的变化。然而,质变的发生需要进行量的积累,这样的转变需要多方的积累以及各方面的准备,包括社会上的、学校中的,更重要的还是我们自己的。学校是一方净土,学校提供给我们的应该是一种思想的碰撞,蔡元培曾经有言"兼容并包"。大学提供给我们的"准备",正是一种思想的潮流。让这种纯净的思想净化我们的内心,让我们可以修炼内功,不断在社会实践中完成自己的量的积累。

有所不在乎是一种人生大智慧

最近在网络上经常看到这样一句话:"神马都是浮云。"开始,我不了解这句话是什么意思,于是去网上查了一下,原来是"什么都是浮云"的谐音,意思是什么都不值一提,颇有些感慨之意。在《论语》中有这样一句话:"不义而富且贵,于我如浮云。"这里的"浮云"似乎与"神马都是浮云"里的"浮云"有着相似之处,但又传递出不同的思想观念。当然了,很少有人能够达到"神马都是浮云"这种超然物外的境界,但我则希望我们的学生能够学习一下孔夫子,真正体会一下"浮云"所体现的含义,对一些身外之物不去刻意追求,当它是浮云。因为,有所不在乎也是一种人生的大智慧。

我记得柳宗元写过一篇《蝜蝂传》,专门介绍了一种小虫——蝜蝂。这种小虫善于负重,把凡是看到的都背到自己的背上,就算是自身的负担很重了,也不放下,最终把自己累垮了。虽然这只是一个寓言故事,但是在当今社会,我们还是能够看到一些"蝜蝂"的身影。他们在乎的东西太多,而没有一丝放弃,最终让自己陷入绝境。有所不在乎,才能减轻身上的负担,并让自己的身心得到健康的发展。

有所不在乎,其实是一种人生大智慧。首先,它要求人们做出选择,有所不在乎,就必然有所在乎。孟子有言:"生亦我所欲也,义亦我所欲也;二者不可得兼,舍生而取义者也。"我希望我们的学生能够坚持自己的理想,而放弃对一些身外之物(如金钱、权力)的追求,做到有所在乎,有所不在乎,在乎的要坚持下去,不在乎的不要去刻意追求。其次,"有所不在乎"要求人们保持淡然的心态去面对社会上的物质诱惑,不去计较物质利益的得失,并让自己的内心强大起来。最后,"有所不在乎"要求人们有大局观,不在乎眼前的一得一失,而更应该从国家、民族和历史的角度去看待问题,而不是局限于个人的小世界。

随着市场经济的持续发展,物质条件的不断提高,人们对物质的追求也在逐渐加强。而市场所带来的竞争压力也在驱使着人们去更多地关注一些外在的事物,从而忽略了对精神方面的追求。人们在乎的外在事物越来越多,而由此所引发的压力也越来越重。一些社会问题的出现,固然有社会转型和发展这一大前提,但人们对外在事物的刻意追求也加剧了社会矛盾。不难看出,社会上的很多人,都处于一种浮躁的状态,而这种状态对于个人发展、社会进步、民族富强甚至国家发展都是不利的。所以,我希望我们的青年学生能够学会有所不在乎,对一些事物抱着"浮云"的心态,学会取舍,适当放弃,这样既是对心灵的一种减压,也是对自我精神境界的一种提升。

由于高校逐渐开放,我们的学生与社会的接触也逐渐增加,而不少学生沾染上了社会的浮躁之气。无论是在学习、工作还是社会实践中,一些学生的行为多多少少都带着功利的色彩。还有一些学生过于看重绩点和荣誉,为了这些东西而采取不正确的方法和途径,又或者给自己带来很大的心理压力,最后误入歧途。我希望我们的学生能够学会有所不在乎,不要刻意追求绩点和荣誉,一切顺其自然,按照自己的能力去获得。而且我认为,绩点和荣誉仅仅是大学这一段时间内成绩的体现,并不能代表一个人的全部,一个人更重要的是内心的崛起和能力的提升。与此同时,我们的学生不应该把自己的眼光局限于自身的利益上,在乎眼前的得失,而应该将眼光放得更加长远一些,站在国家、民族和历史的高度去看待问题,做出取舍。

我希望我们的学生能够从自身的实际出发,从自身的定位和责任出发,真正做到有所不在乎,并坚持自己心中的信念,为了理想而不断奋发前行。

(2010-12-30 08:00:01)

(http://blog.sina.com.cn/s/blog_6b84aa0701000o5nr.html)

□ **评 论**

毛 毛

我们要做到恰到好处,因为过犹不及,过分地看重很多东西,到头来什么都没有做好。君子当有所为,有所不为,也是一个道理。阮老师说得很对,生活中很多东西只是一个工具或者一个外在的"皮",真善美才是值得我们追求的,心灵美才是真的美。这也让我想到了大师的成长,大师在成名之前都是默默无闻的,他们不会有浮躁的心理,而他们对自己领域内的东西都有着执着的爱。我会以这篇文章为鉴,追求属于自己的美。

WenYi

在我看来,人生就像一个天平,我们总是在天平的两端做着这样那样的选择,从而走出自己的人生。如果说天平的一端是我们心中执意追求的,另一端是可有可无的,那么显然,有所在乎的一端要远远重于有所不在乎的。"浮云"需要借助一股强劲的风将之吹去,这股风就成了关键,它可以是师长的智慧点拨,也可以是一路前行的心得体会,但归根结底还是我们自己思考后的明悟与取舍。我们常常强调当代大学生需要内心的崛起,而如何才能崛起,执着与放弃的权衡是关键。现在的我们,正在一步步地学会区分金子与浮云,一步步地践行"耐得住寂寞,经得起诱惑",一步步地追求人生中值得在乎的东西。

lhy0825

"蚓无爪牙之利,筋骨之强,上食埃土,下饮黄泉,用心一也。蟹六跪而二螯,非蛇鳝之穴无可寄托者,用心躁也。"荀子的谆谆教导,正阐述了用心专一的道理。如果同时关注过多的东西,早晚会因为不堪重负而亡。人是一种奇怪的动物,往往不容易满足,得到了这个,还想得到那个,即使这些东西对自己的实际意义很小,但是为了追求所谓的满足感,也会趋之若鹜。我们要追求的,不应该也不可能是所有的东西,这是不现实的,毕竟个人的力量是有限的。因此我们应该豁达些,看淡些,那些对我们真正有意义的东西才是值得我们付出努力去追求的东西。而这一切取决于另一个因素——目标。目标的英文是"goal",而它又正是射门得分的意思。在球场上,无论是传球还是断球,最终都是出于一个目的——进球得分。这就是足球比赛的目标,是对比赛双方最有价值、最有意义的东西。人生也是如此,如果没有明确的目标,人们会迷茫,正因如此,很多人对很多事情放不下,无法释怀。我们需要明确自己的人生目标,追寻真正属于自己的一片蓝天!

全面发展很有可能全面平庸

　　大四学生的求职热潮已经持续了数月,这不仅是对同学们四年学习成果的检验,也是对我们学校教育成果的测验,看看我们是否为国家输送了合格的人才。面对就业,同学们也做了方方面面的准备,比如参加一些职业技能的考试、丰富自己的学生活动经历、参加各种公司的实习等。同学们为就业做充分的准备是好事,但我也发现,很多同学在面临个人发展时,总是讲求面面俱到,什么都不肯落下,美其名曰"全面发展"。但我觉得,全面发展很有可能会导致全面平庸。

　　通过与同学的交流,我发现很多同学似乎并未对自己的未来发展有一个明确的人生目标和完善的规划,至少部分同学未能清楚地认识自己,发掘自己感兴趣、有潜力的发展方向。在未来就业、升学的压力下,由于对自我认识不清,导致了内心的焦虑和恐惧,迫切希望提高自己的竞争力,但又不清楚努力的方向,最终导致盲目地考证、考研或者参加一些社会和学生活动。这样的同学虽然在各个方面都得到了提高,但总体看来缺乏专长,特色不够鲜明,缺乏核心竞争力,呈现出平庸化。

　　这个问题涉及我们到底培养的是"全才"还是"专才",其实问题本身并不难解决,"专才"与"全才"应该辩证地看。"专才"必定具有广博的知识综合能力,而"全才"也必定在某一个方面能够独当一面并颇有建树。我们浙大的学子很聪明,也很有发展潜力,当前摆在大家面前的不在于是否掌握了知识、是否具有处理问题的能力,而在于同学们是否清楚地认识自己、是否能找到自己的兴趣所在、是否能主动地发掘和培养自己在某一方面出众的能力,也就是是否能把握自己的核心竞争力。

　　把握自己的核心竞争力是自我发展和社会发展的要求。亚当·斯密就提出过社会分工的观点,当今社会尤其体现了日益细化的分工,每个人被分配到自己最擅长的那个领域,各得其所,发挥最大的优势,这样才会促进社会利益的最大化。把握自己的核心竞争力也是个人发展的需要,相信大家都知道机会成本,如果你把自己的精力耗费在一个自己并不具有潜力的领域,你的成本就不仅仅是精力,还有你因此失去的因专一于某个有潜力的领域所可能获得的成就。这对社会和个人来说无疑是巨大的浪费。

对此,同学们应该尽快更好地认识自己,发掘自己感兴趣、有潜力的发展方向,学为梦想所学,研为兴趣所研。大一的同学在学有余力的前提下可以适当地跨学科选修一些课程、参加一些学生社团和社会活动,广泛地涉猎,并从中发现自己热爱并愿意为之奋斗的方向。而大二的同学可选择一个自己感兴趣的专业和领域,规划自己在该方面的发展前景。到大三时,我们的同学则应该不断整合自己的核心竞争力。经过大学四年的努力,我相信同学们一定能够更快地找到和明确自己的目标和方向!

(2010-12-13　08:07:50)

(http://blog.sina.com.cn/s/blog_6b84aa070100npc1.html)

评　论

鲍　睿

无论是一个国家、民族还是个人,都需要自己的核心竞争力。其实很多人都在纠结自己的核心竞争力是什么。我觉得核心竞争力不是特长,不是技能,而是一种思想和品格,是一个人在为人处世中与他人相异的自我特色。

"全才"和"专才"之论其实就是时间管理和自我管理的问题,我觉得如果一个人能够真正做到全面发展,那全面发展也是他的核心竞争力;而如果专才所专之处只是一味地投机,也不是很好。

我觉得阮老师这篇博客很有道理,时间和精力必然是有限的,我们必须找到自己的核心竞争力。全面发展可能很难,但是我们要做到在找到自己的核心竞争力之后继续全面提升自己,而不是盲目地"全面发展",否则就可能分散时间和精力,最终导致全面平庸。

这也是一种投资,把鸡蛋放进多个篮子里固然能够降低风险,但是把鸡蛋放入一个篮子里也能让自己为了一个目标而不断努力。

强鹰魂—中国心

赞同阮老师的观点,要尽早发现自己的兴趣并持之以恒地奋斗。

关于专才和全才,我觉得有时候并不矛盾,更确切地说这应该是能力培养的两个维度。一方面,我们需要"人无我有,人有我优"的独特竞争力,不管是深厚的专业知识、娴熟的人际关系管理,还是超强的学习能力,都是保证你顺利进入职场所必需的。但另一方面,我更愿意把"全才"的概念理解成宽广的知识面与完善的人格,一个学理工科的如果能在文史哲方面有所涉猎,他的视野与格局一定不是单纯学理工科的学生可以企及的。同样,在企业中越往上需要"虚"的东西越多,"全"的东西越多,"具体"的、"专"的东西则会逐渐减少。

我们要有自己的核心竞争力,更要锻炼自己全面的素质。我想前者能让我们在社会立足,后者能让我们走得更远。

裴冠雄

宽口径的知识背景在这个知识大爆炸的时代下很可能会使一个人显得肤浅,样样都懂一点,但没有深入与挖掘。然而,宽口径培养又是必需的,因为其目的在于让我们发现自己的兴趣点,清楚自己今后的发展方向。所以,宽泛是精深的基础,就好像我们要打一口油井首先要找到一片油田一样。所以,我认为大学本科需要走的路分为三段:一是发现兴趣的过程;二是整合匹配的过程;三是深入挖掘的过程。走好每一步都很关键!

lhy0825

其实,在大一一年,我并没有考虑过自己的发展方向,或者说是很少考虑,更多还是一种高中的思维,学好课本上的知识就好了。对社团工作,也是得过且过。然而到了大二,刚刚开学的时候,就经过了一段极其痛苦的思考过程,明确自己真正想要什么样的生活、一个怎样的人生。这段思考虽然痛苦,却是值得的。在明确了自己的目标后,终于可以很规范地安排自己的生活,让每一天过得有意义,而不是在纠结中度过,节省了很多精力。大二,学习要抓紧,社团要明确自己的定位,负责地、踏实地做好每一件事,过平静的生活,这就是我想要的。有了这个目标,我很充实。"全才"是可遇而不可求的,人要先"专"于一业,才能不断深化,朝着"全才"的方向迈进!

寒门亦能出贵子

最近，一名教师发帖称"这个时代寒门再难出贵子"，这条帖子在网上引起热议。作为一名大学教师，我也想就此问题发表一下自己的看法。

在探讨这个问题之前，我们有必要先界定一下什么是"寒门"，什么是"贵子"。所谓"寒门"，我理解为没有特别关系背景的普通人家，同时家境清贫。而何为"贵子"，这就涉及价值观的问题。有人说"贵子"是那些考上名牌大学的学生，也有人认为"贵子"是父母财富自由、事业成功的家庭的孩子，还有人把"贵"和"权"直接联系在一起。综观大部分的评论，对"贵子"的界定都是从物质的角度来体现的，我把其称为外在的"贵"。

在我看来，"贵子"的"贵"更应该是一种内在的人格力量和精神品质，贵在积极进取、乐观向上的心态，贵在敢闯敢干、永不服输的勇气，贵在专注做事、坚持梦想的恒心，贵在感恩他人、回报社会的精神。如果一个人拥有了内在的"贵"，那么拥有外在的"贵"只是时间问题。而如果一个人缺失了内在的"贵"，外在的"贵"也只会是一时的。

日本经营之父松下幸之助曾经谈到他的成功之道："我获得成功，很大程度上是受到上天的眷顾，他赐给我三个恩惠，让我受益无穷。第一个恩惠是贫困，我家里很穷，穷得连饭也吃不起。托贫困的福，我从小就尝到了擦皮鞋、卖报纸等辛苦的滋味，并以此得到了宝贵的人生经验。第二个恩惠是孱弱，从一出生，我的身体就非常孱弱。托孱弱的福，我得到了锻炼身体的机会，这使我人到老年仍身体健康。第三个恩惠，就是我的文化水平低，因为我连小学都没毕业。托文化水平低的福，我向世界上所有的人请教，从未怠慢过学习。"

松下幸之助的成功告诉我们，内在的人格力量和精神品质可以改变人生轨迹，别人眼中的磨难和困苦变成了松下幸之助眼中的财富和恩惠，同样的事物因为心态不同产生了完全不同的效果，心态决定了是你去驾驭生命还是生命驾驭你。人生多坎坷，世上存不公，有的人向现实妥协，放弃了自己的理想和追求，在抱怨中度过余生；而有的人没有低头认输，勇于面对，敢于追求自己的幸福,最终在人生的竞赛中胜出,这样的寒门贵子不胜枚举。

李嘉诚童年过着艰苦的生活,父亲因病早逝,身为长子的他为了养家糊口及不依赖别人,决定辍学,最终凭借自己的乐观和努力,创造了财富的神话。国际数学大师、中国现代数学之父华罗庚曾因家庭贫困辍学,在父亲经营的小杂货铺当学徒。在此期间,他利用业余时间自学数学,他的专注与坚持最终使他圆梦清华,走向了数学研究的巅峰。

万科王石、联想柳传志、海尔张瑞敏、泰康人寿陈东升、SOHO 中国潘石屹、吉利李书福……贫寒、颠沛的早年经历,是现在许多 45 岁以上中国企业家的集体记忆。他们虽然人生起点低,起跑落后,但保持着乐观向上的良好心态,坚守诚信做人、勤勉做事的人生原则,以梦想和感恩抑制焦躁和虚浮,以观察和思考代替牢骚和抱怨,最终打造出了中国企业界的航空母舰。

请记住,与其抱怨黑暗,不如点亮蜡烛,审视我们的过去,调整我们的心智,培养自己内在的"贵",才能成为真正的贵子。那些没关系、没资金、没资源、没机会的说法只是容忍自己平庸的托词。

我担任辅导员十多年,见过的学生很多,许多高智商的青年学生很难走得很远,原因就是太注重外在的"贵",被钱和权迷住了双眼,却忽视了内在品质的塑造和培养,很容易功利性地选择自己认为最需要的事,很难充满热情并执着地坚持去做一件有意义但却需要长期付出的事。

所以对于出身寒门的同学,我希望引导他们培养自己内在的"贵",寻找自己喜欢并愿意付出一辈子的事业,学会专注和持之以恒。微博上的一段话说得很好:"如果你一天做一件事情,说明你是一个能做事的常人;如果你一个月做一件事情,说明你是一个有点想法的人;如果你一年做一件事情,说明你是一个想干大事的人;如果你一辈子就做一件事情,那你一定是一个伟人。"一个人现在的贫富以及所站的位置并不重要,关键是所朝的方向并为之不懈努力。

贵子贵在成为有道之人,通过自己的不懈努力和不断奉献成为一名为他人、集体、社会和国家创造更多物质财富和精神财富的人。我认识的一名求是强鹰学员,家境非常贫困,根本没钱读大学,他在浙大的学费都是靠自己打工挣来的,后来自主创业,还用创业所得结对资助贫困学生,再后来被保送到浙大免试研究生,他很是令我敬佩。这是寒门所出的贵子。还有我的一名学生,没有任何关系背景,家境很普通,但他通过自己的努力,自己挣钱交大学学费,一直从事环保公益事业,做志愿者,后来留学美国,没花家里一分钱。回国后继续从事公益事业,荣获中国志愿服务事业的最高荣誉。这也是寒门所出的贵子。

在寒门子弟内在"贵"的提升和能力塑造的同时,我认为社会也应该给寒门子弟创造更好的发展环境和支持平台。

作为一名教育工作者,我在努力为更多寒门学子创造更好的发展平台,成全更多青年学生的彩虹人生。绿色浙江让更多的青年学生包括不少寒门学子成为很有社会责任感的环保志愿者,在NGO大平台上磨炼自己、挑战未来,实现自己的人生价值;求是强鹰实践成长计划让更多青年人有机会接触知名浙商,以导师带学徒的方式着力培养大学生创业和就业的实战能力,不少导师也希望能更多地帮助寒门学子,开阔他们的视野和交际圈,使他们在与导师面对面的交流中学习如何为人处事,更为可喜的是不少学生在这个平台上找到了自己的人生方向,开始了自己的创业征途;紫领人才培养计划更是注重学生内在品质的塑造和领导力的提升,打造的就是内在的"贵",使学生卓尔不群、超越自我。我也一直在引导我们的学生学会感恩,只有这样才能收获生命的贵人。

"穷则独善其身,达则兼济天下。"当一个人有了更大的能力,就应该承担更大的责任,应该成为推动社会进步、引领社会风气的一股力量,去帮助更多的寒门子弟,为他们创造更好的发展机会。这个社会不缺少抱怨和指责,缺少的是促进社会公平正义的行动和实践。

最近欣闻,面对自主招生中农村学生比例连年下降的情况,清华大学于2011年在高考自主招生中推出自主选拔"B计划",旨在为经济社会发展欠发达地区的优秀考生,以及因经济、社会、教育条件欠缺而在考学过程中面临困难的优秀考生,提供申请条件、考试费用、交通食宿和综合评价的支持,同时也积极关注困难学生的自主招生和保送情况。我们浙江大学也在2010年专门推出了"西部学子计划",面向西部相关县市中学自主选拔优秀考生。这些做法为寒门子弟提供了更多参与选拔的机会和平台,值得其他全国重点高校借鉴。

内"贵"才能外"贵",内心的强大才是真正的强大。贫穷并不可怕,可怕的是你认为自己会一辈子贫穷。随着社会的进步,寒门子弟将会有更好的发展平台和更多的社会支持。我坚信,寒门亦能出贵子,寒门亦能多贵子!

(2011-08-17　11:20:46)

(http://blog.sina.com.cn/s/blog_6b84aa070102drm1.html)

☐ **评　论**

山雪艳

内在品质的塑造和培养很重要！我也是穷人家的孩子，从小学读到大学，如今准备考研，靠的是自己一股劲地上进和不屈。我知道我的人生一定会有不一样的幸福。

毛　毛

总体来说，寒门的贵子还是少了点，教育很难做到完全公平，我支持老师的观点，寒门依旧会有贵子。只是我个人希望，国家和社会能够有更多的机会铸就更多的寒门贵子，我相信他们最终会让这个国家更强大。

ZJU 谢鸿存

很多人都说目前我们已经进入了"拼爹时代"，我不否认这种现象的存在，因为我们身边就有这样的例子，这是一种社会现实。无法否定，目前社会的马太效应越来越严重，寒门子弟的成长空间受到了很大的挤压。但这不是悲观和气馁的理由，我始终坚信：真金定能发光。

许唯杰

一个好的社会结构，需要一个良好的阶层流通渠道，让更多的人有可能从较低的阶层向更高的阶层流动，这里，教育无疑是推动阶层流动的重要推手，高考更是莘莘学子改变命运的绝好机会。现在，确实存在这样的现象，更多家庭背景好的学生进入了高等学府。这一方面反映的是我国经济的发展、人民生活水平的提高以及现代家庭对教育的重视，另一方面也反映了我们国家的贫富差距和区域差距正在影响着社会公平的方方面面。但是，我们也要看到很多的人在努力帮助那些来自落后地区或是贫困家庭的人们求学和改变命运，浙大保证不让任何一个学生因为上不起学而退学，许多学校也在面向落后地区定向招生。我相信，随着我国经济的发展，区域差距和贫富差距的逐步缩小，加之许多人的努力和推动，教育在将来还是能帮助优秀的学生成为社会的精英，让更多有能力的人为国家、为社会服务！

常怀一颗爱校荣校的感恩之心

　　大学的价值体现在哪些方面？我想最重要的就是老师和学生。老师自然不必说，具有优良学术能力和人格魅力的教师，是现代大学的灵魂。可以说一所大学的地位完全取决于其教师的人品和水平。另外就是学生，学生在社会上的表现代表着大学的教育成果。大学的地位和荣誉在很大程度上取决于我们学生和校友的表现。

　　我时常在想，如何能够让我们的学生在校园里学到丰富的知识、掌握有效的学习方法、领悟做人做事的真谛，常怀一颗爱校荣校的感恩之心，踏上社会后能成为一个对国家、对人民、对社会有所作为的人？怎样让学生做到爱校荣校呢？我想从学生和校友两个阶段来讲。

　　如何让在校的学生对自己的母校怀着一颗热爱的心？学生自踏入大学校门之日起，便受到了各个方面的熏陶。学校的教育、友善的氛围、厚重的文化底蕴以及由此产生的由衷的认同感，都能够让学生告诉自己：我是一个浙大人，我为此感到自豪。要做到这点其实不易，单纯的说教自然效果甚微，只会浪费彼此的时间。大学之高在于境界之高，我们每一个浙大教师都有引领之责，都应该成为一个为人师表、有境界、有操守、合格的好教师，以身作则，尽我们的力量去关爱学生和成全学生，更好地去引领和培养学生。在工作中，我们更多的是通过日常的点点滴滴感染和影响我们的学生。我们的工作不在于开多少会议，举办多少活动，这些仅仅只是载体，我们更加侧重于让我们的文化、学术最大限度地感染每一个学生，让他们在踏上社会之后能够挺起胸膛骄傲地说，"我是一个浙大人，我爱我的母校，我无愧于我的母校和国家"。

　　校友资源也是大学一笔巨大的财富。校友们在各个领域的勤奋努力是对学校教书育人成果的检验，这时刻牵动着学校的心，他们的成果更是对学校培养结果的肯定，这是校友自己的荣誉，也是学校的荣誉。如果校友有能力回馈母校，那么对学校的发展将起到十分有利的作用，我觉得这就是我们教育的成功。校友在离开母校多年之后依然能常怀一颗感恩之心，这不是一朝一夕能养成的,至少他们在校期间一定受到了来自母校的巨大感染。这对我们的工作更是一种鼓励,我们更加应该发挥自身的软实力,让包括众多校友在内的每一个浙大人都热爱浙大,以浙大为荣,为浙大的建设添砖加瓦!

(2010-11-17 08:29:14)

(http://blog.sina.com.cn/s/blog_6b84aa070100mxvr.html)

评 论

裴冠雄

玉泉的深邃,西溪的大气,求是书院的古典,华家池的秀美,之江的巍峨,紫金港的现代,每个校区的特点所折射的正是浙大"大不自多,海纳江河"的包容与气度,所体现的正是浙大求真务实、敢于创新的精神与文化,这是浙大所独有的。

而我认为一个人的归属感植根于高校所承载的文化,有很多校友返回母校时感慨这是一次"寻根之旅",因为多数人的人生观与价值观的建立与完善都是在大学时期。而浙大作为一所百年名校,它所积淀下来的文化精髓已经融入每一个浙大学子的血液,我们身上已经有了深深的求是创新精神的烙印。而这种烙印不是来源于说教,而是来源于许多可以触摸和感知的点滴,一个人物、一曲生活片段、一次华池泛舟、一声紫金莺啼,那都是一生刻骨铭心的记忆,那都是浙大学子的精神归属。

浙大校友捐款总数居国内高校之首,因为浙大有着厚实的文化土壤,也因为浙大精神为每一个学子打开了人生梦想之门。

Mark

我一直觉得自己是一个很有归属感的人。无论加入一个组织,还是就读于一所学校,都会很强烈地觉得自己是这里面的一分子,不能让别人说这里不好。我觉得爱校荣校,或者说对学院、求是强鹰、紫领的热爱,也需要一种归属感。当你觉得这是你的家,你要为此付出,你要对此负责,你要与它荣辱与共的时候,自然就会爱它荣它了。许多校友为学校和学院捐款捐物,这是一种形式,而我们更需要的是海内外数以万计的校友在母校的名誉受到损害的时候站出来,维护母校的尊严!我始终相信,求是人的精神是坚不可摧的!

Cynthia

有时听到身边的同学发对浙大不满的牢骚,我总是觉得不理解,我们身在这个学校,享受这里的教育资源,接受老师的教育指导、工作人员的辛勤服务,却不思回报,只是不停地提出自己的要求,这是什么道理呢?浙大是我们学习的地方,是我们赖以成长的地方,是我们起飞的地方!

这种感觉,在我与其他学校同学交流时尤其明显。当我们走出这个校门时,其他人可能不会第一时间了解我们个人的素质和实力,这个时候,浙大就是我们的招牌和底气。我们在享有这种权利的同时,更应该爱校荣校,把浙大这块招牌打造得更加响亮。

闪 闪

浙江大学是承载我们梦想与青春的地方,它大气恢宏、海纳江河的精神孕育了我们骨子里的磅礴大气;它严谨的治学态度、求是的精神,教会了我们负责任。而在管理学院这片沃土上成长的我们,在学习专业知识的基础上,还有例如紫领计划、求是强鹰计划这些让我们实践成长的机会,使我们在老师精心的培育下,成长为对他人、对整个社会有为的人。

我想,母校和梦想一样,不会因时间而褪色,反而更显珍贵。

小 tt

看了这篇文章,突然觉得很感慨。

在一个地方待久了、生活久了,总会生出许多感情,更何况是母校。这里有用心带我们成长的老师,有陪伴在身边的同学和好朋友,有我们熟悉的生活,也有我们年少时最美好的岁月。有时听到同学在外面抱怨母校,会觉得很不理解,这是一个给予我们多少东西的地方啊,我们如何有资格去盲目指责,而不是想如何让它变得更好呢?

来到浙大快3年了,来到管院也已经接近1年。我喜欢这里的老师,也喜欢这里的伙伴,更喜欢这里的氛围。我想在接下来的日子里,我会继续用一颗感恩的心去珍惜这里的一切,去学会付出和回馈。

xiaoming2520589

想起了人人网上在毕业季的那一段时间,同学们纷纷转载的一条状态:什么叫母校?就是自己可以一天骂它八遍,但是不许别人说它一句坏话的那个地方。

看到这句话我非常激动,觉得实在是说到我的心坎里去了。在浙大快3

年了,老实讲,开始的那半年里我是很低落的,地域文化差异让我时常产生后悔来浙大的想法,那时也常常和好友抱怨浙大的种种不好之处。但是,随着时光的冲刷,我整个人慢慢地静下来、踏实下来,渐渐地,浙大在我心中的分量越来越重。大一的时候,看学长学姐们的毕业 DV、毕业感言中对浙大的恋恋不舍,作为一个局外人的我没有太多的想法。但是,大二的时候,再看这些,我每次都会热泪盈眶、难以自已。尤其是在大二时我作为院学生会副主席参与了毕业晚会的筹备工作,见证了大四学长学姐们台上台下的真情流露,这让我真的意识到浙大已经融入了我的骨血。也许再过 10 年,我会忘记在大学学了哪些课程,我会忘记我住的是哪个寝室,我会忘记自己的绩点有多少,但是,我会永远记得,我是浙大人!

骁　骅

　　读了阮老师这篇博客很有感触,我们总是看到阮老师抱着对学生高度负责的态度忘我地工作,作为求是强鹰的工作人员,我深受感染。在这里我找到了阮老师的动力,那就是对学生、对学校、对社会的热爱之情。

　　大学是人生的重要时期,在此建立的师生情、同学情是终生难忘的,也是我们一生宝贵的财富。人应当学会感恩,感恩是一个人最基本的品质,爱校荣校是感恩的具体行动。在大学,我们一定要努力学习、大胆探索、勇于实践、顽强拼搏,把自己历练成一个能为社会做出贡献的杰出人才,以实际行动爱校,为母校增光添彩。

　　"今天我以母校为荣,明天母校以我为荣。"这不是一句简单的口号,应该转化为我们切实的行动!

常怀一颗对生命的热爱和敬畏之心

　　曾经有人问过我为什么要从事环保公益事业,我说了一些原因,其中就包括一条——热爱生命,敬畏生命。环保的意义之一就是让环境内的不同生命达到和谐相处。而要让生命之间和谐相处,我们就必须常怀一颗对生命的热爱和敬畏之心。我认为,这也是做一个人,做一个品格高尚的人所必须具备的条件之一。

　　2010 年 11 月 15 日,上海市静安区胶州路上一幢 28 层的大楼发生火灾,造成 58 人死亡,70 多人失踪。而在火灾发生后的第 7 天,近十万名上海市民自发走上街头,为死难者送上花圈和鲜花。火灾大楼前也在一天之内成为一片花海。在这里,我不想去讨论这次事故的责任在于哪一方,我只是想说,我被那十万市民所感动,因为他们完全是自发地去悼念那些逝去的生命。

　　在社会主义市场经济高速发展的今天,人们对物质的欲望不断加强,从而忽视了自身在精神、文化和信仰等方面的培养。在当今社会,人与人之间的交流开始变得淡化,人际关系也变得相对冷漠,而正是在这种变化中,部分人淡化甚至失去了对生命的热爱和敬畏。

　　而我也发现,在当代大学中,有部分的大学生缺少对生命的热爱和敬畏。这些大学生更多考虑的是自身的利益,以自我为中心,却很少去关心他人,关注社会,对自己的责任和定位也认识不清。这是十分悲哀的。部分大学生责任感缺失,根本原因是缺少对生命的热爱和敬畏。如果一个人对生命都抱着漠视的态度,那么他就缺少了最基本的人文关怀,就不会尊重和关注他人的生存与发展。试想,如果没有了对他人生存与发展的尊重和关注,那么一个人怎么可能去完成自身所应承担的责任?没有了对生命的热爱和敬畏,怎么可能会去为他人、社会的利益努力奋斗?所以,我希望,更多的大学生能够尊重生命、敬畏生命,并能够在此基础上不断提高自身的人文情怀和精神追求,为自己的理想和责任而不断奋斗。

　　在当今中国高校的人才培养机制中,在学生德育工作这一块一直存在着一些不足。学校和老师对学生的培养更多的是侧重专业知识的传授,但缺少了对学生人文素养的提升。让学生更加深入地了解社会,常怀对生命的热爱和敬畏之心,是我们教育工作者要不断努力的方向。

热爱生命,敬畏生命,我希望我们的学生能够在今后的学习、工作和生活中承担更多的责任,并且为他人、社会、国家和民族做出更多的贡献。

(2010-11-30　08:11:48)

(http://blog.sina.com.cn/s/blog_6b84aa070100nc6h.html)

评　论

等待得多一点

对于生命的敬畏源于对于生命的理解。可能我们一直匆忙于世事而忽略了生命的存在吧,似乎只是匆匆赶路,忘记了擦肩而过的花草树木的自然之美。所以,不妨慢下来,让我们的生命去体会另一种生命的存在,也许这就成了天人合一。

新浪网友

我不去想是否能够成功,既然选择了远方,便只顾风雨兼程。我不去想能否赢得爱情,既然钟情于玫瑰,就勇敢地吐露真诚。我不去想身后会不会袭来寒风冷雨,既然目标是地平线,留给世界的只能是背影。我不去想未来是平坦还是泥泞,只要热爱生命,一切都在意料之中。

我一直钟情于这首汪国真的小诗,热爱生命,一切都在预料之中。热爱生命,感谢它带来的幸福和喜悦,感谢它赐予的伤痛和沉重。对它,永怀热爱和敬畏之心。

HuYue

热爱生命,敬畏生命!

喜欢博主在清晨给我的启迪,在完成了紫领之操之后,带着些许睡意,我们又开始了新一天的学习。

今天不一样,我开始在走路的时候关注身边的风景,开始收起对坏天气的抱怨,开始想念远方的亲人,开始感激身边默默支持我的人。

热爱生命,敬畏生命!

从今天开始,我珍惜身边的万事万物,感激生命、尊敬生命、热爱生命、敬畏生命。

lhy0825

何为仁？仁者，爱人。孔子所说的"爱人"，其中就包含着对生命的热爱。以儒家的观点来看，热爱生命、敬爱生命，就要广施仁政。阮老师的博文给我的一个启迪在于：要在全社会形成尊重生命的氛围，最重要的是要让这种思想在每个人心中扎根，人们的冷漠态度与国家的不作为相比更可怕。具体地说，在这里，我觉得要思考的是我们社会的大背景。中国处于一个转型期，人们的观念受着外部物质潮流的冲击，逐渐变得关注物质而轻视精神，而我们的传统文化在很大程度上更加强调精神的财富，更加强调对生命的敬畏。在新的时代，应宣扬传统的"善"文化，在每个人心中形成热爱生命、敬爱生命的共识，这必定大有裨益。

鲍　睿

除了对他人生命的热爱以外，我觉得对自己的生命也应该充满热爱和敬畏之情。

听到过很多大学生轻生的消息，我一直很难理解，为什么他们连死都不怕，却畏惧困难？我现在明白了，他们应该是对自己的生命缺少热爱和敬畏。所以我认为，如果一个人连他自己的生命都如此漠视，那么他也不太可能有太大的成就。

热爱生命，敬畏生命，希望以后能够很少听到大学生轻生的消息。

常怀一颗悦读社会之心

古人云："读万卷书，行万里路。"此外，南宋著名诗人陆游在他的《冬夜读书示子聿》中有两句诗："纸上得来终觉浅，绝知此事要躬行。"不难看出，古人在重视读书的同时，也强调实践的重要性。而我在"强鹰九诀"中也提到过"读万卷书，更需要行万里路"，提倡我们的学生在学习专业知识的同时，积极参与社会实践，从而不断地感知社会、了解社会。我一直认为，作为一个社会人，光关心发生在自己身边的事情是远远不够的，更需要去深入认识、了解和融入社会，也就是阅读社会。而在阅读社会的过程中，我们要怀着乐观而喜悦的心态去看待社会时事和世间百态，同时去收获阅读社会后成长的喜悦，这也就要求我们常怀一颗悦读社会之心。

现在，社会上很多事件的发生，就是因为当事人缺少一颗悦读社会的心，没有脱离自身的桎梏，被仇恨蒙蔽了眼睛，单纯地想报复他人或者报复社会，从而侵犯他人的生命、财产安全，破坏社会安定。当然了，这种情况的出现也可能与当事人的受教育程度有关。但是，让我感到惊讶的是，在大学里，也有一部分学生只关注自身的利益，如学习成绩、奖学金等，却忽略了对社会的关注，也缺失了一颗悦读社会之心。另外，在我们的大学里，还有一部分学生比较关心国家大事，但是缺少了对这些事件必要的分析，言辞过于偏激，态度也相对悲观，而这些也是没有一颗悦读社会之心的结果。那么，究竟应该怎样去悦读社会呢？

清末民初的大学者王国维曾经提到过读书的三重境界，我认为这三重境界不仅适用于阅读书籍，也适用于阅读社会，乃至悦读社会。

第一重境界：昨夜西风凋碧树，独上高楼，望尽天涯路。"独上高楼"指的是一名大学生应该站在时代和历史的高度去悦读整个社会，这是由当代大学生所应承担的历史使命和社会责任决定的。使命和责任可能会让我们的学生感到压力，但是当他们达到一定高度时，就会有"一览众山小"的喜悦。而"望尽天涯路"则需要学生以一种包容的心态去悦读社会百态，去悦读不同的人生历程和相异的思想观念。"海纳百川，有容乃大"，无论是一个民族、一个国家还是一个个体,都需要求同存异,在交流和融合的过程中不断发展自身,而保守和固执往往容易导致偏激行为的产生,所以我们的学生应该用包容的心态和理性的方法去分析社会、国家和国际上发生的大事,而不要意气用事。冲动和偏激不但于事无补,反而会对社会和国家造成不利的影响。我相信,只有包容才能豁达,豁达之后才能感受到愉悦,而狭隘则是悦读社会的最大障碍。

第二重境界:衣带渐宽终不悔,为伊消得人憔悴。悦读社会并不是一个短暂、顺利的过程,它需要长时间的不断努力,经历多种挫折和磨砺。而乐观的心态也不是一蹴而就的。在悦读社会的过程,我们的学生可能会受到不同思想的影响而感到迷茫,也可能会受到诱惑或者挫折,但我希望同学们能够记住孟子的那句话——富贵不能淫,贫贱不能移,威武不能屈,此之谓大丈夫。在认识、了解并融入社会的过程中,我希望同学们能够牢记自己的梦想和理想,为了自己所肩负的责任和使命,为了真理,执着追求,坚持不懈。无论是身体上的劳苦,还是心志上的锤炼,同学们都能"不悔",甘心"憔悴"。苦尽甘来,当同学们看到自己经过努力而不断接近自己的理想和目标时,相信他们一定会感受到发自内心的愉悦。

第三重境界:众里寻他千百度,蓦然回首,那人却在灯火阑珊处。这是悦读社会的最高境界,也是我最希望同学们在悦读社会时达到的境界。在有了既定的目标和理想,并为之经历了重重艰辛和磨炼之后,同学们都应劳有所得,豁然开朗。也许在分析社会和国家的大事时,同学们发现自己的分析与历史和社会的发展规律相契合;也许在从事社会实践活动时,同学们发现自己的所作所为正是在为民族崛起和国家富强做贡献。此时,我相信,这些同学能够感受到"求真"所带来的快乐,他们已经掌握了悦读社会的真谛,也真正做到了常怀一颗悦读社会之心。

也许有同学会问,常怀一颗悦读社会之心有什么用呢?会不会以后反而对社会失去了信心和前行的动力呢?

常怀一颗悦读社会之心并不是让同学们去看破红尘、超脱世外。我认为真正的悦读社会是通过分析国家大事和社会实践来不断地认识、了解和融入社会,并从中汲取有益的知识和经验,让同学们对实现自己的目标和理想更有信心,更好地为社会和国家做出自己应有的贡献,从而感受到自我价值实现时的愉悦。悦读社会非但不会让同学们对整个国家和社会失去信心,反而更能激发出他们为社会、国家、民族创造财富的热情。

马上要放寒假了,我非常希望更多的青年学子能在寒假期间回家好好与父母、家人相聚的同时,也能参与到寒假的一些社会实践中来,更好地了解社会、感知社会、悦读社会,从而更好地感恩父母、感恩社会。

最后,再送青年朋友们一句话:以包容之心悦读社会,以激情之手开创未来。希望青年学生能够常怀一颗悦读社会之心,更好地发挥自己的能量,为社会发展、国家富强和民族崛起而不懈努力。

(2011-01-06　07:50:22)

(http://blog.sina.com.cn/s/blog_6b84aa070100oakd.html)

评　论

裴冠雄

对于社会的认识是一个人走向成熟的过程,认识本身也是成就事业和担当社会责任的前提。"阅"读社会,需要的是融入社会去实践;而要做到"悦"读社会,还需要有一颗豁达的心灵去感受。这并非易事。在社会这个大熔炉里,我们必然会接触到善与恶,会看到光明面,也会看到阴暗面,这就需要我们有自我判断的能力,这也是认识过程的必要环节。所以认识的前提是自己要有信仰和原则,认识不是一概包容,也不是一概批判,认识的三重境界给我们指明了认识的途径。

鲍　睿

我觉得阅读社会与悦读社会最大的不同在于心态。阅读社会时可能会受多方面的影响而无法保持一个平衡的心态,而悦读社会则是在阅读的基础上有乐观的心态。只有保持乐观的心态,才能在以后面对社会上的挫折、困难以及阴暗面时,继续保持自己的本心,继续追寻自己的理想。

闻　依

悦读,是一种行为,更是一种心态。如果说这个世界上有什么书是愈读愈厚,永远读不完的话,那么非社会莫属。随着年岁的增长,人的阅历越来越丰富,这也是为什么我们会觉得老人们总是沧桑而富有智慧。诚然,现在的社会有向阳的一面,但也有背阴的一角。阅读社会这本书,有些人或许愤慨之至,恨不能将之重新书写;有些人或许漠然冷淡,万事万物与我无关。然而我们最需要的是保持一颗乐观向上的心,主动地学习这个社会,愉悦地感受那些日渐美好的事情,正视那些不尽如人意乃至引人驳斥的事情,树立自己正确的人生观与价值观。哪怕现在无法改变,但我相信在未来的某一天,通过我们这一代人的努力,这个社会会不一样。而现在,我正在做的,是学习悦读。

常怀一颗自省宽容之心

有人曾经问我，人成熟的标准是什么？我认为，生理成熟可以用年龄来衡量，而心理成熟则在于善于发现自己的缺点，三省吾身，多注意别人的优点，宽以待人。当代大学生要想不断超越自我，要想在将来担当大任，一切始于一颗自省宽容之心。

在大学里，经常会有一些人遇到问题不从自身找原因，一味地开脱责任，一味地责怪他人和环境。这样的人最终不会受到他人和社会的欢迎，他自身也永远不可能有更大的进步。就拿求是强鹰的纳新来说，有的同学屡败屡战，不断反省自身，参加四次选拔，终于如愿以偿；而有的同学失利后却责怪选拔机制不公平，孤芳自赏，缺少对自己的深刻认识和反省。

大学是人生观和价值观形成的重要时期，大学学习是塑造自我的过程。紫领计划有五大模块，第一大模块就是自我认识，自我认识是自我塑造的基础。古人云："知人者智，自知者明。"也就是说，人要有自知之明。而自我认识的第一步就是自我反省。荀子说："君子博学而日参省乎己，则知明而行无过矣。"自省可以帮助我们发现自身缺点，找到努力的方向，使自己变得更加专注，更加有目标。所以，学习与自省结合起来，才能达到最好的效果。

周恩来总理在南开读书时，墙上总是糊着一张纸，上书："面必净，发必理，衣必整，纽必结，头容正，肩容平，胸容宽，背容直，气象勿傲勿怠，颜色宜和宜静宜庄。"周恩来总理一生为人处世就是把这些话当作自己的一面镜子，不断地自省，怀着为中华崛起而读书的崇高理想，最终成为人民心中一座永垂不朽的丰碑。所以自省贵在自觉，如果我们总是带着一种思维的成见，关闭自己的心灵，我们的人生就会失去方向，从而沉沦甚至被社会所淘汰。

对自己苛刻可以提升自我，而对待他人则应常怀宽容之心。一个宽容的人总会发现别人身上的闪光点，用一种欣赏的眼光来看待他人，所以往往会透露一种真诚的赞美，更为重要的是能够见贤思齐。所以宽容的人往往进步很快，也容易得到他人的帮助，朋友遍天下。

　　而心胸狭隘的人总会嫉妒他人的成就,却看不到他人成功背后的原因。他们往往以自我为中心,缺少对自我的反省,更多的是对他人的指责和批评。这样的人不仅自己不会幸福,还会成为团队中的害群之马,对社会造成巨大的危害。

　　我们的同学将来都要走向社会,可以参考知名企业用人的标准来要求自己,除了企业文化认同感以外,最重要的两点是可塑性和团队协作能力。可塑性,也就是一个人的学习能力和成长性,一个没有自省意识的人,学习是缺乏主动精神和目的性的,提升的空间就很有限;而团队协作能力,需要的是一种宽以待人的品德,能够与人分享,同舟共济,共同成长。

　　希望大家常怀一颗自省宽容之心,在此我也送大家三句话,望同学们牢记在心。第一句话是"用责人之心责己,用爱己之心爱人";第二句话是"静坐常思己过,闲谈莫论人非";第三句话是"见贤思齐焉,见不贤而内自省也"。让我们追求卓越,也望诸位在新的一年取得更大的进步!

　　(2011-03-04　08:20:24)

　　(http://blog.sina.com.cn/s/blog_6b84aa070100pma8.html)

评　论

强鹰魂—中国心

　　昨天与一位学弟交流,发现他的问题不是不会自省,而是自省过度,把注意力过于放在自己的短板上,从而导致自信心严重不足。一个好的管理者应该把正向思维与反向思维完美融合。用正向思维看自己的长处、别人的优点、团队的优势,看未来美好的前景,进而激发强大的斗志;用反向思维对自己自省、对项目风控。

车　文

　　自省是将事物发展变化的根源归结于内因这一观点的逻辑延伸,是一种很有效的认识,是解决问题的方法和手段。我个人认为,自省可以作为一种习惯和本能而存在,但前提是你要明确内因的重要作用,要用辩证的思想来武装自己的头脑。而宽容之心则更难培养,因为宽容之心的培养需要更多的人生经验,它是个人人生境界的一种体现。

　　聪明的人可以做到自省,因为事情的解决客观上需要我们考虑个人因素的影响。但是只有有德行的人才能做到时时以宽容之心待人。我想这是我个人在今后的生活中需要不断地去学习的方向。

大学之美在于心灵之美

在浙大的启真湖畔,听听鸟语,闻闻花香,看看游鱼,远望"接天莲叶无穷碧,映日荷花别样红",好不惬意。紫金港校区真的是处处皆景,细微之处充满着灵动之美,同时又宛若一幅气势宏大的卷轴,整体给人以浑然一体、天人合一之感。我们在这样的环境中学习是一种幸福。大学的环境令人心驰神往,流连忘返,但更为重要的是一种心灵之美。在我看来,心灵之美来源于四个方面:知识、智慧、修养、理想。大学所应该提供的是知识的土壤、智慧的种子、修养的阳光和理想的雨露。大学是一片茂密的森林,它的美来源于生命之树的常青。所以,校园美更需要心灵美,大学之美更在于心灵之美。

心灵之美首先植根于知识的土壤。我们学习知识是为人的发展奠定基础。我们学习现成的定理、公式、历史事件抑或其他,我们博览群书、涉猎广泛,这些都是我们更好地理解事物、分析事物的前提,是达到真正认识的出发点。一个人的生命有限,我们必须站在巨人的肩膀上才能使人类的车轮不断向前,这是我们所肩负的使命。

知识的掌握是塑造心灵的必要过程,知识滋养心灵,学问成就气质。除了课堂的知识讲授,我们自己要有如饥似渴地吸收知识的冲动。高尔基曾经说过:"书籍是人类进步的阶梯。"书是知识的载体,读好书是保养心灵的最好方式,大学的图书馆应该成为我们每一个学生常去的地方,读好书是一种乐趣、一种享受、一种进步。浙大的自习风气很好,但是我们到图书馆走一走就会发现,大部分同学仍局限于自己的专业书籍,很多是在被动地完成作业。我们也经常会发现水平差不多的两个同学进入浙大,毕业时却完全不是一个水平。在某种意义上,一个人的深度来自你求知的努力程度和主观能动性。

知识仅仅是智慧的土壤,有知识不一定有智慧。知识是死的,只有经过我们的吸收、思考和领悟,在经验和阅历达到一定程度后,才能转化为智慧,知识也因为智慧才有了意义。大学教育需要做的就是帮助学生将知识转化为智慧,引导学生去思考,并使学生形成发自心灵的感悟,形成自我判断的能力。

智慧不仅是对现有思想的领悟，还应该表现为一种创造力。这种创造力基于现实，却高于现实，它是对于未知世界的思考和推论。心灵创造力的无限性和超越性体现着一种更高境界的美，这也是心灵之美的原因。而一个不会思考、不去探究的人，最终会失去创造力和想象力，知识会变成他的负担。

"格物、致知、诚意、正心、修身、齐家、治国、平天下"，当一个人拥有智慧，能够洞明事理，意念才会诚实。不断地端正自己的内心，提升自己的修养，将来才能成器。

心灵之美也是一种德行之美，拥有高尚的品格，才能拥有人格的魅力。我经常告诉学生要"外化而内不化"，外化是人作为社会人所不得不做的，否则无法融入社会。但是内心要有自己的道德标准和底线，也就是做事要对得起良心。社会庸俗之藤总是不可避免地缠绕着我们的心灵，所以，如何提升自我修养，做到外圆内方，也是一门大学必修课。

一个人既要修身齐家，又要拥有治国平天下的豪情壮志，应该把自我理想与国家命运相连。我把理想比喻成雨露，它使我们的心灵不至于沙漠化，它使我们的心灵变成富饶的绿洲。心灵的潜能是无限的，而唯有理想才能提供不竭的动力，这也是对紫领人的要求。影响一个人命运的因素很多，其中最为重要的是心灵的状态。理想决定心灵的高度，心态决定思想的高度，思想决定行动，行动决定成败。方寸之心，因为理想而美丽。

大学之用在于塑造心灵，大学之美在于心灵之美。心灵之美来自知识给予的滋润、智慧给予的创造、修养给予的提升和理想给予的潜能。在大学提供的知识的土壤、智慧的种子、修养的阳光和理想的雨露中，希望每个学生都能在优美的大学环境中收获一颗美丽的心灵，真正的富有是心灵的富有！

大学之美在于心灵之美！

（2010-12-19　21：02：34）

（http：//blog. sina. com. cn/s/blog_6b84aa070100nx05. html）

□　评　论

许唯杰

一个人的内心崛起，需要的是什么？知识、智慧、修养、理想，这些都是我们的大学生所不可或缺的。但是，我认为，一个人首先要有理想，然后去努力为实现自己的理想打下坚实的基础，这个基础就构建在我们的知识、智慧和修养之上。如果没有一个很好的思想引领我们前进，再好的基础也很可能是空的，甚至会使人误入歧途。

因而，在我看来，一个大学生首先应该树立起崇高的理想和坚定的信念，一切的行动只有在一个正确的理念和理想的指引下，才能够发挥最大的功效。当然，我们绝对不可以空谈理想，空谈理想与说大话无异。我很赞同阮老师要培养"外化而内不化"人才的理念，因为我也始终觉得，一个人试图去改变社会，最基础的是要先适应社会，如果你不能融入已有的社会架构，你所做的一切只会被彻底地否定，你的努力只会白费。而一个人内心的坚守又无疑是更加重要的，如果没有了内心的坚守，你如何能追寻理想？因而，"外化而内不化"将是我努力追求的目标之一。

新浪网友

我一直觉得，一个心灵美好的人，不管他的外表如何柔弱甚至残缺，他也是一个顶天立地的强大的存在。在大学里，随处可见外表光鲜、侃侃而谈的美好的人儿，但是心灵的美好不是从外表就可以窥见的。追求一个完美的外表也许是外化过程的一部分，很多人在成长过程中都不断改进着自己的表象，使自己看上去更美好。但像阮老师所说，人要"外化而内不化"，极致的澄澈才会有极致的美好，才能让别人感受到自己的美好。愿我们都能用一颗透明的心来看待自己、看待社会，而不要仅用被过分修饰的眼睛来判断一切。

鲍　睿

大学之任务在于培养高素质的人才，而人才的素质取决于他的能力和精神，因此培养人的大学的美丑与否就取决于它所培养出来的人的素质如何。

大学之美，美在一种精神、一种文化的传承，具体表现之一就是校训。我觉得单纯的校训并不能体现出一个学校的美丑，能直接体现的是学校的学生如何去践行这个校训。而正是由于一代代的人不断去践行，才能让这个校训传承下来，成为一所大学的心灵之美。

所以我认为大学之美不仅在于培养出来的人的心灵之美，还在于这所大学的心灵之美。当大学生的个人心灵之美与整个大学的心灵之美相契合时，大学之美才得以真正体现，这也是个性与共性相结合的体现。

大学之高在于境界之高

大学的作用是什么？很多人的说法是做学问，搞研究，服务社会建设发展。这没有错，但光这种说法还不够。大学不是简单的技术学校和科研单位，大学更重要的是教育学生并引导他们有一种更高的精神追求，引导他们认识自我并挖掘人生的价值和意义，让他们拥有广阔的胸襟并不断提升自己的人生境界。大学之高在于境界之高。

大学的高度体现在教育者的境界和受教育者的境界。教育者的境界很大程度上决定了受教育者的境界。梅贻琦曾经说过："大学者，非大楼也，乃大师也。"这里的大师之大就是一种大的境界、大的气象，看似很虚，但实实在在感受得到。大师的境界可以感染人、塑造人，我在《大学之美在于心灵之美》一文中已经分析了如何从自我出发塑造心灵，但是我们不难发现，如果仅仅是自己的上下求索往往会陷入迷失，所以我们需要大师和导师来给我们指引方向，引导我们寻找自己的精神家园，在潜移默化中塑造自己的美好人格。

中国有上千所大学，却很难说有上千位大师，我们很多学生在校期间可能也没有几次接触大师的机会。所以我就在思考，是不是可以创新教育培养模式，校内大师可能接触不到，我们可以寻找社会上的成功人士搭建一个平台、组建一支导师队伍、形成一套帮带机制，这也就应运而生了求是强鹰实践成长计划。这些导师大部分是企业家，虽然不一定非常精通学术，但是他们在人生成长引导方面却有着独到之处；他们有人生的阅历，一路风风雨雨，最终成就卓著，并且为社会创造了很多财富，他们身上的很多精神是非常值得学习的。当然，我们不要盲从，要有自己的判断，要明辨是非，要去伪存真。我在求是强鹰"九阳真经"中也说过，"阅人无数，更需高人指路；高人指路，更需要贵人相助；贵人相助，更需要自己领悟"。

那么，我们究竟应该从中领悟些什么？有人说是因为一个人的成就卓著，所以他勇于承担社会责任，充满了奉献精神。我认为这样讲是不妥当的。一个不懂得分享和奉献的人，一个总是以自我利益为中心、斤斤计较的人，一个没有宽广胸怀的人，是成不了大事的。一个人的心理状态，也是我们所说的胸襟所反映的正是人的精神境界。

我们经常讲"宰相肚里能撑船"，一个心胸开阔的人的道德修养一定是很高的，因为他能够容忍别人、包容万物。海纳百川，有容乃大；壁立千仞，无欲则刚。心胸开阔可以让我们平心静气、宁静致远，在当下浮躁的社会风气中，这种境界尤其难得。这还表现为一种言谈笑貌、举止风度，古人称之为格局、气象，也就是我们讲的精神境界的外在表现。拥有这种境界，我们可以站得更高，眼光会更加广阔而深邃，从而引导我们的生活，引导我们的实践。

那么，如何才能跳出狭隘的自我，拥有广阔的胸怀并达到一种更高的境界呢？

首先，我们需要把自我理想与国家、民族命运相联系，明确自我所要承担的社会责任和使命。一个心怀天下的人才能真正不计较个人得失，才能具有大视野、大胸怀和大境界。我也专门将"加入求是强鹰俱乐部，更需要你努力拼搏，不断奉献，为国家、社会、民族创造更大的物质财富和精神财富"这句话作为求是强鹰"九阳真经"的最后一句。大学应该做社会道德和责任的标杆，并引领社会风尚，改善社会现实。大学教育需要让学生明白自己的价值不能通过收入、名誉来衡量，而更多地体现在肩负的国家和民族的责任上，更多地体现在为社会做出的贡献和创造的物质和精神财富。这就要求学生去思考人生的价值和意义，也就是去回答竺可桢老校长的两个问题："第一，到浙大来做什么？第二，将来毕业后要做怎样的人？"只有这样，大学的高度才能得以提升，学生的精神境界才能得以升华。

其次，高境界是一个人历史的积淀，也表现为一种对于未来的心态，境界是过去、现在和将来的一个精神世界的整体。我们需要时间去磨炼，只有经历过很多事情，才能形成人生的高境界。但这不是必然，一个人可能阅历很丰富，但是如果他没有提升自我的意识，没有担当大任的勇气，没有对于人生价值和意义的不懈探索和追求，那么他的人生境界不可能得到提升。

如果我们能够做到以上两点，并且能够有高人指路和贵人相助的话，相信我们的自我塑造会少走弯路，境界会得到更快的提升。但是，很多东西是需要内化的，需要形成自己的理解、形成自我的判断。我认为最重要的是同学们要认识到人生意义不在于追求个人利益去占有，而在于追求社会利益去贡献。

大学之高在于境界之高，大学所要塑造的是对社会有创造性价值和贡献的人，是能担当大任、主持风尚的人，是有崇高境界的人。希望大家不断超越自我,臻于至善。

　　大学之高在于境界之高!

　　(2011-02-17　08:44:09)

　　(http://blog.sina.com.cn/s/blog_6b84aa070100p3ze.html)

□　评　论

zjubbb

　　看了这篇文章感同身受,周围很多同学因为逃避工作而选择继续读书,很多人都不明白在大学读研为的是什么,有的只是为了找一份月薪高一两千元的工作,有的则是读书的惯性,我认为这种目的毫无必要。正如这篇文章所说的,我们到大学读书应该是为了提升自身的境界,去承担社会的责任,去积累人生的阅历,将自己的价值体现在为社会做贡献上。尤其作为管理学院的学生,我们一方面要在书本上研究理论,另一方面也需要积极参与社会实践,去了解现实中的企业,这不仅是研究所需,更是管理学生所应承担的职责。

wooxiyu

　　阮老师说得很对,现在大学里很多年轻有为的学者很大部分是因为掌握了严谨、符合国际标准的研究方法,在顶级刊物上发了很多文章。相比之下,一些老教师虽然没那么"国际化",发文章不如年轻教师那么勤快,但他们对传统理论的理解深度、掌握程度以及运用能力都毫不逊色。可能阮老师您上学的时候这样的"老活宝们"应该还有很多吧? 我感觉现在学校里已经不多了。

　　我觉得请成功的社会人士以导师制的形式带学生,对于本科生来说尤为重要,但启发学生的思维、塑造精神追求还只是学生整体培养方案的其中一部分,要同时注重挖掘大学生的学术研究能力。因为大学最大的禀赋在于丰富的教育和教学资源,硕导、博导和研究生们的学术水平和科研能力是中国大学成为世界一流研究型大学的关键。作为学校,应该为学生多"挖角",多找一些学术水平和精神追求俱佳的真正的大师。

大学之深在于学问之深

一所大学的深厚底蕴究竟源于哪里？在我看来，深厚的底蕴来自历史积淀下来的文化以及文化中蕴含的独特精神。大学是做学问的地方，大学的历史应该是一部做学问的历史，大学的精神也应该以做学问的精神为核心。做学问，求知识，必须追求一个"深"字，所以，大学之深在于学问之深。

想要把学问做深，并不是一件容易的事情。我认为，学问做深要经历三个过程：博、专、精。

所谓博，就是要广泛涉猎，饱览群书，知识面要宽广。很多学科都是相互交叉、相互联系的，没有广博的知识，想在某一学科、某一领域求"深"是不可能的。而且很多专业领域的灵感很可能源于其他学科，博学会让我们既能入乎其内，又能出乎其外，站在更高的视角审视自己的专业发展。这也是包括我们浙江大学在内的很多大学在本科阶段开展大类宽口径培养的原因。

所谓专，就是在博的基础上根据自身兴趣和专长加以慎重选择。人生时光有限，而学海无涯。在今天这个知识爆炸的年代，只是博览恐怕会流于空泛和浅薄。胡适早年涉猎甚广，但到美国读大学时才幡然醒悟——生平之过在于求博而不务精。所以，"博"是"专"的基础，"专"是"博"的意义所在。如今所谓学贯中西、博采众长，其知识体系必是以专为核心，兼收并蓄，方成大家。

所谓精，就是"板凳要坐十年冷，文章不写半句空"的执着。现在一些大学老师做学问功利思想严重，心浮气躁，不愿钻研，只是蜻蜓点水、浅尝辄止。归根到底是静不下来，无法做到心平气和。古人云："为学之要，先戒名心。"也就是说，做学问要戒除名利思想。做学问如果功利化、虚假化，就失去了做学问的内在动力。中国的高等教育改革之路不可能一蹴而就，很多因素牵扯其中，任重而道远。

浙大校训中"求是"二字，一方面是提倡做学问要"务求实学，存是去非"；另一方面是教我们做人要不图虚声、不求虚名，唯以科学态度踏实工作。

要做学问，先学做人。"大学者，非大楼也，乃大师也。"我们都希望大学能够拥有大师，更希望我们的大学培养出大师。大师总是为人所景仰，原因在于他们学识广博、成就卓著、开拓新知、创一代风气，更为重要的是他们德高望重，将个人利益与国家命运相连，殚精竭虑，奉献一生，矢志不渝。

大学的根基在于为学，根深才能叶茂。大学的文化底蕴源于学问的深厚，为学的态度和深度也决定着大学未来的发展。我们每个同学都应该首先在博的基础上尽快明确一个专的方向，正所谓"昨夜西风凋碧树，独上高楼，望尽天涯路"；在为学的路上要执着，孜孜以求，正所谓"衣带渐宽终不悔，为伊消得人憔悴"；不断兼收并蓄，触类旁通，开拓新知，最终豁然开朗，正所谓"众里寻他千百度，蓦然回首，那人却在灯火阑珊处"。

(2011-09-18　16:59:33)

(http://blog.sina.com.cn/s/blog_6b84aa070102dsmy.html)

▢ 评　论

鲍　睿

大学之深在于学问之深，而学问之深更应该反映出一种做学问的精神的传承。大学都需要做学问，但是在做学问的过程中，便会传承下来一种做学问的精神，比如浙大的"求是"精神。而这些精神正是通过一代代的教师和学生的努力传承下来的。

众多的百年大学之不朽，正是由于它们在做学问的过程中，传承下来了一种精神，所以，我们当代大学生不仅仅要做深学问，更应该发扬这种大学精神。

大学之大在于爱的伟大

我一直认为大学教育应该以爱为核心，只有本着这样的理念，才能在润物无声中塑造出拥有高尚思想格调和完善人格的社会栋梁。大学教育如果没有感情和爱，就像池塘中没有水一样。没有爱，教育也就无从谈起。所以，大学之大在于爱的伟大，大学教育在于爱的教育。

本着培养具有国际视野的未来领导者的目标，我一直在思考我们需要怎样的爱的教育。我们很多时候在培养"人材"，而不是人才。如果我们没有把人很好地当作个体来对待，而是当作流水线上的材料，那大学教育就成了冷冰冰的机械化大生产，最终培养的学生将无法适应社会的需要。所以，我们需要用爱的教育来感化学生，用以人为本的理念来塑造学生。

我认为，大学爱的教育应该创造一种博大的爱的氛围，爱我们的学生，爱我们的教师，爱我们的家庭，爱我们的集体，爱我们的学校，爱我们的国家、民族和社会，并使它成为一种良好的校风，甚至上升到大学的精神。

首先，大学应该用博大的爱来解放人。我认为真正的教育是解放人的教育，是能够打开学生思路的教育。大学是各种思想的汇聚地，不应垄断思想，而应鼓励和引领学生自由地思考，相信学生能够自我认识，帮助学生明辨是非，使之形成独立的判断和决策能力。应该本着博爱的胸怀，只要持之有据、言之成理，就应该容纳。这是一种对于思想的包容，大不自多，海纳江河。大学之大，在于它的爱的包容性，一个兼容并包的环境和文化一定能影响和感化学生。

其次，博大的爱对于教育工作者而言是一种应该爱生如子、爱校如家的精神。浙江大学竺可桢老校长对于学生的感情用很多浙大校友的总结叫作"爱生如子"，竺可桢老校长用父亲般的爱来关怀学生，这何尝不是一种更加博大的爱。但是这种要求似乎过高，是一种应该追求的境界。而当下教育工作者可以做到的，我认为是对学生的严格要求。

我认为爱在某种意义上是教育者对于受教育者的要求。在教育层面上，"严"与"爱"是统一的，严出于爱，才会严而有理；爱寓于严，才能爱而不纵。"严"不是苛刻，而是从学生的根本利益出发，去锻造学生。没有压力锻造不出好的模具，同样，没有严师出不了高徒。只有每一个教育工作者承担了这份爱的责任，才能使学生真正学到东西，将来走向社会才能发挥价值。

最后，我想引用李开复的一句话："当我们将学过的东西忘得一干二净时，最后剩下来的东西就是教育的本质。"这里的教育的本质一方面是自学的能力和独立思考及明辨是非的能力，另一方面我认为就是大学教会了学生如何做人。爱的教育的目的我认为就是培养健全之人格，这也只有用爱才能达到。爱像空气，它无形，但它能够润物无声地育人。某种意义上，为人师表就是一种大爱，老师的行为会深刻影响学生。

浙大现在有很多校友都在为母校的发展出力，点点滴滴爱的记忆让他们对母校产生了强烈的认同感，我也感受到了他们身上所具有的母校的气质。

大学之大在于爱的伟大，更在于这种爱的延续。希望每一个在校学子都能知校、爱校、荣校，也欢迎大家对于大学爱的教育提出更好的建议，让我们共同为母校建设添砖加瓦！

一流大学，不仅要有大楼、大师，更要有大爱！

(2010-12-04　20:11:38)

(http://blog.sina.com.cn/s/blog_6b84aa070100ngjw.html)

评　论

zjueagle_wangpeng

爱是一个很大的概念，也是一个很小的概念。它之所以大，是因为很多时候很多感觉都可以称之为爱；它之所以小，是因为我们往往可能察觉不到。

我爱浙大，我爱这个学校，我在这里拥有太多的同甘共苦的朋友们。在浙大有1年多的时间了，真真正正感受到了阮老师的爱，所以希望有更多像阮老师这样的人。这样的人多了，浙江大学的大学精神才能得以传承和发扬。

lhy0825

蔡元培先生就一直提倡"兼容并包"，大学更应该海纳百川、有容乃大。以爱去包容各种思想，以爱去汇聚各方潮流，以爱的眼光、爱的智慧去看待我们眼前的一切。

在这里,我们所说的爱,或许不是父母亲人一样的无微不至,而是为他人着想的真诚、为他人欢欣的笑靥。它更多地体现在一种诚心诚意的引导上。在这个功利的社会,大学这片净土能否守得住,更多的是要依靠我们教育的引导,以爱去诠释我们的所见所闻。严师出高徒,师者对我们的严训,正是他们对我们的希望,希望我们能够早日成才,能够理解人生的真谛。能够拥有一个严师,在大学中,实属幸事。可能起初觉得严师过于苛刻,然而只要细心领悟,就能感受到这严格中时刻透露出来的爱的光芒。我们要用心去领悟,真正做到人格上的升华,不愧当代优秀大学生的称号。

Jessie

大学之大在于爱的伟大!

其实我觉得爱是一件很不容易的事情,我们可以爱家人、爱朋友,但是要去爱自己的每一个徒弟和学生却不是一件容易的事。每一个学生都是老师生命中的一个过客,我们凭什么要求老师给予我们这么多,就因为他们是老师吗?我想起在4期的一次学员交流中阮老师说的一颗感恩的心,我想支持阮老师大爱的也许是部分学子的感恩之心。我们不能一味地索取而不求付出,希望在前进的路上,大家共勉,不要忘记点滴之恩。

WenYi

大学之大,历来引人深思。一位国外学者说过,"一所伟大的大学的品质所在,不会偏于一物,也不会只求一能,而是诸多人类活动的组合、重要理想的集合、各种人类力量的融合"。而我想,连接着一切达到融合的,正是理想与爱。大学的大思想、大智慧、大精神、大胸怀等都需要大爱与责任来维系。当老师心系学生,用爱浇灌他们成长时,我们学生也应心怀感恩,融爱于骨髓,成长、回报。爱的伟大,在于它的相互性与共生性。

沈秀丽

大学教育与中小学教育的差别还是相当大的。中小学老师管得紧,师生间的互动更多,强制性的东西更多,师生关系也更紧密。而在大学里,师生间的互动少了,但互动的人群、组织多了,面广了,思考的东西也多了。

我很喜欢我高中三年的班主任,他是我终身感激的一个人。可以说,如果没有他,我不知道现在的我会是什么样子。他是一个很关心学生的老师,而于我,可以说到高中为止,我还没有碰到如此重视我、关心我、严格要求我的老师。他经常在课上和班会上告诉我们做人的道理,经常会做一些励志演讲，而且经常会拿武侠小说来比喻考场与人生。每每这时，我总是心潮澎湃，脑海里各种画面，想象着千军万马在我身后倒下，前面开出一条大路。他或许代表了高中老师全身心为学生付出的典型，而阮老师身上正有这样的精神，甚至更甚于他。

阮老师有着高校老师的思考深度与广度，还有着中学老师全心全意为学生付出的精神与爱。说实话，很难得有老师花那么多的时间与学生一起成长，一起奋斗。阮老师是生活在学生中的大学老师。

还记得中秋节08级年级大会上，当阮老师问教师节更大的意义何在，这引发了我很多的思考，我觉得作为老师能悟到这一点着实不容易。

为阮老师的博爱而喝彩，同时作为您的学生，我会更加努力。

老杨垂柳

阮老师的文章很受关注，看到您在大学教育过程中能有这样的体悟，实在敬佩。作为一名浙大人，我能深深感受到老师及学校带给我们的关怀，心底里那种对浙大的爱是无以言表的，哪怕是在网上看到一张浙大的照片、一篇浙大的报道，甚至只是提到"浙江大学"四个字，心里都会为之兴奋与激动。

大爱无边，大爱无价。在现行教育体制下，如果我们的学校决策者、我们的教授、我们的老师，能多抽点时间，从忙碌的会议、项目、科研、报告中脱身出来，多给学生做些指引，多听听学生的声音，多感受下学生的感受，多给学生做一些"大爱"的表率，相信这所学校必能在千百高校之林中脱颖而出，赢得学生、家长、社会乃至世界的盛誉！

浙大正在努力，浙大一往无前！

你到底想过怎样的生活

　　我受朋友推荐去做艾灸理疗,理疗师是一位20多岁的女孩子,已经从事这项工作5年多了。她很用心,手法不错,对工作非常认真和投入。她说自己喜欢理疗这个工作,来杭州的这段时间里,学习到了很多专业的知识和技能,也为顾客带来了健康,她对现在的状态感到满足。我从心底里为她感到高兴,觉得她比很多人活得好,不是物质的富足,而是一种饱满的精神状态。她喜欢并希望把自己的工作做得更好,这非常棒!

　　这个小姑娘给了我很大的触动,因为她有一种至诚的热爱,对自己,对生活,对工作。不得不说,在当今社会,这种热爱已经逐步变成一种稀缺品,以往我们讲"有些人死了,其实还活着",是在歌颂精神的永垂不朽,而现在讲"有些人活着,其实已经死了",是在描述内在动力的缺失和内心的冷漠。时常听到类似的抱怨,"辛辛苦苦忙活了一年,还不如邻家阿婆倒卖一套房子"。是啊,若工作仅仅是一种赚钱的手段,从中获得不了任何其他的乐趣,这么一算可真是"亏了"。也难怪现在不少人只能在"向钱看"中找寻一丝丝安慰和成就感,剩下的都变成了应付。

　　组织行为领域很早就在探究人的内在动机和外在动机的影响,比如,孩子学习钢琴,可能是由于对这种乐器本身的喜爱的内在动机,也可能是在父母的奖励或压力等驱动下的外在动机。研究表明,内在动机更能使人获得成就感,更有助于提升绩效水平。耶鲁大学心理学家开展了一项针对西点军校毕业情况的研究,结果发现有强烈内在动机的人,毕业的可能性比平均水平高20%。其他研究还发现,外在动机可能削弱内在动机,也就是当我们"向钱看"的时候,可能工作本身的乐趣就被剥夺了。同样,当心态变得浮躁和急功近利时,生活中很多美妙的风景就可能被我们忽视了。

　　我一直鼓励青年学生追随自己的内心,选择自己喜欢并对他人和社会有意义的事业,而不要把名利当成工作和生活的全部,更不要把赚钱作为人生的终极目标。我遇到过不少学生,他们有着很好的禀赋,顶着名校的光环,甚至是"状元"的头衔,却显得茫然和迷失。他们会因为"投行收入高"而选择金融专业，因为"30 岁之前必须结婚"而仓促牵手，因为"当官好办事"而选择公务员……但是这可能并非他们的"真爱"，因为用世俗的标尺往往无法丈量幸福的距离，却可能造成心理的落差。

年过四旬，我逐渐认识到，要把工作和事业做到极致只有两个办法，一是做自己感兴趣的工作，二是把工作变成自己感兴趣的事情。只有感兴趣，才能在事业上有坚持的动力，才会有内在动机和匠人精神。我的学生、全国青联委员、绿色浙江秘书长忻皓，是中国志愿服务金奖和中国青年五四奖章获得者，2000 年和我一起创办中国首个 5A 级民间环保组织绿色浙江，并于2016 年世界环境日荣获首届中国生态文明奖。他热爱环保，为了从事环保公益事业，他可以放弃名校保研的机会，可以放弃外企高薪的聘请，从一名环保志愿者做起，坚持从事环保公益事业 17 年。他心里的秤，不是以功名利禄为秤砣，而是用本心的释放来找寻人生的平衡。

他人的光环不是用来膜拜的，而是让人思考我们如何更好地活着。每个人都曾经历过青春的迷茫，因为未来的方向充满变数和未知。而这恰恰又是青春最大的魅力所在，因为有无数种选择和可能。当你还不知道自己想过怎样的生活，不知道应该从事什么样的事业，我推荐给你三个方法：读书、旅行和参与类似彩虹人生这样的公益平台的活动。多读读人和事，多看看不同的风景，多做做一些困难而有意义的事情，你就会明白生活不只是眼前的苟且，还有诗和远方。

（2016-09-26　08:43:05）

（http://blog.sina.com.cn/s/blog_6b84aa070102wv35.html）

让英雄情怀回归，平凡人生亦能收获英雄般的快乐

英雄，或为民族生存而献身，或为世间良善而牺牲，或为岁月静好而负重，或为万家团聚而远行。英雄的诞生，总与危机、苦难、艰险等时势相联结，所谓"艰难临头，英雄出头"。正因如此，英雄的事迹激励人心，英雄的品质正义凛然，英雄的精神历久弥新，英雄寄托着人们对真善美的追求和向往。有对未来的憧憬，就有对英雄的期待！

我们不可能都成为英雄，却应该都有英雄情怀。习近平总书记曾说，"中华民族是崇尚英雄、成就英雄、英雄辈出的民族，和平年代同样需要英雄情怀"。我们也看到，不少缺乏英雄情怀的青年人变成不愿为社会献身的精致利己主义者，变成不敢挑战困难的懦夫，变成不能自立自强的巨婴，变成丧失进取活力的"老年人"。

在百年前的五四运动，爱国青年勇敢地反抗封建主义和帝国主义，拉开了中国新民主主义革命的序幕，浓墨重彩地展现出自身的英雄情怀。在百年后的今天，新时代的青年肩负着实现伟大梦想的光荣使命，担当着社会主义建设者和接班人的关键角色，更需英雄情怀的回归。彩虹人生公益育人平台坚持 20 年的思政育人之路，就一直在努力让更多青年学子获得英雄情怀。

让英雄情怀回归，就是要崇尚英雄、铭记英雄。正如迪斯雷利所言，对英雄的崇拜可以造就出英雄来。全军挂像英模是中国军队千万英雄的代表，他们用自己的生命守护着祖国和人民，这样的民族英雄具有强大的引领和激励作用。崇尚英雄，是为了不忘苦难的民族历史，是为了感恩那些为我们带来光明和希望的人。不能铭记英雄的人，永远不可能成为真正的英雄。我们组织紫领、红领学员赴井冈山素拓学习，组织紫领学员千里奔赴延安志丹县基层磨炼实践，推动陕西《刘志丹故事会》走进浙大校园，组织学生党员聆听刘志丹将军的革命事迹，正是要引导当代青年崇尚英雄、捍卫英雄、学习英雄、关爱英雄。

让英雄情怀回归，就是要弘扬牺牲精神、传播人间大爱。英雄往往经历

了常人所不能忍受的奋斗历程,更是要牺牲个人利益以成就他人和社会。杭州"无声河长"张海清9年义务巡河,风雨无阻,即使经受喉癌折磨无法再开口说话,却仍然靠着写字板与污染做斗争。这样的"平凡"英雄不求功名利禄,却甘愿守护世间美好,他们的身上集中体现着牺牲精神和大爱关怀。青年要学习英雄身上的牺牲精神,要学会突破自身利益的桎梏,要努力为人民和社会做出贡献。彩虹人生公益育人平台20年来打造志愿服务的模式,充分发挥社会组织的作用,将青年奉献社会和服务他人常态化,让青年在平凡的行动中感受英雄情怀。

让英雄情怀回归,就是要在邪恶面前捍卫正义。"肩扛正义,救黎民于水火,解百姓于倒悬",英雄自古就是正义和良善的代言人。人的一生,成就事业固然重要,但更重要的是能秉持正确的价值观,在利益诱惑前仍能恪守原则,在邪恶逼迫时仍能捍卫正义。钱塘江护水志愿者长期巡护浙江省母亲河,同各种污染行为做斗争,努力绘制以保护母亲河为主题的"百里彩塘",征集钱塘江之歌,精心打造钱塘江文化。从少年到老年,涵盖各年龄阶段的护水者队伍用满腔的英雄情怀捍卫着母亲河的神圣和纯洁。浙大紫领俱乐部成立清廉文化宣讲团,抵制贪腐年轻化;绿色浙江推动多方协作共抗环境污染,希望引领更多青年学生坚持正义之路……青年若有正义之心灵,则必能养浩然之气,让英雄情怀回归青年精神正是要让正义的火种燃起青年的活力。

让英雄情怀回归,就是要在苦难面前坚韧不拔。"艰难困苦,玉汝于成",英雄往往浴火重生。当代青年中的大多数没有经历过真正的苦难和挫折,内心脆弱而易伤。青年要多珍惜吃苦的机会,选择了吃苦就是选择了收获,要在这样的过程中历练宠辱不惊的心理素质、坚定百折不挠的进取意志。青年习近平正是在知青岁月的艰苦磨炼中养成了矢志不渝的理想信念、爱国为民的家国情怀、勤奋好学的进取精神和吃苦耐劳的优秀品格。在苦难面前坚韧不拔应是青年的基本品质。我们13年来坚持推进的黄土地基层挂职成长计划,推动更多青年学生在艰苦环境中锤炼意志和品质,就是希望能让学生养成英雄般的毅力。

英雄情怀不应是我们在悲痛和绝望时的心理安慰,而应是我们在前行和成长中的精神特质。生而平凡的我们,或许离英雄很遥远,却深受英雄情怀的感染;不甘平凡的我们,或许难成英雄伟业,却能用英雄情怀成就不平凡的人生。

有人说,人生的快乐有三种境界:初级境界是肉体快乐,是在物欲得到满足后的快感和兴奋;中级境界是精神快乐,是在坚持奋斗并彰显个人价值后的欣喜和愉悦;高级境界是灵魂快乐,是助人为乐、成就他人、成就国家和社会的大我境界,是在舍得和奉献后的幸福和美满。

英雄情怀正是灵魂快乐的源泉,让英雄情怀回归,即使平凡的人生亦能收获英雄般的快乐。新的一年,祝愿大家让更多人因为自己的存在而快乐,让自己因为收获英雄般的灵魂而快乐!

（2019-02-05 21:59:22）

（http://blog.sina.com.cn/s/blog_6b84aa070102yv78.html）

□ 评 论

在路上

英雄精神是民族精神的丰碑,英雄文化是民族文化的源泉。

英雄的伟大之处,在于其实现理想的方式与普通人不同:普通人通过个人奋斗,使得"我实现了理想";英雄通过投身于伟大的事业,使得"理想通过我得以实现"。

学习英雄精神,不仅体现在战争年代刹那间的生死抉择,更体现在新时代建设上经年累月的执着和坚守,体现在青年人面对祖国需要和个人得失时的从容取舍。

让我们自觉学习英雄精神,肩负时代担当! 共勉!

Lucy.G

英雄情怀是每一位当代大学生都应当牢牢铭记的! 作为一名强鹰预科班成员,我们应对老一辈英雄的付出永葆感恩之心,并以他们为榜样,学习英雄精神,用自己的实际行动带动更多周围的人,共同做承担时代使命的浙大人! 感恩通过强鹰认识各位志同道合的老师和同学,向大家学习! 砥砺前行! 未来可期!

做一个现实的理想主义者

每一朵玫瑰都生长在荆棘之中。

翻开历史的卷轴，我们发现人类历史并非总是花团锦簇、歌舞升平。战争、灾难、蒙昧、奴役，如同土地上的丛丛荆棘，让人类社会显得荒芜苍凉。在人类的历史长河中，总有一群人，用他们的灵魂发出时代的最强音，用他们的心血浇灌理想的玫瑰花。他们，就是理想主义者。

理想主义萌芽于人类改造世界的愿望。每一个人在内心深处对理想世界总是有着自己的宏伟蓝图。只要人类历史还没有走到终点，那么就会有人发现社会的不完美之处，从而产生改造世界的渴望。这个并不完美的世界宛如一片荆棘地，或许单调，或许灰暗，但同时也赋予了理想主义生根、发芽的土壤，从而绽放出最美丽的花朵，为世界增添一丝生机和亮色。

当欧洲陷入中世纪的黑暗时，文艺复兴的先驱们将人们从宗教的蒙昧中解放出来，理想主义之花开始散发人性的芬芳。当北美大陆一片荒凉时，清教徒们越洋跨海，名为"美国梦"的玫瑰花开始在这片土地上绽放。当华夏大地即将被列强瓜分时，先辈们用生命的代价实现了民族的独立和国家的富强。荆棘之中之所以会有玫瑰盛开，离不开理想主义者的浇灌。时势造英雄，当现实的杂草在人类社会的试验田里疯狂滋生、汲取养分时，理想主义者往往会挺身而出，用汗水和鲜血在荒芜之中开辟一片净土，播撒下美好愿景的种子，期待着这个世界有一天会因为他们的理想而更加美好。

然而，当社会逐渐进入商业时代时，理想主义者的境遇就显得愈加尴尬了。商业时代的主流是理性主义，而理性奉行的是现实标准。当现实的杂草逐渐侵占了理想的领地，我们也会越来越多地把注意力集中于自己身边的生活，忙于摆脱周围的烦恼，而懒得去关注社会之中还有什么地方可以种下理想的种子，让世界变得更加美好。

面对这样的现状，我希望能够尽自己的绵薄之力去解决一些问题，播撒一些种子以期能够有所收获，让世界更加美好。经过近 20 年的努力和坚持，我们搭建起了彩虹人生公益育人平台,努力去培养一批理想主义者,让他们成为引领和推动中国社会未来发展的健康力量。绿色浙江14年的坚持是为了让更多的人环保;求是强鹰俱乐部在引领青年领袖正能量的道路上已经走过了6年的风风雨雨;而为了让更多人建立信仰的紫领人才培养计划也已坚持5年,风雨兼程……我愿化身为一座彩虹桥,帮助和成全更多的青年学生达到理想的彼岸。

这个时代,理想谈得越多,分量就越轻。我们往往以让社会更美好的名义去践行理想,但是真正能让理想主义这朵玫瑰花盛开的关键在于行动。我希望彩虹人生培养的健康力量能够真正树立起改造社会的信念。愿我们今后无论人在何方,身居何职,都能够将行动的实践和心中的理想结合在一起,真正为推动社会发展贡献力量。理想主义的目标虽然不必是推动社会的整体发展,但是必然是朝着社会变好的方向发展。即使我们所培养的青年学生并没有实现理想,他们也可以通过踏实的行动为这个社会带来正能量。我相信,赠人玫瑰,手留余香。我们心中的玫瑰一定能温暖他人的内心。

亲爱的青年朋友们,也许我们正在向理想主义者的目标前进,或者我们还没有足够的能力去实现自己的理想,但这些都没有关系。在新的一年里,我们要继续用心浇灌自己心中的理想种子,让其最终盛开出美丽的花朵。

亲爱的青年朋友们,做一个理想主义者,我们首先需要健康。也许我们的理想是创造财富,也许是创造奇迹,甚至是征服世界,但是如果没有健康,一切都只是空谈。健康的身体是能够长时间为理想而奋斗的保障。一定要加强锻炼,让自己保持健康的状态。坚持锻炼,不仅可以保持身体健康,而且可以锻炼自己的意志力,让人拥有独自面对困难和挫折的勇气。

浇灌理想之花需要新鲜的水源。朱熹有诗:"问渠哪得清如许,为有源头活水来。"我们需要不断地学习,拓宽视野,积累底蕴,为理想的绽放提供源源不断的活水。也只有通过不断学习,我们才能发现这个社会的不完美之处,才能更好地提升自己解决问题的能力。

亲爱的青年朋友们,我希望你们能够建立自信。在平凡的世界里,理想主义者总是显得特立独行,与众不同。他人质疑的眼光、零碎的言语往往会如尘埃一般,让理想之花失去本来的颜色。而自信则像一阵清风,会拂去质疑的尘埃,为这世间沉闷的环境注入一丝灵气。

玫瑰之所以盛开,离不开阳光的温暖。感恩就是那一束让玫瑰盛开的阳光。亲爱的青年朋友们,我们之所以要成为理想主义者,是因为我们心怀感恩,对他人和世界都抱有最美好的希望和最真挚的热爱。当行走在成为理想主义者的道路上时,我们需要感恩遇到过的智者和愚人,感恩经历过的美丽和风雨。

亲爱的青年朋友们,我希望你们有更强烈的责任感和担当精神。责任和担当是理想之花赖以扎根的土壤。当选择成为理想主义者时,我们就选择了那条少有人走的路。与一般人相比,我们会经历更多的狂风暴雨,经历更多的坎坷挫折。但是,请别灰心,责任和担当将会为理想提供不竭的养料。请相信,当我们达到理想的彼岸后,这一份责任和担当将会变成我们最宝贵的收获。

亲爱的青年朋友们,希望在彩虹人生的平台上,我们不是精致的利己主义者,不是空想主义者,而是要服务社会、报效国家、改变世界、创造奇迹的理想主义者。

为梦驰骋永不悔,感恩之心常相随。新的一年,新的开端,新的梦想,让我们骑着理想的骏马,面向朝阳,脚踏实地,马不停蹄,不懈坚持,共同寻梦属于自己的彩虹人生!

(2014-01-31　09:47:21)

(http://blog.sina.com.cn/s/blog_6b84aa070102e96l.html)

☐ 评　论

裴冠雄

理想主义者,仰望星空,更需要脚踏实地。

现实生活中,并不缺少空想主义者,他们描绘着伟大的愿景,勾勒着未来的蓝图,诉说着心中的目标,但缺乏行动和坚持。

理想谈得越多,分量就越轻。而唯有一步一个脚印的行动,才能真正诠释理想的内涵。

不积跬步,无以至千里;不积小流,无以成江海。向前辈学习,行进在理想的路上!

仓央嘉措 empty

不忘初心,方得始终。理想主义,绵延于历史的长河,植根于现实的你我,苗壮于随性的初心,灌溉于感恩的源泉。任何时候,只要你愿意坚持和付出,不论荆棘在何处、有多少,你都可以实现自己的理想。我们是理想主义者,但我们是理性而非空想的理想主义者。绿色浙江,求是强鹰,你们给了我们理想与实践的力量,而我们也向你们呐喊:2014,我们来啦! 我们与你们同在!

张田田

　　作为身在象牙塔的大学生,认识社会的方式不仅是用眼睛阅读文字,用耳朵倾听新闻,而是用心灵观察周边,用身体融入其中,真正地实践。我们年轻、有活力,更有真诚的愿景,当下需要的就是更好、更踏实地付诸行动,踏浪于现实的洪流中。

第二章　求是强鹰

激情点亮梦想
责任肩负使命
主动开启成功
合作成就事业
分享互通有无
引领创造时代

2008 年 4 月，在学校以及社会各界的支持下，求是强鹰实践成长计划横空出世。坚持 11 年，求是强鹰计划已连续举办 16 期，共有 100 余名知名浙商企业家导师和 1000 余名优秀学子加盟求是强鹰俱乐部。如今，7 年的时光匆匆流逝，一批批的强鹰学员已经翱翔于天际，向人们展示着他们的卓越风姿。他们搏击长空，有着鹰一样的志向；他们俯瞰大地，有着鹰一样的视野。纵然前方风雨交加，他们也会凭借智慧和毅力去寻找属于自己的一片天地。

作为他们的导师，我很欣慰能够看到他们如今的成就。而我也坚信风雨过后，他们终能拥有属于自己的彩虹人生。

求是强鹰十二字箴言

　　根据我的初步设想,我请求是强鹰学员陈笃升和王承超共同商讨求是强鹰学员所应具有的内涵标准。经过多次访谈交流以及对多期强鹰计划优秀人才的分析观察,我们初步提炼出了强鹰学员的卓越标准,作为指导今后学员选拔、培训和考核的重要指导,我们称之为求是强鹰"十二字箴言"。卓越标准包括以下六大方面:激情、责任、主动、合作、分享和引领。这六个方面是一个有机整体,代表了强鹰学员先进性的重要方面。

　　为了使这一标准更加明确清晰、便于理解,以下对其内涵做进一步的说明。

　　激情　对理想执着追求,不畏艰难;

　　　　　　生活中富有活力,乐于奉献;

　　　　　　语言上能够感染他人,行动上能够影响他人。

　　责任　树立主人翁意识,有很强的团队归属感,共同维护求是强鹰这一品牌;

　　　　　　热爱求是强鹰俱乐部,主动向周围同学宣传求是强鹰的理念;

　　　　　　时刻关注求是强鹰的发展状况;

　　　　　　具有强烈的社会责任感。

　　主动　积极投身各种社会实践,不断锤炼自身本领;

　　　　　　积极参与求是强鹰俱乐部的各项活动,并及时反馈自己的收获;

　　　　　　主动为求是强鹰做力所能及的贡献。

　　合作　善于进行团队合作,崇尚协作与共赢;

　　　　　　对自己和他人有充分认识,善于取长补短,发挥比较优势;

　　　　　　及时肯定他人、鼓励他人,活跃团队氛围。

　　分享　敢于表达自己的不同观点和认识;

　　　　　　善于分享自己在成长过程中的心得体会,乐于助人;

　　　　　　积极向俱乐部报告自己的最新动向。

引领　有崇高的精神境界，高度认同求是强鹰的理念；

关注社会，独立思考，经常进行自我反思和总结；

行动领先，以身作则，在学习、工作、社会服务等方面起到模范带头作用。

（2010-10-10　15:49:38）

（http://blog.sina.com.cn/s/blog_6b84aa070100lxw6.html）

求是强鹰的五种责任，你做到了吗？

自求是强鹰项目启动以来，很多同学通过这个平台结识了良师益友，找到或修正了自己的人生方向，我经常收到同学感谢求是强鹰的邮件或短信，他们都因身为强鹰学员而感到骄傲和光荣。权利必然伴随着义务，强鹰学员在享有这份荣誉的同时，也应该严格要求自己，承担起相应的责任。总结起来，我认为强鹰学员有五种责任——自我责任、家庭责任、集体责任、生态责任和社会责任。

自我责任

人活于世，首先要懂得对自己负责。作为一名浙大学子、一名求是强鹰学员更应如此。

你对自己的未来做好规划了吗？

你有近期的奋斗目标吗？

你每天都努力学习和工作，认真履行学生的职责吗？

踏踏实实地生活，一步一个脚印，把握自己的人生方向！以更积极的努力超越自我，实现人生价值！

家庭责任

作为家庭中的一员，大家在接受父母、长辈关爱的同时，也要承担起回报亲人的责任。现在，仍是一名大学生的你暂时没有能力也没有必要为家庭的经济负责，但是——

你经常陪父母聊天、散步吗？

你知道父母的生日是哪天吗？

你今天给家里打电话了吗？

从现在开始，关爱自己的家人，承担起为人子女的责任，为将来组建家庭、承担更大的责任做好准备！

自从我当上父亲以后，更是深感作为父母的不容易，父母要付出非常大的艰辛和爱。父母把我们拉扯大实属不易，我们一定要感恩我们的家庭和父母。有家才有国,有国才有家。能与家庭成员和睦相处的人,才能经得起更大的考验。

集体责任

求是强鹰为广大学员提供了学习和成长的广阔平台,在这个集体中,每一名学员都不断汲取着经验和智慧,作为自己前进的助力。然而,在获得的同时,你想过为强鹰做些什么吗?我觉得每一名想加入求是强鹰大家庭的青年学生,你首先思考的应是你能为求是强鹰做点什么,而不是你能从求是强鹰得到些什么——

你有没有曾经为求是强鹰的进一步发展壮大出谋划策?

你有没有积极参加求是强鹰活动,努力锻炼,提升自我?

你有没有主动与求是强鹰俱乐部秘书处联系,反馈学习信息、活动感想、实践成果、个人动态以及导师动态?

所有学员都应该增强团队归属感,关注强鹰,认同强鹰,推动强鹰!

生态责任

党的十七大特别强调了生态文明的重要性,针对现今倡导的生态文明社会建设,每一名强鹰学员都应该提高自身的生态环境素养——

你了解和关注过全社会对生态文明的重视和所做的努力吗?

你参加过生态环保活动吗?

你为建设生态社会、低碳校园做出过贡献吗?

宣传生态文明理念,引领社会风尚,从小事做起,共同参与和推动环保,成为生态文明建设自觉自愿的践行者和推动者。

社会责任

求是强鹰"九阳真经"特别强调:加入求是强鹰俱乐部,更需要你奉献服务,更需要你最终不断努力为国家、社会、民族创造更多的物质财富和精神财富——

在学习之余,你关心和思考过国家的前途和民族的命运吗?

你考虑过自己之于国家富强、社会进步的作用吗?

你的目光是否只局限于就业、薪水和自己的生活享受?

一个人真正的价值,不在于他获得过多少,而在于他为我们的国家和社会、为他人留下多少。强鹰学员须牢记并学习周恩来总理"为中华之崛起而读书"的责任感和使命感,不断提升自我,寻求自己的理想和抱负,使自己不断强大,进而回报他人、回馈社会!

(2010-10-17 18:15:06)

(http://blog.sina.com.cn/s/blog_6b84aa070100m6ps.html)

从求是强鹰的报名表里，我们看到了什么？

　　刚结束的第 7 期求是强鹰学徒计划的报名表筛选是我们俱乐部经历的第 7 次选拔工作。首先，恭喜 202 名同学进入了笔试环节。当然，也有 40 位左右的同学因为报名表和简历填写得不够认真细致或态度不够端正等而被首轮淘汰。然而，留给我们更多的是一种思考。

　　自 2008 年 4 月，一个以知名企业家导师带徒为主要模式的求是强鹰实践成长计划开始成为校园热议的话题。我们一直努力为更多优秀的大学生搭建起这个平台。在本次选拔工作开始之前，俱乐部先后与企业家导师、前 6 期学员座谈，其目的在于更好地为选拔工作做准备。我们梳理了求是强鹰学员的六大卓越标准，更指出了在享有荣誉与权利时自身五方面的责任。在参考以往各期求是强鹰选拔方案的基础上，第 7 期的选拔运用人力资源管理的专业知识，在选拔的内容和形式上做了一些创新，比如强调报名表的鉴别功能。而在筛选过程中，秘书处邀请了俱乐部执行主席、各期班长以及秘书处核心成员对简历进行了严格筛选。采取三人一组的方式，每个人给每份报名表评级，级别共分为 A、B、C 三个级别。有两个及两个以上 A 级别的报名表直接审核通过；少于两个 A 级别、但有两个或两个以上 B 评级的，或者有 A、C 两个等级同时出现的报名表定为待定；其他情况视为报名表未通过审核；其中待定人员须交另一组进行重新评级决定，规则同上。

　　我们在筛选时，究竟在看什么呢？这里选取一些申报者反映的问题进行回答。

　　问：为什么既要求报名表，又需要简历，内容不重复吗？

　　答：细心的同学会发现，报名表中对于个人履历并不十分强调（这可以从表中预留的空间看出），更强调你通过个人的经历学到了什么，此部分看重你的成长性。换句话说，重个人收获而不是个人成就。同时，在报名表的描述中，俱乐部还考察了申报者对于求是强鹰的了解程度以及认同感。而简历方面，实际上是给予企业家导师一个直接信息，以使个人履历更符合企业的视角。所以，报名表是俱乐部筛选的重要依据，简历是给导师选择的重要参考,二者缺一不可。

问:低年级与高年级、本科生与研究生,其标准一样吗?

答:确实,当低年级与高年级学生在同一水平进行比较时,其经历是不可同日而语的。所以,我们在梳理时,也不是按照一条硬杠杠在筛人。每个人的报名表,我们都仔细查看。我们认为,高年级的申报者,经历丰富,获得锻炼的机会应该更多,那么呈现的内容、体现的细致度、展现的思想性,无疑应该更高。而低年级的申报者,我们则更强调个人规划、认真程度以及成长性。这种考量标准同样适用于本科生与研究生的评判。

问:报名表的问题都需要填完吗? 如果由于失误发送错误,怎么办?

答:我们在设计报名表时,考虑了很多方面,希望每一位申报者都有话可说。而在 9 月 25 日至 10 月 15 日的报名过程中,我们给予了所有申报者 20 天的时间,希望每个人都能以最佳的状态来参与我们的求是强鹰。基于这样的假设,我们认为当一份报名表进入筛选阶段,申报者已经经过了一个相当缜密的准备,那么报名表所呈现的内容,包括排版、字体、格式、照片等方面,都代表了申报者的水平。为此,这里举一个小细节:报名表在设计时,页眉处是没有对齐的,我们希望申报者可以最终改好。但是,很遗憾,有 1/3 的申报者并没有意识到这点,这也传递出了两种信息:填写的匆忙和细节的不严谨。

问:我是最近才了解求是强鹰的,如何关注到更多的信息?

答:让更多的人了解求是强鹰也同样是俱乐部目前的一项重要工作。所以,我们会将信息发布的平台和求是强鹰的平台跟大家反复分享。希望关注求是强鹰的你,更快地融入我们这个圈子。

(2010-10-19 20:07:49)

(http://blog.sina.com.cn/s/blog_6b84aa070100m8mw.html)

□ 评 论

新浪网友

原来一份简单的报名表也有着如此高深的学问。作为一名学生,真应该好好学习学习,现在用得到,以后更加用得到。

求是强鹰导师面试：企业家如何选拔学徒？

经过严格的笔试和俱乐部面试，求是强鹰俱乐部第7期求是强鹰实践成长计划之学徒计划选拔进入了企业家导师面试环节。截至昨天（10月28日）晚上，浙江中成实业有限公司董事长、总经理董利华，温州金融港发展有限公司董事长、温州民间资本投资服务中心董事长、浙江恒生资产控股公司董事长黄伟建，盾安控股集团有限公司总裁、浙江大学经济学院兼职教授吴子富，话机世界数码连锁集团股份有限公司董事长、总裁赵伯祥，新光控股集团董事长周晓光等5位导师完成了面试环节，选拔了自己满意的学徒。

又一批新成员加入强鹰团队，我在为他们感到高兴的同时，也看到部分同学因为不符合导师的期望而落选。有同学询问，企业家导师是以怎样的标准来挑选学徒的，他们考察的重点有哪些？经过这几天面试的观察及与企业家的交流，总结起来，他们考察的有以下方面。

一是细节。每一名企业家导师都对学徒候选人的简历进行了指导，简历使用的照片是否正式，格式是否清晰美观，内容是否翔实可信，甚至简历上标点使用正确与否都成为导师考察的一部分。与部分同学对企业家"抓大放小"的印象相反，导师们把对细节的关注放在了重要的位置。黄伟建导师直言不讳地指出了面试者简历的不足，并告诫各位前来面试的同学，简历是让他人、让企业认识自己的第一步，必须做到精益求精，才能给人良好的第一印象，为之后的发展和交流奠定良好的基础。

二是人生规划。黄伟建、吴子富和赵伯祥等导师不约而同地仔细询问了面试者的职业规划，其他几位导师也通过各种问题侧面了解了面试者的未来目标。吴子富导师强调，规划自己的职业前景和人生发展，是一个人在对自己的兴趣、爱好、能力、特点进行综合分析与权衡之后，结合时代特点，根据自己的职业倾向，确定的最适合自己的奋斗目标以及为了实现这一目标所做出的安排。能做好自己人生的规划，说明一个人对自身和社会都有深刻的认识，更重要的是，这个人已经有了成熟的思考和判断能力，而这种能力正是创业所需要的。

　　三是思维能力。董利华小组的面试者想必对"汽车为什么会有备胎"的问题记忆犹新。这是一个思维陷阱，每一名面试者都想到了"备胎是为了防范风险"，却极少有人往更深的层面想：有备胎就可以防范风险了吗？备胎的质量由谁来保证，日常又由谁来维护？如果汽车爆胎，发现没有得到定期检查和维护的备胎也没气了，那么汽车就报废在路上了。董老师表示，他就是要用这个问题，来选拔思路最清晰、思考最全面、思维最新颖的学徒，只有这样才能在人生的道路上事事快人一步，赢得先机。

　　四是对求是强鹰的认识。企业家来到浙江大学招学徒，是因为他们认同求是强鹰实践成长计划的理念，希望通过强鹰的平台结识优秀的在校大学生并给予指导，帮助他们成长成才。赵伯祥导师向面试者提出了分析创业方案的要求，考察他们是否符合强鹰热衷创新的要求，是否适合走上创业的道路。周晓光导师委托的面试官徐军先生和陈清女士也询问了面试者对新光和周晓光导师的了解，以考察他们是否发自真心地希望跟随周女士学习，是否对强鹰平台具有高度的热忱和认同感。只有真正认同强鹰、热爱强鹰并能为求是强鹰的发展壮大献计献策的学员，才能成为强鹰的一员！

　　感谢求是强鹰俱乐部秘书处李新月对本次企业家导师面试情况所做的初步整理。我希望同学们能认识到自身存在的不足和局限，也借此为更多的青年学生提供参与求是强鹰面试的技巧和经验。

　　(2010-10-29　15:02:26)

　　(http://blog.sina.com.cn/s/blog_6b84aa070100mhki.html)

求是强鹰之歌

　　求是强鹰学员宋扬在今年年初主动为求是强鹰创作了《求是强鹰之歌》,并与求是强鹰银鹰学员杜欣雨一起在求是强鹰6期启动大会上为所有求是强鹰导师和学员歌唱,也希望每位求是强鹰学员都能传唱。现将歌词记录如下,与各位共享。

第一部分:节奏舒缓,轻盈

　　曾经的你我,幻想清澈的溪流,手拉着手,漫步街头,从玩伴成为朋友;曾经的你我,渴望静谧的山丘,肩并着肩,徜徉春秋,从朋友成为挚友;18岁的你我,梦想天外的星球,比翼遨游,从挚友成为战友;天际的翔鹰,从未离开我们的眼眸,因为你我像鹰,从此志在天下,放眼寰球;幻想着……渴望着……求索着……梦想。

第二部分:节奏明快,庄重

　　林荫小路,通向真理的殿堂;雄关漫道,满含求是的理想;你我化作强鹰,循迹求是的方向;疾风如浪,骤雨如针,片刻不能将我阻挡;我所向的前方,闪烁成功的光芒;白云如画,晴空如酒,丝毫不能让我停留;我所向的前方,自有梦想的珍馐;我所向的前方,是求是精神的守候;我所向的前方,是强鹰高歌的自由;我所向的前方,是强鹰高歌的自由。

　　(2010-11-26　08:11:10)

　　(http://blog.sina.com.cn/s/blog_6b84aa070100n8r1.html)

求是强鹰"九阳真经"

　　求是强鹰不仅吸引了众多知名浙商纷纷加盟,更令很多学员受益匪浅,甚至改变了一些学员的一生。在众多求是强鹰学员发展的过程中,结合自身成长,我也逐步领悟形成了青年学生成长成才的求是强鹰理念,并把它命名为青年学生成长成才的"九阳真经"(共9句话)。每每与青年朋友谈及求是强鹰"九阳真经",总能与他们产生非常好的共鸣。现特书写如下,与各位博友和青年朋友共享。

　　求是强鹰"九阳真经":

　　读万卷书,更需要行万里路;

　　行万里路,更需要吃苦无数;

　　吃苦无数,更需要阅人无数;

　　阅人无数,更需要高人指路;

　　高人指路,更需要贵人相助;

　　贵人相助,更需要自己领悟;

　　自己领悟,更需要不断进步;

　　不断进步,更需要想方设法加入求是强鹰俱乐部;

　　加入求是强鹰俱乐部,更需要不断拼搏奉献服务,为国家、社会、民族创造更多的物质财富和精神财富!

　　(2010-08-29　00:00:00)

　　(http://blog.sina.com.cn/s/blog_6b84aa070100l1j6.html)

让强鹰飞

——永远的求是强鹰

又是一年毕业时,不少求是强鹰学员也面临毕业的选择,他们纷纷用实际行动来记忆求是强鹰,感悟求是强鹰,感恩求是强鹰,发展求是强鹰! 现摘录部分强鹰学员发给求是强鹰俱乐部秘书处的感悟,与大家共享,也望更多求是强鹰学员携手共进,让强鹰高飞! 从此你我像鹰,志在天下!

一首藏头诗,现将诗歌附上:

求真务实荣浙大,是非成败为中华。
强国富民逍遥日,鹰击长空笑天涯。
俱怀丹心照千古,乐善好施义人家。
部居英才通南北,行踪遍布在华夏。

"求是强鹰俱乐部行"其意为:求是强鹰俱乐部一定行,求是强鹰之事业定能蒸蒸日上!

写了这么一首藏头诗,也不光为表达对强鹰俱乐部能成功的坚定信念,还包含了我对于一个浙大人、一个强鹰人所应具备的素养的一点思考和浅见。我觉得人生的意义不在于一定要达到所谓的成功,而在于尝试以及在尝试过程中的不断自我改良和提升。所以不必要遇事必问有没有用,本来人生就不是用来"用"的。

我跟学弟学妹曾说过,大学里做到四个"自",基本不会有什么大差池:自信、自知、自律、自省。自信方可进展自身才华,自知才能将才华用到实处,自律不至于堕落而使青春虚度,自省得以迅速找回正确的方向而不会迷失。对于人生,我觉得这四个"自"依然适用。人生做到以下三点我觉得大致上不会有大的偏颇:第一,立大志。无远志,则信难达,力难坚。第二,肯实干。不能脚踏实地,总是志在千里,就只能停留在幻想的层面。第三,会感恩。一人一剑走江湖在现在的社会怕是行不通的,得到别人的帮助才能更好地行走江湖,"感恩"二字更需要我们身体力行。

在这么多强鹰人面前班门弄斧实在有些惭愧,但却是肺腑之言。浙大学子、求是强鹰学员中,应该不乏立大志者,正如我们常说要把自己培养成为具有国际视野的未来领导者一样。我们不甘平凡,所以仰望星空;但实际上我们都是平凡的过客,所以我们需要脚踏实地。

求真务实荣浙大——我们要秉承求是精神,求真务实,保持一颗谦逊的心。

是非成败为中华——这是我们的宏愿,但宏愿须有保证。

强国富民逍遥日,鹰击长空笑天涯——我们还只是欲展翅的雏鹰,我们可以有自信,但要不断飞翔,只有等到理想实现之际,才是笑傲长空之时。

俱怀丹心照千古,乐善好施义人家——说完了理想与踏实,说说感恩。孟子说过"穷则独善其身,达则兼济天下",我们受到阮老师这样热爱青年的长辈的关怀和帮助,我们自当在力所能及之时将乐善好施的德行传播于社会。

部居英才通南北,行踪遍布在华夏——最后则表达了我的夙愿,愿强鹰学员遍布四海,贡献我们之所能。
——冯敬俊

一份终身事业,一群肝胆挚友,一位商界高人,一名彩虹导师,一道强鹰魂,一颗中国心!
——董 磊

集求是之气,工科生与商业圈邂逅;展强鹰之翼,高材人入金融界求索。
——张雪弢

祝愿强鹰人前程似锦!祝愿求是强鹰的明天更美好!   ——沈樟彪

用精神的力量凝聚追求卓越的求是人,用奋斗的激情点燃青春的梦想!
——黄松阳

求是强鹰如同那片坚实的土地托起了我飞翔的翅膀,不管身在何处,不管飞得多高,我都会常怀感恩之心,做一个骄傲的浙大人、一个自豪的强鹰人!
——薛明辉

感谢强鹰在大学里给了我一个拓展眼界的机会,在这里我结识了一大批有理想、有执行力的优秀战友,认识了带给我很多新视野的导师,还有为强鹰发展尽心尽力的阮老师。欣喜大学里能遇见强鹰,它会是我回忆大学生活时一个精彩的篇章。
——从昉昕

　　强鹰,注定是一份一生的事业。在这里,每一个强鹰人共同努力维护着这个家族的荣耀,期盼着新时代的企业家与领导者在这里成长,期盼着未来的风云浙商与经济年度人物从这里启航!

　　强鹰,是一群肝胆相照的挚友。无论是朱志平老师小组的队友,还是俱乐部秘书处的同仁,抑或是在生活、工作中偶遇的强鹰人,共同的理想与信念让我们惺惺相惜。未来的创业路上需要这样的兄弟!

　　强鹰,是一群无私相助的高人。朱志平、郭羽、石磊、阮铁军、屠红燕……能在浙大求学路上得到这些企业家们无私的帮助与指点,是何等有幸!

　　强鹰,是一位引航人生的导师。那位心怀彩虹人生理想的老师,用他的执着、激情和勇气,为他深爱的学生们源源不断地创造着价值与幸福。他的言传身教,学生铭记于心!

　　强鹰,更是一道道强鹰魂,一颗颗中国心!

　　　　　　　　　　　　　　　　　　　　　　　　　　　——董　磊

　　时光荏苒,转眼已是临近毕业,回首过往,几番遗憾,几番感叹。也许我会留在杭州,踏上创业之路。做这个决定前我曾经犹豫过、迷茫过,幸运的是,很多疑问在求是强鹰里得到了解答,使我坚定了创业的选择。

　　在求是强鹰,我结识了我的导师赵伯祥老师,也结识了同样充满激情的同学和朋友。在导师的谆谆教诲中,在同学的洋溢热情中,一年的时间犹如白驹过隙。求是强鹰给予我独特的营养和高度的认同感。未来即便充满不确定,但有强鹰人陪伴,我的步伐会更加坚定。

　　感谢强鹰!

　　　　　　　　　　　　　　　　　　　　　　　　　　　——李熙昂

　　(2011-05-27　08:23:49)

　　(http://blog.sina.com.cn/s/blog_6b84aa0701018fyo.html)

求是强鹰引领大学生创新创业

"青年兴则国家兴,青年强则国家强。"浙江大学一直十分注重引导广大青年学生在实践中成长成才,在兴业强国中成就青春梦想。大学如何担负起培养新型人才的重任? 在倡导文化强国、建设创新型国家的时代背景下,如何以一种创新的模式打造一个高端平台,成就广大青年的人生梦想? 在"创新创业,永立潮头"的浙江热土上,创业精神能否在大学校园里生根发芽、开花结果? 在中华民族伟大复兴的征途中,青年该如何将自己个人的梦想汇入时代的洪流? 浙江大学实施的求是强鹰实践成长计划已在这条探索的路上行走了12年,给出了令人振奋的答案。

求是强鹰实践成长计划(简称"求是强鹰")在浙江大学和浙江省青年联合会等单位的指导和支持下,于 2007 年 9 月开始酝酿,在社会各界的大力支持下,于 2008 年 4 月启动第 1 期。该计划采用师傅带学徒的培养模式,从求是创新的文化根源出发,引入浙商群体的协同创新机制,采取聘请优秀企业家担任浙大学生实践导师的方法,创造性地将高校教育与创新创业实践结合起来,形成依托于高校与企业、教学与实践多元化的人才培养无边界共同体,为学生的成长与发展提供平台。计划坚持至今已有12年,求是强鹰顺利开展了 317 期,已有 130 余位知名浙商企业家倾力加盟强鹰导师团,上千名浙大学子(称为"强鹰学员")在该计划的培养下成长成才,其中100 余名学员在求是强鹰平台上成功走上创业道路,更有 109 名来自哈佛、耶鲁、牛津、墨尔本、北大、清华等海内外高校的优秀青年被求是强鹰吸引,不远万里奔赴浙江大学"拜师学艺",成为强鹰名誉学员。

一、求是强鹰的起源与理论基础

2007 年,时任浙江大学团委副书记、省青联教育界组长的我,看到了学生们身上有着一股创新创业的热情,同时基于目前高等教育中封闭、同质、低效的现状以及第一课堂教学改革相对滞缓的情况,开始思考"如何才能为我们的学生提供更大、更有效的实践成长平台,有效地培养学生的创新创业能力,使学生更好地实现与社会的接轨和融合"。伴随着思考,以下的理论为求是强鹰的诞生奠定了基础。

1. 实践育人理念奠定了培养模式的基调

基于马克思主义教育观,所谓实践育人是指通过有目的的实践活动建立起学生与客观世界的联系,在实践过程中提高知识水平、提升思想道德素质的教育活动。对于高等教育而言,其最根本的使命和最本质的要求就是培养人才。而实践教育作为一种体验性的人才培养模式,对当前高校培养创新型人才尤其重要。

2. 协同理论孕育了协同创新的产生

协同创新起源于 20 世纪 70 年代赫尔曼·哈肯提出的协同理论,强调系统要素的互通、观念和资源的共享,而实现单一个体所无法实现的结果和目标,在创新中发挥整体效应和协同效应。而今天的协同创新已经不局限于科学技术领域,而逐渐上升为一种战略思想,依托高校、政府、企业等组织主体,通过跨部门、领域、专业的资源整合和协同,实现各领域的重大突破。

源于对教学现状的思考,受浙江省丰富浙商资源的启发,响应国家强化创新创业教育的号召,求是强鹰深刻秉承实践育人的理念,致力于发挥第二课堂的实践价值,意在成为以学生为导向、校企协同的无边界共同体。

二、求是强鹰的培养目标与思路

1. 培养目标

进一步推动高校与社会各界尤其是浙商群体的广泛联系,共同参与创新创业、实践育人,培养具有创新能力、创业精神和较高综合素质的复合型人才;进一步增强具有求是血脉的社会人之间的交流,包括学生与浙大优秀校友间的交流,搭建兴业创业的高端文化平台;进一步强化创新创业精神在浙大校园文化中的独特地位,优化育人文化生态,成就青年创业梦想,引领青年实现强国富民的中国梦。

2. 培养思路

求是强鹰的培养思路亦回答了我们想要解决的教学问题,因此将破解四个"如何"作为贯穿整个计划实施的思路。

(1)如何激发大学生创新创业的青春梦想?

(2)如何引领大学生脚踏实地的实践精神?

(3)如何构建大学生个性化的成长体系?

(4)如何实现大学生兴业强国的人生目标?

3.强鹰精神

在 10 余年发展的历程中,强鹰人总结出了强鹰精神。强鹰精神代表着求是强鹰青年学子的优秀风貌与卓越气质。概括而言,强鹰精神是由以下几方面组成的。

(1)四大品格

视野广阔:"看得见的是视力,看不见的是视野",强鹰人有高瞻远瞩的开阔视野。

创业精神:有志于创业或对创业感兴趣,并愿意付出时间了解创业、学习创业知识。

内在踏实:具备脚踏实地的谦逊品格,不浮躁,不浮夸,虚心求教,学无止境。

外在热情:拥有良好的社交能力,能够在所在社群保持活力和创造力,并积极主动融入社群,与社群成员产生良好的互动。

(2)五种责任

自我责任、家庭责任、集体责任、生态责任和社会责任。

(3)六个特质

激情、责任、主动、合作、分享和引领。

(4)九阳真经(强鹰九诀)

读万卷书,更需要行万里路;

行万里路,更需要吃苦无数;

吃苦无数,更需要阅人无数;

阅人无数,更需要高人指路;

高人指路,更需要贵人相助;

贵人相助,更需要自己领悟;

自己领悟,更需要不断进步;

不断进步,更需要想方设法加入求是强鹰俱乐部;

加入求是强鹰俱乐部,更需要奉献服务,更需要不断努力为国家、社会、民族创造物质财富和精神财富!

三、求是强鹰的实施方法与过程

求是强鹰注重整合社会教育资源,聘请事业上有所建树、品德高尚、责任心强的知名企业家担任导师,由企业家本人亲自设计大学生实践培养计划,指导大学生职业规划,引导大学生创新创业,带给青年最真实的社会体验。

1. 建立双向了解、多维筛选的人才选拔机制

求是强鹰目前形成了以预科班熔炼(亦称团队协作)为核心内容,辅以自我认识及面试管理的人才选拔机制。预科班熔炼旨在让组织者与报名者之间做到互相了解,并在实践中考察各个报名者的行为、能力、品性等,同时发挥报名者之间互相监督和评价作用,由此筛选出更有能力、更有毅力、更有文化契合度的学子。成功入选计划的大学生称为"学员"。该人才选拔机制具有独创性,并且采用了最新的人才选拔理念。

2. 建立注重实践、校企协同的人才培养模式

在培养模式上,本计划采取协同创新的模式,开创人才培养"校、企、人"之间的无边界共同体,俗称"导师带徒"。每期计划持续1年,学徒培养由企业家亲自规划、指导、面对面交流。从带学员去各地考察到参加高层洽谈,导师为学员成长倾注了精力与财力,投入了人力和物力。培养期间,也会为学员安排定期培养课程,课程以讲座、素拓、企业行等形式进行。在1年之后,由浙江大学求是强鹰俱乐部与企业家本人共同考核,并给表现优秀的学员颁发结业证书。同时,求是强鹰也会确定导师职责,规范导师行为,以求达到最好的培养效果。

3. 建立班级化、课程化、学分化的人才考核机制

为了让人才培养更加系统,避免第二课堂产生散漫、游离等现象,求是强鹰特别引入了班级化建设,将每一期学员汇聚成一个班级,由班长、班委带队,定期开展班级活动,以更好地增强学员间的凝聚力和集中度。同时为了更好地约束学员,求是强鹰将很多培养内容指定成课程,类别有强鹰论道、强鹰课堂、强鹰兄弟行、强鹰企业行、强鹰分享、强鹰培训季等,并为每个课程附以学分,最终根据学分获得情况在结业时考核学员。在强鹰计划中引入第一课堂的教学规则,可以提高计划的教学效率,避开第二课堂的弊端,这也是本计划一个新的尝试。

4. 建立长期跟进、重视长远发展的人才追踪渠道

求是强鹰虽持续期为1年,但学员结业后依旧与组织保持紧密的联络,我们也会对学员结业后乃至从校毕业后的情况进行跟进,建立人才库,关注人才更长远的发展,为他们今后的职业之路持续助力。本计划采取"分部机制"来建立人才追踪渠道。据统计,强鹰学员从校毕业后分布在全国50多个城市,根据聚集程度以及追踪需求,我们建立了北京、上海、杭州等5大分部,每个分部设立若干核心学员为负责人,同时配备当地的企业家导师与当地学员继续进行师徒模式的互动。求是强鹰带给学员的不仅仅是1年的培养,更是一种长远发展的引导。

四、求是强鹰的实施成果与推广

求是强鹰一直努力实现以下目标：化理念为行动，培养大学生创业就业的实战能力；化被动为主动，优化大学生创业就业的资源配置；化活动为机制，营造大学生创业就业的文化氛围。经过 10 余年的发展，计划取得了斐然的成果，并具有很强的推广性。

1. 130 余位知名浙商企业家倾力加盟，纷纷赞誉求是强鹰

经过 10 余年的发展，求是强鹰已形成了以西子联合集团董事长王水福、万丰奥特集团董事局主席陈爱莲、康恩贝集团董事长胡季强、锦江集团董事长王元珞、万事利集团董事长屠红燕、绿盛集团董事长林东、贝达药业董事长丁列明、海亮集团董事长曹建国等 130 余位知名企业家为"创业实践导师"的队伍，为上千位优秀学子的成长导航。这些浙商所在的企业涵盖制造业、农业、医疗业、金融业、房地产等多个行业与领域，可以满足不同专业学子的实践需求。

作为导师的浙商，对求是强鹰更是好评连连。首届十大风云浙商、万事利集团沈爱琴导师提到，"求是强鹰实践成长计划是理论与实践并重、内外兼修的教育模式，是当下高校教育的有益补充"。中国五四青年奖章获得者、德意集团董事长高德康这样评价，"我在国内看了许多创新创业活动，求是强鹰无疑是最好、最高端的"。2011 年风云浙商、盾安集团总裁吴子富导师则在其微博上表示，求是强鹰影响的将是几代人。

2. 至今培养了上千名浙大学子，强鹰学员各方面表现抢眼

上千名强鹰学员中，大约有 34.5% 的本科生、51.2% 的硕士生、14.3% 的博士生，涉足管理、经济、农学、工学、理科等 11 个大学科、80 多个细分专业。

从求是强鹰走出的学员在校内外都表现突出，不仅在国家奖学金、竺可桢奖学金、十佳大学生、百人会英才奖、挑战杯大赛等最高荣誉当中频繁出现他们的名字，在学校学生会、研究生会、十佳社团中他们也大多扮演着学生领袖的角色。创业实践方面，求是强鹰已带领 100 多位学员成功走上了创业道路，陈旭、朱凯、罗佳驹三位强鹰学员成长为强鹰导师，反哺强鹰平台。同时，据统计，每 3 个从学校毕业的强鹰学员中就有 1 个在 500 强企业工作，其中不乏已经卓有成就的先行者。从求是强鹰毕业的学员都纷纷肯定了该计划带给他们的人生价值。

3. 受国内外诸多高校青睐，辐射效应强

求是强鹰除了被浙大学子纷纷叫好外，国内外诸多高校的精英骨干也

对求是强鹰学员这一文化符号心生向往。全国学联执行主席、上海交大的王鸿东在观摩求是强鹰活动之后说:"如果有机会,我也很想成为求是强鹰学员。"

基于非浙大系学子的需求,也为了让求是强鹰更好地服务全国青年人才,更好地推动浙大育人品牌的辐射影响,从2013年开始特别招收非浙大优秀学子成为学员,来自哈佛大学、牛津大学、清华大学、北京大学、香港大学、澳门大学、台湾大学、复旦大学、上海交通大学等高校的109名优秀学生骨干经过选拔后成为求是强鹰名誉学员,他们不远万里奔赴浙江大学"拜师学艺"。同时,哈佛大学肯尼迪青年交流团、清华大学思源计划等高校学生组织纷纷与求是强鹰交流人才培养经验,从求是强鹰中学习最新的人才培养理念。

4. 获专家、领导肯定,荣誉众多

2011年,前浙江省人大常委会副主任、时任浙大党委书记金德水对求是强鹰做出批示,他指出"求是强鹰很好,符合浙江省委、省政府'两创'总战略的要求",同时为求是强鹰的文化产物《寻梦强鹰之路》题写了"听一场未来与过去的对话"的推荐序。现任浙江大学党委书记任少波一直支持求是强鹰的建设发展,并多次参加活动。2012年,前浙江省委常委、组织部部长蔡奇为求是强鹰题词寄语:"风雨彩虹,绚丽人生。"求是强鹰的育人理念也同时得到了前浙江省委书记夏宝龙、浙江省政协主席葛慧君等领导的肯定,获得了浙江省副省长高兴夫、浙江省政协副主席周国辉及全国人大代表罗卫红、陈爱莲、胡季强、丁列明、陈乃科、郑坚江、席文、葛明华等各界人士的赞扬和推动。

求是强鹰获得了浙江省青年工作、团工作创新奖,教育部人文社科研究专项立项,教育部第七届高校校园文化建设优秀成果二等奖等荣誉,同时入选《求是之光:浙江大学文化研究》所列的五个校园学生培养文化品牌之一。

5. 得到了媒体的广泛关注与报道

众多新闻媒体对求是强鹰进行了持续的报道与关注,媒体反响颇佳,影响广泛。

求是强鹰开创了校企协同、创新育人的新模式,引领了社会创新创业的时代风潮,营造了师徒行、兄弟行的浓厚文化氛围,更塑造了全新的校园文化品牌。如今,求是强鹰的影响已经从浙大校园扩散至全国高校,从社会影响到影响社会。我们一直坚信:从此你我像鹰,志在天下!

(2019-03-24)

第三章　湖畔沉思

　　法国著名物理学家、思想家帕斯卡尔曾经说过：人是会思考的芦苇。我的办公室就在启真湖畔的行政大楼内，平时我也会做一根"思考的芦苇"，思考一些和学生培养、党建工作以及人生态度相关的事情，久而久之，就有了一些新的体悟、一些新的看法。

　　这些看法和体悟往往会涉及育人的核心——学生内在品质的塑造，而内在品质又往往通过一个人的生活细节表现出来。在"十问大学生"中，我希望通过两步来引导大学生：第一，由外至内。通过发问的形式使大学生认识到外在行为的不足之处，引发内在的反省，让人人都成为"思考的芦苇"。第二，由内而外。我希望同学们把良好的为人处世方式变成自己的习惯，自然而然形成一种素养，由内而外传递一种气质，这才是教育的本质所在。

　　同时，我们也必须思考选用人才、发展入党的标准究竟是什么。在我看来，考察其内在品质是关键，这些内在品质外化为很多表现形式，比如有没有孝心，愿不愿意为他人和集体贡献和服务，是否关心社会民生和国家大事，等等。我们的标准在很大程度上能够影响和改变我们的学生，使他们真正认识到应该树立怎样的人生观和价值观，应该追求些什么。

　　虽然一根芦苇的力量并不一定强大，然而我希望自己的一些对大家有益的认识、对青年学生成长有益的思考，能够像芦花一样，随风而舞，在更远的地方扎根发芽，去影响、帮助更多的人成长、思考。

一问：大学生，你会请假吗？

从学前班开始，老师就特别注重对学生纪律性的教育，上课的时候不能说话，放学要和老师说再见，生病或者有事不能来上学需要提前请假。我想，鲜有幼儿园的小朋友或者小学生因为没有按规矩请假而被严厉批评，但是这样的现象却发生在聚集高素质学生群体的大学校园里，实在引人深思。

就拿今年9月开学初的事情来看，学院规定，在指定的报到日内，学生需凭学生证亲自到教学管理办公室注册报到，不能由他人代替注册。有特殊原因不能按时到校的，要事先请假，批准后方为有效，到校后再予补注册。

但是，到了注册报到的那一天，甚至是几天后，我的办公桌上飞来了很多张请假条，手写的，打印的，摆出了形形色色的理由解释不能按时注册报到的原因，火车票买不到、飞机票太贵或者家中有事……看上去理由都很充分，但还是显得有些牵强。

说"飞来"，那是因为很多同学本人还未到校，让别人拿着请假条来请假。大部分原因是在生源所在地考CPA。考CPA无可厚非，一定程度上也反映了学生专业学习的主动性和积极性，但是先斩后奏，未事先请假，使老师不得不同意延迟注册。这个事情性质就很恶劣，与名校优秀学生的基本素质很不吻合。

每一个拿着请假条来我办公室请假的同学，我都给予了严厉的批评和教育，找人代为请假的同学，我也一个个打电话询问相关情况。很多同学，甚至是同学的家长，在经过我的批评之后都进行了深刻的反思，向学工办递交了书面检讨。希望这样印象深刻的一次经历能给他们带来深远的影响。

这个看似简单的小事和细节，反映出来的是当代大学生的修养和素质问题，很值得深入探讨。很多学生处于优越的生活环境，从小到大家长都过于宠爱孩子，渐渐以自我为中心，只考虑自身情况和个人需要，甚至无视组织纪律和规章制度，觉得什么事情都是可以协调和商量的，没有什么大不了。就是这样的习惯和态度导致学生犯错而不知错，如果不能及时予以引导，后患无穷。我们作为培养学生的思政工作者，任重而道远，要从小处着眼,将具有优秀素质潜力的学生指引到正确的道路上,指导他们如何为人处世,从而才能成就大器。

(2010-11-07 21:47:08)

(http://blog.sina.com.cn/s/blog_6b84aa070100mq94.html)

☐ 评 论

鲍 睿

我觉得大学生不会请假也反映了社会上的一个问题,那就是契约意识淡薄。在传统"人情大于法"的观念影响下,当今社会人们的契约意识还是比较淡薄的。

之前小朋友大多能够按规矩请假,而到了大学,宽松的环境、开放的教育都让大学生原有的思想发生了改变,大学生对纪律的遵守也会相应地发生改变。所以,还是要从教育抓起,让大学生对规则和纪律产生应有的敬畏。

裴冠雄

汪中求先生在《细节决定成败》一书中曾经说过:"中国人不缺勤劳、不缺智慧,我们最缺的是做细节的精神。"我认为细节管理无论对于企业管理还是自我管理来说,都是不可忽视的一环。一个人的细节体现的是习惯和素质,决定了一个人未来的发展。天下大事,必作于细。

傅鸳鸯

大学宽松的环境是为了给大家更多自主选择的权利,但往往同学们都误以为"没人管了""自由了",对请假的理解也成了"告假"。

佩服阮老师能一个个地批评与纠正他们这种行为。如果每个老师都能这么用心去做,这种现象就会改变,更重要的是同学们能明白其中的道理。

毛 毛

细节决定成败,细节影响你在他人心中的形象,好的态度才能赢得好感,才能有进一步施展才智的余地。看了老师的文章后我会有则改之、无则加勉!

与此同时,学校老师很少有像阮老师这样认真负责的。学校对学生的管理还是比较松散的,尤其是一些学习有困难的同学不能得到及时的帮助和重视,导致很多人只是浙大的过客。希望学校能够加强对这类同学的帮助。

二问：大学生，你会签字吗？

因为分管学生工作，所以几乎每天都有很多学生过来找我签字，我也挺乐意做这件事。之前有辅导员建议我用签名章，由辅导员把关，我拒绝了。不仅因为给学生签字把关是我的责任，更因为签字对我来说，不是一个麻烦事，却给了我一个与学生接触的机会，可以借此了解学生的现状，把握他们的思想动态。

单从一个签字的小事，我看到了目前一些大学生身上存在的种种问题，不由引发我的思考。

比如前几日，一名男同学找我签字，我看所签的表格名字是女孩，一问才知前来的是女孩的男朋友，女孩也没有什么要紧的事，可能觉得签字是一个并不紧要的事情，因此就让男友帮忙。我认为签字还是需要本人前来的，当然，如果本人确实不在杭州或者有非常重要的理由，找人代替也没关系，发个邮件、打个电话或发条短信讲明缘由即可。签字不仅仅是写下一个名字，更多是对学生的责任，如果本人不来，我没办法了解具体情况，签字岂不变成了形式？

写这篇博文，是因为之前还发生了一些让人啼笑皆非的事情。一名同学某日拿了一张空白表让我签字，说其他内容她稍后会补上去，这是比较极端的。更多的同学是拿着一张不完整的表就过来了，里面要求的项目可能懒得去完整地填写。此外，还有一些同学的表格，或者有很多错别字，或者没有认真排版，或者没看清具体要求。我每碰到这样的学生，总是不厌其烦地指出他们的问题，希望他们进一步改正并做得更好。

虽然以上提到的一些现象不能代表当前大学生的全部，但是也不由得让我对学生产生担忧，他们如此"粗心"和"不拘小节"，也难怪到了人生很多关键的时候，栽的跟头不计其数。我们总是强调培养学生的世界观、人生观和价值观，而细节是学生综合素质的反映，细节决定成败，更需要引起重视。在学校里还有老师指出学生的不足，大家可以有时间慢慢改过；而到社会上开始工作以后，能指出你的不足和批评你的人就越来越少了。我希望青年学生能更好地注重细节,从小事做起,从身边做起,虚心接受各种批评,更好地培养一种"闻过则喜"的深刻认知。

我想,今后应该对学生更加严格要求,加强引导,以帮助大家更好地成长。

(2010-12-24　08:15:40)

(http://blog.sina.com.cn/s/blog_6b84aa070100o15e.html)

□ 评 论

车 文

最根本的一点,是要有同理心,要站在他人的角度去想问题。去签字,不能只考虑自己的方便。或许在我们看来老师签字只是几秒钟的事,但是我们还应该想到,老师签字就表示要承担某种责任,这对老师来说是一件严肃的事。我们事先准备得不充分会给老师带来不必要的工作负担,而且这是一种不好的风气。最重要的是,跟别人交往要表现出对对方的尊重。部分同学对签字准备得草率,这很容易让老师产生一种不被尊重的感觉,我认为在这方面我们应当多多注意。

最后想说的是,一个有教养的人、一个在有底蕴的组织里工作的成员,都应当注重这种细节,也都应当时常审视自己的同理心。

毛 毛

做事情需要一个认真的态度,签字和请假都是一件严肃的事情。也许很多同学认为老师肯定会批准他们的请求,因此他们很随意。一个人想要赢得别人的尊重,首先要学会尊重别人,这种尊重应该体现在每一个细节上。

三问:大学生,你会乘坐电梯吗?

　　行政楼是我们浙大紫金港校区的一幢高层建筑,很多时候上下楼都需要乘坐电梯,不少学生因为找部门老师办事也经常出入行政楼,我时常在电梯里碰见学生。乘坐电梯本是一件很小的事情,但是细微之中折射出的是一个人的修养和素质。

　　早上上班和中午吃饭的时间,会有很多人在仅有的两部电梯门口等候。有个别学生去低楼层也硬要挤进来,不少老师在这个时候都会选择走楼梯上楼,尽量让楼层较高的人坐电梯,这样大家都节约时间,也可以适当节约电能。

　　另外,乘坐电梯本身也是有礼仪的,我们的学生将来都要走入社会,职场无小事,电梯礼仪应该是浙大学生的必修课。

　　首先,等电梯不要挡在电梯门口,电梯门打开也不要马上就往里走,以免妨碍电梯里的人出来,应该遵循先出后进的原则。如果上电梯的人已经很多,尽量不要往里挤,可以等下一部。

　　其次,如果先进电梯,要为后面的人按住"开门"的按钮,以免夹伤人。随后要主动询问操作不便的人要去的楼层并帮忙按下。另外,在电梯里如果人很多,尽量不要与别人聊天,电梯里空间狭小,你聊什么别人都能听见,约束自己是对别人的一种尊重。

　　在行政楼坐电梯经常会碰见老师和校级领导,认识的可道一声"老师好!"与尊长一起乘坐电梯,要主动为他们服务,主动询问他们要去的楼层。如果是去同一楼层,在里面不太挤的情况下可后出来,并摁住"开门"的按钮。若人多,事情不急的同学可以先让校领导和老师先乘,当然,根据先来后到原则,先到先乘,亦无不可。

　　我上面谈的都是一些关乎细节的问题,但是这些问题不应该被我们忽视,一个人的素质高低往往在小事上体现得最为明显。电梯已经成为我们日常生活中经常使用的工具,方寸之间还是有着不小的学问,我也只是略谈了几点。我们要知礼仪,学礼仪,养成好习惯。一个人的涵养就是这样一点一滴累积起来的。

　　从细处着眼,从小处着手,并努力培养自己的细节意识,一个人的成败很可能取决于此。所以希望大家反思一下自己,这些你都做到了吗?

　　(2011-02-08　22:25:26)

　　(http://blog.sina.com.cn/s/blog_6b84aa070100oxcp.html)

□　评　　论

老　杨

　　阮老师讲得很对,这些虽是细节,但折射着一个人的基本素养与内功。希望每位大学生乃至走上工作岗位的同学们也能时时牢记。文明,从身边做起!

俪　子

　　去香港交流时,写字楼里每天都要乘电梯上上下下,开始大家都不是很在意乘电梯的细节。后来,导师们也都有提醒我们乘电梯的一些礼仪。乘电梯小小的一件事,可是讲究很多,也能很好地体现一个人的素养。

四问：大学生，你上课迟到过吗？

　　在没有公差的情况下，我一般每天早上七点半就到学校，因办公室离东区教学楼比较近，偶尔会到教室走动下，这时会看到上课铃响后个别同学一手鸡蛋饼一手牛奶地走进教室，有的甚至睡眼惺忪，还没清醒过来。也许很多人会说，上课迟到这种事情早已经司空见惯了。但我想告诉大家，作为一名学生，没有什么事情比学习更为重要；而作为浙大培养的人才，求是精神告诉我们应该要诚信，这种诚信首先是对上课的诚信，不按时上课就是对当初选课的不诚信，也是对教师的不尊重，更是在损害自己的形象。

　　守时是一种尊贵的品质。原浙大党委副书记叶高翔老师在上课、出席学生活动、参加会议的时候，从不迟到，甚至告诉学生要互相监督。叶老师身体力行，就是要传达和灌输一种守时的观念给各位同学。这样一位忙碌的学校领导仍然可以做到守时、准时，为什么我们只有学习任务的学生不能做到呢？在国外，一般情况下很多活动都是提前两三个星期就安排或约定好的，不会轻易改变。所以，一旦一个活动因有人迟到而推迟时间，就会导致其他活动参与者的时间表受到影响。因此，很多外国留学生刚刚到中国的时候，不能适应一些国人的时间习惯。我认为每一个好习惯都是值得学习的，一个民族的进步从每一个人的进步开始，这也是我结合紫领计划来推行每周两次的紫领之操的部分初衷所在。

　　紫领之操于2010年11月开始推行，要求紫领学员在学期每周二和周五早晨集体出操。紫领学员表现出了非常好的主动性，意气风发，面貌焕然一新。经过一段时间的紫领之操后，有个别同学向我反映："他们终于上早课不迟到了！"也有不少紫领学员表示已开始结合紫领之操调整自己的作息时间，感觉早起锻炼对自己的学习、生活大有益处。

　　可见，解决大学生上课迟到的问题，首先是要解决同学们的认识问题，树立守时、准时的观念，以准时、守时为荣，以迟到、旷课为耻。其次，要从具体行为习惯入手。正如火车只能在铺好的铁轨上运行，守时也只能在良好的习惯上达成。

因此,与其晚上睡得晚、睡懒觉,不如把睡觉时间提前,早上早起,锻炼身体,进而达到舒活筋骨、抖擞精神的目的。在晨练之后,从容地吃个早饭,散步到教室,稍做休息就可以进入一整天的学习。这样的好事,大家何乐而不为呢?

(2011-02-22 08:15:18)

(http://blog.sina.com.cn/s/blog_6b84aa070100p7qk.html)

□ 评 论

鲍 睿

上课作为老师与学生互动的事情,无论哪一个无故迟到都是不诚信的行为。而学生上课迟到更是对老师教育成果的不尊重。

我们要培养自身的诚信意识,就应该从这样的小事做起,让自己不断地成长起来。上课迟到既是小事,又是大事。它小到可以一笑置之,大到可以反映一个人的做人原则。

michael

上课迟到反映的是一种态度,小事往往能折射大问题。一些大学毕业生没过实习期就被辞掉了,原因就是经常迟到,给人的印象是邋遢懒惰、习惯不好,所以要引以为戒。

五问：大学生，你会上课吗？

09级的每一位同学在正式进入我们管院的时候都一定会收到一个特殊的礼物——桌签，上面有名字和学号，并且要求大家在上专业课时必须放在桌子上。我们管院之所以要精心制作这样的一个透明桌签，有两个目的：一是让教师更直观地认识大家，彼此加深了解，便于评价平时表现；二是让同学们在课上能更加自觉，能更好地严格要求自己，并认真思考自己应该如何上好课。

有一些同学和老师向我反映，现在的学生上课存在一些问题，首先就是学生上课迟到或是缺席。我希望大家没有特殊原因不要迟到、早退，这是对老师起码的尊重。如果因故不能上课，必须提前向老师递交请假条，不要等老师点名了再来解释原因。

上课玩手机、吃东西、睡觉、时不时出去接个电话的现象也比较普遍，现在竟然还有少数同学把电脑拿到教室来浏览网页。我希望这种事情不要在管院学生身上出现。专业课的内容不可能都很有趣，老师的讲课风格也千差万别，但是请你尽可能严格要求自己。课堂的学习仅仅靠老师的讲解而没有自己的领悟是不够的，大家要紧跟老师的思路，积极思考，控制自己不要走神。

提到上课的精神面貌，我也想说说大家的作息安排。很多同学晚上一两点钟不睡觉，早上又要上课，睡眠时间严重不足，可以想象上课的状态。我们在紫领计划中加入紫领之操，让紫领学员每周二、周五早晨出操锻炼，就是要更好地推动同学们逐渐养成有规律的、健康的学习和生活习惯，尤其我们的学生干部和学生党员更是要起到带头作用，引领校园风尚，改善上课的精神状态。

另外，上课要带着问题去听讲。没有问题的学生不是好学生，因为没有问题不是因为你太聪明，而是因为你不善于思考。所以，课前要预习，上课的过程中要与老师多互动，下课要与老师多交流，不懂就谦虚请教。我们的教师要面对几十个学生甚至更多，所以要多靠学生的积极主动。

　　大学的学习环境相对宽松,没有老师会每天盯着大家,因为诸位都是成年人了。应该学会自律,学会对自己的学业负责,这也是对父母负责,对社会负责。所以一切从上课开始,不要给自己的大学生涯留下遗憾,这样的前车之鉴太多了。

　　(2011-02-28　08:12:22)

　　(http://blog.sina.com.cn/s/blog_6b84aa070100pirc.html)

六问:大学生,你会开会吗?

我分管学生思政工作,经常以会议的形式与学生交流沟通。开会的目的是上情下达或者解决问题,尤其是遇到问题需要群策群力时,会议就是一个很好的渠道。所以,会议必须注重效率和效能,这不仅需要会议的组织者和主持者积极筹备、明确目的、控制时间、设定议程,把会议组织好,而且需要与会者积极参与,扮演同样重要的角色。

有个学生告诉我他开会有 3S 法则,即睡觉(sleep)、沉默(silence)、微笑(smile),在他看来开会就是浪费时间,是在做表面文章。如果每个同学都对会议抱有这样的看法和态度,那么开会迟到、无故缺席、注意力不集中等问题就无法根除,会议也就失去了原本的意义。

开会,不是让大家端端正正坐在那里简单地听组织者和老师讲话,对于大学生而言,我希望的是头脑风暴,是思想碰撞;我需要的是每个与会者产生自己的思考,并且为解决问题做出自己的贡献。我欣赏对问题有独立判断能力的学生,世界上最可怕的不是问题本身,而是遇见问题却不去努力解决。开会就是让大家培养在众说纷纭中抓住问题本质的能力,培养一种思维方式,使自己的思想更有深度,一个有独立思想的人才能赢得别人的尊重。

我也经常发现不少同学一开会就往后面挤,不愿意前排就座,开会过程中一言不发,坚守"沉默是金"的人生信条。殊不知,开会是展示自我形象的一个平台,总是喜欢坐在后面的同学有可能会被认为进取心不够强或对会议组织者不够尊重,而且当众发言的能力是需要锻炼的,不给自己这样的机会也就永远不可能挖掘出自我的潜力。同时,开会一定要准时到会,养成守时的诚信品质;参加会议时要尽量带笔记,对重要的事情要尽可能记下,好记性不如烂笔头,这有益于自己进一步领悟会议精神并执行到位,也有益于较为完整地传达给更多的同学。

一些同学不愿意当众表达自己的看法,有时在下面交头接耳开小会,这样的同学往往被认为对主讲者不够尊重,并有可能是不够自信而且没有分享精神的人。我们不怕幼稚的观点，因为没有一个人的思想是天生成熟的，也没有人对每一个问题都能分析得很深刻。如果你能把自己的观点当众表达出来，对自己是一种锻炼和进步，对他人则会带来启发和进一步的思考，并推动问题的解决，这也是开会的效果所在。

如果每一次开会大家都能积极参与，全情投入，我想问题的解决就会更加高效。所以，把会开好不仅仅是会议组织者的事情，会议的参与者也要思考自己究竟应该扮演什么角色。我也相信，当你是一个合格的与会者时，你一定清楚地知道当有一天自己成为会议的组织者时应该怎么做，而且会做得更好。

(2011-03-02　08：15：08)

(http://blog.sina.com.cn/s/blog_6b84aa070100pkg9.html)

评　论

柳　思

我觉得我们的学生会议现状往往是要民主就不要效率，要效率就不要民主。开会的确是一种可以集思广益的办法，可是我们的会议往往拘泥于形式，很多时候都是一个人或者几个人的会议。首先社会上的一些官僚风气影响了我们，其次我想很多与会者也是不懂开会的方法，或者没有很好地准备。都说见微知著，从开会的行为举止就可以看出一个人对待工作、对待他人的态度，所以说开会是门大学问。

鲍　睿

的确，很多同学对待开会的态度存在着一定的偏差。开会是一个人表达观点的最好平台和途径，我们要学着在开会中进行思想的交流和融合，从而促进自己的成长，而不是无所事事。

当然了，在这个文山会海的时代，我觉得开会要开出效率来。因为一般人注意力只有在前15分钟是最集中的，一旦会议变得拖沓，就很容易让学生失去兴趣，所以如何把握会议进程，是一个关键问题。

七问:大学生,你愿意吃亏吗?

我们管理学院省级优秀毕业研究生的评选工作已接近尾声,在18位非常优秀的候选人中最终产生了10名获奖者,首先要向他们表示祝贺。在前几天举行的答辩会上,我们询问一位非常优秀的同学:"如果和你竞争的另一个同学条件跟你差不多,但她打算在上海发展,非常需要拿到省优以增加落户上海的分数,而你已经回山东有非常好的工作,你是否愿意为她而放弃这个省优?"这位研究生党员毫不犹豫地表示愿意放弃省优来成全那位非常需要的同学。她的回答令我很满意,她的宽宏大度、卓尔不群令我深为欣赏,我也为能有这样的学生而深感骄傲。

当下社会,没有人愿意吃亏,也很少有人懂得谦让,独生子女的一代更是被冠以自私自利这样的头衔。面对荣誉和好处,人们习惯了激烈的竞争,但却在疲于奔命中变得浮躁不安,失去了原本的幸福。

我并不是让大家不思进取,失去理想和追求,而是想让大家对于吃亏要有一种正确的态度。人的眼光要放长远,从长计议。想成就大的事业,就要学会舍弃一些东西,分清楚轻重缓急,学会舍,方能得,有时候谦让、牺牲和奉献比得到眼前的一点利益更为关键。

郑板桥曾写下名言"吃亏是福"并被广为传颂,这其中包含着深刻的人生哲学。

首先,同学们刚刚走入社会,缺少经验和阅历,人生路上的曲折和吃亏的经历会帮助我们更快地成长。正所谓"吃一堑,长一智",不要害怕吃亏,而要从吃亏的经历中吸取教训,历练自己的心灵,使之变得强大,只有这样才能在经受更大的人生考验时把握好前进的舵盘。

其次,与人交往要懂得吃亏,也就是做人要厚道。"上善若水,水善利万物而不争",像水一样善解人意,润泽人心,这不仅会避免人与人之间的很多冲突,还会获得更多的朋友,朋友才是人生最为宝贵的财富。如果你总是斤斤计较,总是喜欢占别人的小便宜,那么你不会得到真正的友谊。

做生意也是一样,财聚人散,人散财聚,很多求是强鹰的导师在分享人生经验时都认为要想把事业的蛋糕做大,就要懂得吃亏,多为生意伙伴考虑,只有这样才能广结善缘,生意的门路才会越来越多。

再次,我们同学一定要看到有时候的吃亏并不是真的吃亏,而是一种人生的大智慧,是一种境界。"塞翁失马,焉知非福",事情往往是辩证的,让自己的心胸变得开阔一些,眼光放得长远一些,才能达到更高的目标。

最后,我还想告诉同学们:学会吃亏,会使我们更加乐观、自信和积极地对待生活;学会取舍,才会让我们不至于舍本逐末,患得患失;学会奉献,才能收获坦然和幸福,才能真正懂得善待自己、善待他人、善待人生。

请记住,"爱"吃亏的人永远不会吃亏!

(2011-03-06 20:35:29)

(http://blog.sina.com.cn/s/blog_6b84aa070100pomb.html)

评 论

新浪网友

吃亏是福,记得大二看《李嘉诚传记》,李嘉诚谈到自己成功的秘诀时说过,如果与别人做生意,我可以拿 5 分,别人拿 5 分,那我就拿 3 分,让别人拿 7 分。别人以后就会更加愿意与你做生意。

宽厚是一种强者心态,吃亏在小处,着眼宏图于大处,才是为商之道!

新浪网友

吃亏是福,这样的道理看似简单,但是真正有几个人能有这样的心态?在这个嘈杂浮躁的社会里,太多的人被"物化",斤斤计较、追名逐利、生怕自己吃亏。我们应该时刻提醒自己乐于吃亏,担当起大任! 患得患失,很多时候就是人生不幸福的根源。放平心态,幸福就会如影随形!

八问:大学生,你会嫉妒吗?

　　前一阵子流行一句话"羡慕嫉妒恨",真的是把嫉妒这个心理状态凸显得淋漓尽致。嫉妒是一种人性的弱点,如果说羡慕还包含着一点对于他人的祝福,那么嫉妒则充斥的是一种敌意。面对比自己成功的人,你会嫉妒吗?

　　在大学里,一些人看到别人拿到国家奖学金,就会醋坛子打翻,在背后说别人的坏话;有的同学在学校一些面试中被淘汰,就会吃不到葡萄说葡萄酸,对一些选拔活动妄加评论;在学生组织中,也存在着个别嫉贤妒能、给别人穿小鞋的现象。

　　嫉妒是一种劣根性,嫉妒会制约人的发展,使人的情绪束缚于消极之中,往往会对他人不友善,从而破坏人际关系。在团队中,嫉妒很有可能使得团队凝聚力下降,甚至导致团队关系破裂。嫉妒也会制约社会的发展,不利于社会的和谐。

　　嫉妒是人的本性,完全克服掉是不大可能的,我们必须承认它的存在。同时,我们应该学会如何正确处理这样的一种心理。

　　首先,大家必须承认,人外有人,天外有天。如果总是心胸狭隘,总是想着"既生瑜何生亮",那么必然无解。所以,嫉妒的结果往往是对自己没有任何好处,还有可能伤害到别人。我一直希望大家能学会宽容,拥有一个广阔的胸襟,能够容得下别人。很多商界领袖能够拥有一个优秀的团队,是因为他们很大度,善于与比自己优秀的人相处。

　　其次,嫉妒别人就是承认自己不如别人,要学会把嫉妒转化为一种积极进步的动力,见贤思齐。看到别人的成功,更需看到别人背后付出的努力,找到自身与他人的差距,冷静分析自己的缺点,以实际行动弥补不足。另外,尺有所短,寸有所长,每个人都有自己擅长的,所以要学会挖掘自己的潜力,学会自我反省和自我定位,不要盲目攀比。

　　最后,我还想说社会上的确存在着一些不公平,我们要学会理性客观地看待,学会用正确的方式宣泄自己的情绪,多做有意义的事情,为改善社会环境做出自己的贡献。千万不要因为嫉妒这根导火索而做一些伤害他人、损害社会利益的事情,那样只会加大社会的不公。

(2011-03-22 08:40:35)

(http://blog.sina.com.cn/s/blog_6b84aa070100q2vc.html)

评 论

滥觞舞霄

从小到大看到身边有很多优秀的人,我承认我很嫉妒他们,他们有的学习成绩优异,有的运动出色,有的竞赛拿奖……但随着年龄的增长,这种嫉妒逐步变成一种欣赏。我会仰慕他们取得的成绩,佩服他们为自己梦想奋斗的坚持。当然,我想现在的我可以说,我把嫉妒变成自己努力的动力,变成对自我的认可。每个人都有自己的长处,在看到别人光鲜的一面时,我们自己是否努力了,是否成就了自己的长处? 嫉妒不可怕,可怕的是嫉妒之后不知道自己努力的方向。

HuYue

关于嫉妒,我妈妈教给了我一个很好的方法。当你嫉妒别人的时候,试着把目光转向将今天和昨天的自己相比较,你就会发现自己的进步,心里就慢慢开阔了。

进了大学,我发现如果真要嫉妒是嫉妒不过来的,因为身边优秀的人太多了。今天 A 拿到了五百强的 offer,明天 B 又收到了常青藤的录取信和奖学金,后天你又认识了才貌双全的富二代 C……老师说得对,嫉妒别人就是承认自己不如别人。再优秀都是别人的生活和命运,所以我们应该化嫉妒为动力,努力让自己的人生变得不一样,变得有价值!

鲍 睿

嫉妒是根植在人内心的一种本性,相信每个人都有过嫉妒之心。而我们真正要做的首先是开阔自己的心胸,单纯的嫉妒是没有任何作用的,这样反而会压抑自己,从而产生仇恨的心理;然后是要提升自己,不断地促进自身的发展;最后是要深入剖析自我,从自身优点出发,建立属于自己的自信。

老子有言:夫唯不争,故天下莫能与之争。有时候守住自己内心的一片宁静,不去嫉妒人,也就不会遭人嫉妒了。

九问：大学生，你会阅读吗？

我想很多人看到这个题目都会觉得奇怪，难道还有大学生不会阅读吗，我提这个问题是不是有些多此一举？然而，从我了解到的情况来看，我们高校中还是存在着部分大学生不善于或不会阅读的问题。

据我了解，众多高校的图书馆中，折损程度最严重的往往是小说类书籍，此外，专业书籍的借阅次数也是比较多的。然而，一些有着深刻思想内涵的书籍和大部分学术期刊往往鲜有人问津。而我在与一些学生的交流过程中，往往发现他们的知识储备并不丰富，眼界也不开阔，同时他们的思想层次也不是很高。偶尔我会问一下他们经常看一些什么书，得到的答案都有着明显的局限性。

随着快餐文学和功利主义的兴起和发展，大量缺乏人文内涵和思想深度的书籍充斥着文化市场，而我们在校的大学生也难免受到这一现象的影响。此外，由于学科、专业等方面的限制，众多大学生往往只会阅读与本身专业相关的书籍，却较少地去涉猎其他领域的知识。当然了，还有一些大学生是缺乏阅读其他书籍的主动性。另外，不少学生把读书当作消遣，或者为读书而读书，缺乏深入的思考和探讨，更缺乏与他人对阅读的分享。所以说，部分大学生不会阅读的问题并非空穴来风，而是确实存在于我们的高校之中的。

书籍，是人类智慧和思想的结晶，是人类进步的阶梯。阅读书籍可以让我们吸收前人的经验和智慧，丰富知识储备，同时开阔自己的眼界和思维，提升自身的思想和境界。所以，对于我们大学生而言，学会阅读是非常有必要的。

那么，应该如何阅读呢？这里我仅提出自己的一些看法，供大家参考。

第一个字：选。选择阅读什么书籍对我们大学生而言很重要，在什么时间、什么地点阅读什么书籍也很重要。我不反对同学们读一些当下的流行文学，也不提倡同学们整天抱着本经典名著死啃。在特定的时间、特定的地点，阅读一些特定的书籍，取得的效果会有所不同。在心情郁闷时，读一本休闲幽默的书,或许会让自己开朗起来,这又何尝不是一种阅读的收获呢?阅读的重要意义之一就在于获得内心的愉悦与成长。

第二个字:博。阅读要广博。或许我说出这个字,有人会认为这是无稽之言,时间有限的情况下,怎么可能做到读书广博呢? 其实,我所提到的"博"指的是一个人应该在各个领域内都有所涉猎,并非都要深入学习。在当今社会,学科交叉的情况并不少见,如果阅读不广博,就难以取得更高的成就。举个例子,一个理工科的学生,仅学好本专业的知识是远远不够的,如果语言组织和表达能力不过关,即使他写出来的文章很有想法,也难以很好地表现出来。同样的道理也适用于人文社科类的学生。我希望我们的学生能够博览群书,全面地丰富自身的知识储备。

第三个字:专。这里的"专"指的是有专长。也许有人会问:专和博是否相互矛盾? 其实专长和广博并不冲突。我曾经说过,全面发展可能会导致全面平庸。同理,如果一味地追求读书广博,想要在各个方面都有专长,那也是不现实的。人有一技之长便可以安身立命,而如果一个人在特定的领域有专长,那么他的思想便有了立足点,并能在此基础上不断发展。

第四个字:深。读书要深入思考,这和"专"又有所不同。"深"要求我们的学生在阅读时深入思考,了解书籍所传达出来的信息和思想。我们要学会在阅读时思考,从书籍中看到作者所要表达的思想和观点。阅读书籍,都需要深入思考,只要不是一些太过庸俗的图书,总会有作者的思想闪光点,而这些则需要我们深入地阅读去发现。无论书中的思想、观点是艰涩难懂还是显而易见,我们都要深入思考,发现作者思想精髓之所在,这样的阅读才是深入的阅读。

第五个字:辨。阅读不可以不辨。深入阅读,发现作者的思想精髓之后,我们就应该进行辨别,看哪些思想是对我们有益的,哪些思想是能够给我们启迪的,哪些思想是必须抛弃的。阅读书籍,不能全盘接受,必须批判地吸收。我们的大学生既要有海纳百川的胸怀,也要有明辨是非的能力。只有这样,在深入思考之后,才能真正获得对自己有用的知识,从而开阔自己的眼界和思维,提高自身的思想境界。这也是阅读最重要的意义。

希望我上述的一些话能够对大家有所帮助,也希望我们的学生能够真正地学会运用学校图书馆的丰富资源,学会阅读,为自身的全面发展打下坚实的基础。

(2011-04-16　10:02:54)

(http://blog.sina.com.cn/s/blog_6b84aa070100qnfv.html)

☐ **评 论**

许唯杰

　　记得上次张钢老师在沙龙中这样对我们说,每读一本经典就是和伟人的一次思想交流。

　　而我们如果能站在伟人的肩膀上,注定会看到更多。对于名著的理解、领悟、反思乃至超越,才是一个真正的读书过程。如果仅仅把书看完就以为完事了,这既是对作者的不尊重,更是对自己的不尊重。

　　知识作为人生最宝贵的财富之一,源于阅读以及之后的反思。作为一名一流研究型大学的学生,学会阅读以及阅读之后的反思、领悟,这才是促进我们成长的"捷径"。

新浪网友

　　日本学者大前研一在《低智商社会》中批评日本当代青年,只关心自己身体三米以内的事物。看到电视上说哪种减肥豆有效,第二天就一窝蜂地去购买。各种宣扬如何走捷径获得成功的书籍大行其道,真正忧思家国前途的书籍却受到冷落。

　　其实,大前先生对日本青年的批评又何尝不能唤起我们中国青年人的反思呢? 正巧,阮老师在本文中也提出了类似的对我们青年人的提醒。

新浪网友

　　读书应该是悦读,一是读者要与作者心灵相通,二是要在作者的基础上有所思考和延伸,形成自我判断,死读书、读死书还不如不读书。现在的大学生缺乏的就是创造力和思考力。

fengtingyeyu

　　阅读率低、阅读结构不合理不是大学生群体特有的一种状况,它已经越来越成为一种威胁我们国家可持续发展的社会问题。一个国家的国民不想读书,不想去读那些有助于增长知识、促进理解的书,就无法传承文明、开阔视野、活跃头脑。"选、博、专、深、辨"是很有道理的读书五字箴言,希望这五字箴言能够对缺乏阅读和阅读技巧的人有所帮助。

十问:大学生,你会慎独吗?

进入网络时代,互联网正深刻影响着我们的生活,每个人都有权利建立网站、发表日志、分享微博。在网络论坛上,每个人都可以跟帖、灌水、拍砖。我们从简单的信息接收者和传播者变成了信息创造者和发布者,有的草根名博的影响力已经远远超过了一些主流报纸,可见网络引擎的革命性力量不容忽视。但是,在网络这个虚拟世界中,由于我们可以任意注册和填写个人资料,由于言论和行为不需要承担过多责任,由于信息的发布门槛很低,所以很多人突破了自己的道德底线,甚至触犯法律、危害社会。

在当下网络监督机制不健全的情况下,人们在网络社会中的交往其实可以理解为现实生活中的独处,网络的隐蔽性造成在网络社会中缺少外在约束,大量良莠不齐的信息充斥其中,很多大学生因为缺乏慎独意识和自我管理,加上很多歪曲观点的错误引导,竟也成了网络环境的破坏者。

其实,无论是虚拟世界的交往还是现实生活的独处,慎独都是必不可少的。慎独是在缺少外部监督的情况下个体对于自我行为的约束,能否做到慎独,反映的是一个人的道德修养和品行操守。

曾国藩曾经总结自己的处事经验,写下了"日课四条",第一条就是慎独。他认为:"能慎独,则内省不疚,可以对天地质鬼神。人无一内愧之事,则天君泰然。此心常快足宽平,是人生第一自强之道,第一寻乐之方,守身之先务也。"一个人如果能够做到慎独,那么他一定心怀坦荡,内心强大。

而如果我们不能做到慎独,就会在外界监督处于真空时不择手段来满足自己的欲望,而这样做的后果不仅会危害他人和社会,还会使自己陷入迷失和愧疚之中。你虽然可以披着虚伪的外衣不被别人发现,但是你永远欺骗不了自己的心灵。

所以,对于每个大学生而言,慎独精神非常关键。培养慎独精神我认为应该从四个方面入手。一是自辨,就是要有正确的是非观念,要明辨是非,能够判断什么事情该做,什么事情不该做,无论是在现实社会还是网络社会,都不随波逐流,坚守自己的道德底线。二是自省,就是学会关照自己的心灵,谨慎地对待自己的所思所行,"君子博学而日参省乎己,则知明而行无过矣"。三是自律,就是要有坚强的意志力,严于律己,不会被一己私欲所征服,持之以恒,方能培养出高尚的人格。四是自励,就是要有远大的理想,不断激励自己,永不气馁。

我们在创办紫领计划时就认为,未来真正的领导者应该拥有的是一种内在的品质,而这种品质最重要的就是要有高尚的品格和坚定的信仰。所以紫领计划很重视学员的内心世界和精神力量的发展,慎独精神就是其中必要的一环。

接下来的 30 年是重塑信仰的 30 年,慎独之道是培育现代社会道德的必由之路。当物欲浪潮和网络时代汹涌而来,我希望更多的人能够敢于直面风浪,用心中的坚守筑起道德的堤坝!

(2011-09-05　12:19:00)

(http://blog.sina.com.cn/s/blog_6b84aa070102ds9b.html)

□ **评　论**

鲍　睿

《中庸》首章云:天命之谓性,率性之谓道,修道之谓教。道也者,不可须臾离也,可离非道也。是故君子戒慎乎其所不睹,恐惧乎其所不闻。莫见乎隐,莫显乎微。故君子慎其独也。

正如《中庸》所言,慎独就是为人处世的一种道理,"不可须臾离也"。我们要坚持内心的操守和信仰,诚其意,无愧于本心。

王阳明也曾说过:"破山中贼易,破心中贼难。"一个人只要从自己的良知出发,根据自己的本心去做事,那么就算是普通人也可以成为"圣人"。这就是心学中所谓的"致良知"。

阮老师的这篇文章对我们当代青年大学生非常有意义,能否做到慎独,关系着我们今后能够取得多大的成就。

成绩最优秀不等于最有出息

　　春节期间偕妻子、女儿回老家温岭过年,在台州市温岭泽国待了5天。除了与家人共享亲情温暖、跟父母亲唠唠嗑、祭拜已故长辈、走访亲戚朋友,初三参加了温岭中学高中同学会,初四参加了泽国中学初中同学会。

　　随着年龄的增大,我们也越来越珍惜旧时的同学、师生情谊,虽然平时与很多同学不太联系,甚至很多同学都是十几年、二十年未见面,但大部分同学还是赶来会面,共叙同学友情和人生变化。一方面,回顾往昔初高中学习生活,令人颇为感慨;另一方面,不少当年不太优秀甚至成绩较差的同学,在这些年都发展得挺不错的。

　　不同的环境,不同的机遇,不同的努力,令我们有着不同的发展,高中乃至大学期间的成就未必决定你今后的发展。反思自己的成长过程,我在高中时是温岭中学(浙江台州最好的中学之一)相当默默无闻、不受老师和同学关注的一个人,老师和很多同学尤其是女同学都比较惊讶于我现在的变化。我当时发育较差,在班级里很少说话,而且只要与女同学说话就会脸红。我一直认为,一个人可以通过接受教育和自己的努力改变人生轨迹。人生是一场长跑,不应该只是简单地拼命读书,如缺少理想追求和不懈努力,下半场有可能就没了持续力和成长力。我们应该关心和帮助我们所面对的所有孩子,不应该用一时的表现来判断孩子的未来,现在小孩功课可能暂时表现得很好,但不能保证未来就会功成名就,能为国家做出更多贡献;而现在孩子功课一般,将来也许会很优秀。因此,不要急于对孩子的一生下定论。

　　人生是一场不知终点在何处的马拉松,靠的是耐力和机遇,耐力来自成长过程中不断累积的综合素质和人生感悟,机遇更需要你时刻培养和着重把握,而不仅仅是靠暂时的分数和表现。

　　(2011-02-10　10:27:00)

　　(http://blog.sina.com.cn/s/blog_6b84aa070100oyav.html)

评　论

xiaoming2520589

　　人生是一场不知终点在何处的马拉松，靠的是耐力和机遇，耐力来自成长过程中不断累积出的综合素质和人生感悟，机遇更需要你时刻培养和着重把握，而不仅仅是靠暂时的分数和表现。

　　阮老师此言甚是有理！受教！紫领就像我们长跑途中的加油站，给予我们跑久跑远的力量！

末名的女儿

　　想不到那么有魅力的老师，从前竟是个不太会和人说话的学生。我们经历的事情和时光原来真的可以改变人的性格。难怪妈妈说我们无法预料将来会成为什么样，从事什么职业，但是只要坚持，一定会有好结果。希望所有的人在 2011 年都能够在自己的路上走得更远。也给老师拜个晚年，祝您新的一年里工作更顺利，家庭更和睦！我们一起加油！

michael

　　学习成绩只是人的一个方面，中国教育以分数论英雄就会导致一些有其他方面能力的学生在学校被埋没，而在社会这些潜质就会被激发出来。我的一个师兄保送清华，后圆梦哈佛，但却在职场屡屡受挫，总是抱怨怀才不遇，所以一个人最终能否成功取决于很多方面。老师能与我们分享亲身经历，由衷佩服，也受益匪浅！

干晨静

　　学习成绩的好坏主要取决于一个人的智商和对学习的努力程度，而决定一个人成功与否光靠这些是远远不够的，除了情商、智商、德商等，我认为更需要对每个机会的把握和重视，需要不断进取！

不应以学习成绩论学生入党

古人曾经说过：莫以成败论英雄。这句话有几分道理。判断一个人是否是英雄，应该有明确的标准。而在这个普遍以学习成绩衡量学生优劣的时代里，我认为，莫以学习成绩论入党。成为一名共产党员是有着严格的标准的，而成为一名学生党员则需要考察得更多。

学习是学生的天职，然而学习成绩却不能成为衡量一个学生优劣的唯一标准。学习成绩的好坏，从某种程度上只能反映一个人学习能力的强弱，而并非他的全部能力。我们在考察学生入党时，不应该仅仅关注一个学生的学习成绩，而应该从多方面去综合考虑。一个人的能力是多方面的，判断优劣的标准也是多方面的。大学阶段是一个人培养其综合能力和素质的重要时期，我们的学生党员应该是这些人中的佼佼者。

在我的了解中，有一些学生党员在高中时因为学习成绩优秀而成为预备党员，当然他们在思想品德方面也表现不错。这种现象相对而言是正常的，因为在高中阶段，可能判断学生优劣的最主要依据就是学习成绩了。当然，我也觉得高中发展学生入党更需慎重，更应注重思想入党，而不是学习成绩位于前列就予以发展。而在大学，如果依旧以学习成绩作为考察学生入党的主要标准，我觉得未免有些以偏概全了。

学生党员要发挥自身的先锋模范作用，优秀的学习成绩固然必不可少，但还应该有清晰的责任感和使命感、优良的思想道德品质以及丰富的社会实践经验等。而且一名优秀的学生党员，应该在多方面起到引领其他同学的榜样作用。因此学习成绩优秀不应该成为学生入党的充分条件，而应该成为学生入党的必要条件。大学里，学习成绩优秀的人很多，但并非所有学习成绩优秀的人都能够成为学生党员。有些学生缺乏必要的历史使命感和社会责任感，对自己的定位没有清晰的认识；也有些同学过分注意学习成绩，而忽略了综合素质的提升……这些同学还需要进一步努力，才能真正地满足一名学生党员的标准。

我希望在今后对学生党员的发展过程中，不要单纯地以学习成绩去衡量一个学生,而是应该从多方面去考虑该学生的引领作用,去考虑该学生对他人及集体所提供的帮助和所做的奉献。这样,我们的学生党员才能经得起国家和社会对他们的考验,我们的党组织才能更加健康地成长和发展。

(2011-03-09 08:19:35)

(http://blog.sina.com.cn/s/blog_6b84aa070100pr13.html)

□ 评 论

HuYue

阮老师的一席箴言,让我想起最近我们支部的转正会议。和以往不同,针对转正的同学,大家不再是只说优点或者粉饰不足。而是真诚地向即将转正的同学"开炮",向他提出他的不足。这样一来,该同学收获的不仅是正式入党的喜悦,更收获了以后奋斗的目标。

学习成绩对于党员固然重要,但我觉得,党员之间、党员与群众之间的相互督促、相互学习,更为重要。

鲍 睿

学生入党是一件很严肃、很认真的事。学习成绩好只能反映一个学生学习能力很强,却无法全面反映一个学生的整体素质,所以考察学生党员的体系和制度应该更加完备,从德、智、体、美、行等多方面去全面考察一个学生的表现。

阮老师的这篇文章对我的启发很大。作为学生党员,我们不应该仅仅追求好的成绩,更应该起到先锋模范的带头作用,在各个方面引领其他同学向党组织靠拢。

柳 思

入党是一件很严肃的事情,它涉及一个人终生的信仰。高中的时候我曾经有机会成为入党积极分子,可是我觉得自己还没有做好准备,没有以一个共产党员的标准来要求自己,所以我拒绝了。我觉得只有我变得更加成熟,更加具有独立思想,才能争取入党。当然,我觉得一个大学生党员的成绩至少不应该很差,因为成绩仍然可以说明他对学习的态度和他的学习能力,这也是党员的基本素质之一,但是没有必要只选择成绩最好的人来入党。因为成绩最好不能说明理想最强,责任感最强,能力最强。我还以为,对于一个人的考察应该是长时间的、连贯的,这样才能确定他是否符合一个党员的标准。

学生入党应考察其对父母的孝心

　　如今高校内,大学生入党的现象变得越来越普遍了。在我看来,这既是一个好现象,又是一个值得反思的现象。好的地方是有如此多的受过高等教育的学生加入党组织,这将为组织注入更多的新鲜血液。需要反思的地方则是很多学生的入党动机存在一定的问题,比如随大流,比如将入党作为以后工作或者考公务员的"资本"。所以我认为,对于大学生入党,我们应该有着更加严格的考察标准,这既是对组织负责,也是对学生负责。

　　作为一名学生党员,必不可少的便是责任感。而我希望把学生对父母的孝心作为考察学生入党的重要标准之一,因为对父母的孝心便是一个学生党员家庭责任感的主要表现之一。现在全国高校中,对父母缺乏孝心的学生并不少见。一些同学很少给家里打电话,向父母送关心和问候;还有一些同学,在父母打电话过来时,敷衍了事;更有甚者,打电话回家只是为了向父母要钱或者要求父母帮其解决困难。而这样的学生,无论在其他的方面表现得如何优秀,都不能成为一名合格的学生党员。

　　孔子有言:"父母在,不远游,游必有方。"这句话虽然在当前社会并不适用于我们的学生,但我希望他们能够理解这句话的真正内涵。所以,我也在2011年春节来临前专门撰写了博文《春节对我们青年学生的更大意义》。百善孝为先,父母是给予我们生命并抚养我们长大的人,我们应该对他们怀着一颗感恩之心。"孝悌"本是人类最基本的感情之一,如果一个人连小爱都没有,又怎么会有对全人类的大爱呢?如果一名大学生连家庭责任感都缺乏,又怎么能够相信他有足够的社会责任感呢?如果一名大学生对他的父母都没有足够的孝心,那么他如何能够对整个社会、整个国家、整个民族做出他应有的贡献,又怎么相信他能够为中国特色社会主义事业奋斗终生呢?

　　记得看过这样一则新闻,某县将公务员对父母的孝心作为升迁的标准之一,还有一些企业把应聘者对父母的孝心作为考核的标准。那么,我想,学生入党,更应该考察他对父母的孝心,包括在学生党支部召开的学生入党发展大会上,每一名被发展入党的学生都应该面向大家介绍他对父母的孝敬情况。我觉得我们管理学院学生党建工作也应从此入手。

(2011-04-21 08:16:02)

(http://blog.sina.com.cn/s/blog_6b84aa070100qrhr.html)

□ 评 论

强鹰魂—中国心

很赞同阮老师的观点。传统文化应该弃其糟粕,取其精华,"孝"无疑应当是我们需要传承与保留的精神。

在独生子女政策、子女远赴他乡学习和工作并且面对激烈的社会竞争等多方因素的作用下,老人们的精神生活空虚与心理状态失衡是一个亟待面对与解决的问题。

在社会老龄化不断加速的情况下,我们年轻一代更应该恪守孝悌之道,承担责任,让父母无论在物质上还是在精神上都能幸福安康。

学生入党应考察其对集体和他人的贡献和服务

　　相信每个认真学习过党的理论知识的人都知道,中国共产党的宗旨是全心全意为人民服务。而《中国共产党章程》的第一章也提及了党员的义务,其中就有一条:坚持党和人民的利益高于一切,个人利益服从党和人民的利益,吃苦在前,享受在后,克己奉公,多做贡献。由此可见,每一个共产党员都应该有集体意识和服务意识,为国家、集体和他人做出自己应有的贡献。这是由中国共产党的性质所决定的。

　　在当今社会,大学生作为"天之骄子",享受了大量的教育资源,那就应该承担起相应的历史使命和社会责任,用自己的知识和能力为社会、国家和民族做贡献。那么,拥有另一个身份——中国共产党党员的学生,在承担起一个大学生的使命和责任时,更应该切实履行自己的义务,更好地发挥先锋模范的作用,为集体和他人多做贡献。

　　现在,在我们的众多高校中,各个支部在发展学生党员时,更多地看重一个人的学习成绩和社团工作等方面,偶尔会考察一下学生入党的动机和思想境界,却较少考察学生对集体和他人的贡献和服务。如果一个学生只考虑个人的利益和发展,而对集体和他人的利益态度淡漠,那么他是不适合被发展成一名党员的,或者应该延缓发展,当他树立正确的责任意识与服务意识时,再考虑发展其入党。考察一名学生入党,必须从多个方面去考量,单纯地偏"德"或者偏"才"都会造成不好的影响。"有德无才是次品",即使他的服务意识和责任感很强,但如果没有相应的能力去为集体和他人做贡献,那么就要考虑暂缓入党。相应的,"有才无德是毒品",一个人能力再强,如果没有正确的人生观、世界观和价值观作为引导,那么就有可能对社会造成危害。只有帮助学生树立正确的责任意识和服务意识,才能更好地发挥其才能,为集体和他人做出应有的贡献。

　　总而言之,为集体和他人做出贡献和服务是需要一个人"德才兼备"的。学生入党应该考察其对集体和他人的贡献和服务,这既是一个党员义务的体现,也是党的性质和宗旨的根本要求。

(2011-05-08 18:04:09)

(http://blog.sina.com.cn/s/blog_6b84aa070100rfjn.html)

☐ **评　论**

沈秀丽

没有一个人能够不付出而得到很多东西。要想走得更远,就需要你付出更多的努力;要想社会或外界赋予你更多的资源或平台,也需要你为外界做更多的事情。

党是一个神圣的集体,加入中国共产党是每一个想要入党的人至高无上的荣誉与褒奖。所以,要想加入中国共产党,你必须比其他人做更多的努力与牺牲。"为人民服务"应该是每一个党员或入党积极分子的必修课。

成为一名光荣的共产党员不仅是荣誉,更是责任。

加油,向党看齐,向优秀党员榜样看齐。

sunshine

入党标准应以德为本,党员必须要有坚定的信仰、崇高的理想和高尚的品格,所以考察一个人对集体和他人的贡献是一个切实可行的衡量指标,有助于帮助同学们树立正确的入党动机,形成正确的人生观和价值观。阮老师的这个提法值得借鉴!

鲍　睿

我觉得一个大学生党员要有忧国忧民的意识,要把国计民生放在自己的心里。然而,承担了那么多,很有可能造成党员的压力过大。而且在考察一些入党积极分子时,也很难看出他的贡献意识和责任意识。

考察党员对集体和他人的贡献和服务,我觉得正是解决这一问题的好办法。从一个人的细枝末节中可以发现他的奉献精神和责任意识。而为集体和他人服务和贡献,既发挥了自己的力量,也感受到了奉献的幸福。

保鲜少年感！如果不想变老，就可以永远年轻

少年是一种年龄状态，也是一种心态。在我看来，心理比生理更容易老去。有些人年龄不大，但已经老了；有些人年龄不小，但依然年轻，依然少年。

有多少人的少年时代，是"少年不识愁滋味，爱上层楼。爱上层楼，为赋新词强说愁"。又有多少人的晚年时光，是"而今识尽愁滋味，欲说还休。欲说还休，却道天凉好个秋"。

少年时未经沧桑洗礼，却故作老成。老年时历经人生沉浮，则难以自拔。所以，每个人都曾是少年，但不是每个人都能拥有和保鲜少年感。随着年岁的增长，处世渐深，历经人生跌宕和各种磨难，我们很容易真切地理解了"愁"，却逐渐失去了"真"，磨平了棱角，也丢掉了初心。

从1999年创办浙大绿之源协会、2000年创办绿色浙江环保组织和彩虹人生公益育人平台，一路艰辛、一路希望、一路快乐，历经19载，坚持至今。我本人也从青年走到了中年，但我一直希望能保有少年感，也一直希望彩虹人生平台的每一位成员都能始终有一份少年感，不要让内心老去。

什么是少年感？少年感就是明知不敢为、不能为、不必为、不长为而为之，少年感就是不受世俗和功利影响，不看输赢，不计成本，傻傻地坚持和付出，只因这事喜欢做、值得做、应该做。

少年感是"不敢为"后的"敢为"，明知山有虎，偏向虎山行。彩虹人生就是要直面育人领域的痛点，我们通过紫领计划促进思想政治教育由"被动灌输"向"主动内化"转变；我们通过强鹰计划促进创业教育由"书本学习"向"实践学习"转变；我们通过绿色浙江环保计划促进志愿服务由"短期化"向"常态化"转变。

少年感是"不能为"后的"能为"，很多我们原来想也不敢想的事，被我们做成了。在过去的一年，七彩阳光公益基金会成功注册，强鹰学员勇夺全国"互联网＋"大学生创新创业大赛总冠军，强鹰10周年归巢盛典、全球杰出青年创梦大会、"钱塘论潮·人类与河流"可持续发展国际文化论坛盛大举行。

少年感是"不必为"后的"必为",对于每一位大学教师,育人都是分内的事。我创办和坚持彩虹人生公益育人平台,源于我的初心,那就是帮助和成全更多青年学生的成长,为更多青年学生搭建舞台,这与我分不分管学生工作没有关系。在有些人看来,有不少事是我"不必为"的,甚至是"作秀"和"不务正业",但是内心的少年感一直驱使着我。要对得起"教师"尤其是"浙大教师"这个称号,必须坚持终身育人,与学生一起成长,与时代一起发展。

少年感是"不长为"后的"长为",只要认准了一件事的价值,就要"愚"一点,要"傻"一点。没有比人更高的山,没有比脚更长的路,只有更多的投入和付出,只有经历更多的挫折,才会明白这份职业的高尚和坚守的价值。而且你走得越久,理解的人才会越多。作为一名教育工作者,精明、世故、圆滑、老成都不难,但在当今社会保持一颗傻傻的心最难,只有用"傻子"一般的执着和爱心,"疯子"一般的坚持和奉献,才能真正把育人工作做好。

社会和国家最有活力的地方就在青少年。社会和国家没有活力的时候,不是人口老龄化的时候,而是这里的人失去了少年感的时候。寻梦彩虹人生,就是希望更多的青年学生能保鲜少年感,让生命更有价值和意义,让人生更加出彩!

我是少年,从来不想长大,却已经长大。但如果我不想变老,就可以永远年轻。

愿我们出走半生,归来仍是少年。

(2018-02-16)

(https://mp.weixin.qq.com/s/VCpRDrYPRgRIyId284n_-g)

□ **评 论**

ZJU 韩熠宗

很多少年的偶像都是孙悟空,明知大闹天宫不敢为而为之,明知火眼金睛不可为而为之,明知八十一难不必为而为之。而他唯一的软肋,就是人们不相信他、不理解他。单枪匹马,凭着一铁棒,只求众生,能明白他意。

朱蟪蛄

《论语·宪问》中晨门就曾言孔子乃知其不可而为之者,以追求心向往之事而流传于后世。作为新生代的我们,确实需要如文章中所说,明知不敢为、不能为、不必为、不长为而为之，此乃真少年。坚持做正确的事，一直做，然后静静地等待时间的回报。愿你我永远是如此的少年！

笃行之

少年强则国强。拜读浙江大学阮俊华老师的这篇文章，深感保鲜少年感对人成长的意义。明知不敢为、不能为、不必为、不长为而皆为之，深刻诠释了理想、责任、担当和奉献精神对少年成长成才的本质内涵，也反映出阮老师创建彩虹人生公益平台的初心和使命。愿各位出走半生，归来仍是少年。

大学毕业的价值和意义

走入社会,希望我们的大学毕业生不要简单地成为一部适应社会的机器,而要努力成为改善甚至改造社会、推动甚至引领社会的创造性人物。

夏天是一个充满朝气、迸发生机的季节,也是无数青年学子步入社会、开启人生新旅程的季节。

谈及毕业,事实上对很多学生而言,这只意味着一个学业阶段的完成,如果以竺可桢老校长"知先后、明公私、辨是非"的标准,恐怕不少人都未必是合格的。不少本科生,甚至是硕士生、博士生,到了毕业,仍然比较迷茫,没有找到自己的兴趣所在,仍然不清楚自己想要成为什么样的人,不知道自己人生的方向究竟在哪里,更不清楚自己读大学的价值和意义。

竺可桢老校长在1945年7月的毕业典礼上,以"大学生之责任"为题发表了演讲,其中提到"以天下为己任,此是诸位分内的事,责无旁贷"。老校长希望我们能够成为有大志、有担当的人。而大学的根本意义,就在于培养学生树立正确的人生观、价值观,培养学生基本的内在素养和所需的外在能力,使学生成为一名负有责任担当、对社会有所助益的人。

现在不少年轻人之所以迷茫,就在于过分地以自我为中心,沉迷物质享乐,将金钱这种生存的筹码,当成了活着的意义和终极的追求。我想说,为个人利益而奋斗固然无可厚非,但这只是人生意义的一小部分。如果你把自己仅仅限制在一个自我的小圈子里,你的路只会越走越窄。人之所以伟大,就在于不满足于为了生存而活着,而开始寻求超越肉体的力量,开始思考自己未竟的事业,开始为了精神追求而废寝忘食,这是动物所不具备的。只有跳出小我,跳出仅仅为了生存的循环层面,更多、更主动地去服务和成就他人和社会,才能拥有更博大的视野和更广阔的事业。

我想引用紫领俱乐部创始会员、求是强鹰学员、百人会英才奖得主、浙江大学原博士生会主席、现作为选调生在福建省工作的王鹏博士在第9期求是强鹰结业典礼上的感悟,与更多青年大学毕业生朋友共勉——

这个社会需要的不单单是理想,不单单是学历,这片土地需要的是能够不言乏力、不言放弃的人，能够贡献健康、积极力量的人，能够发挥才智的人，能够不计利害地为国家、社会、民族奉献的人！

（2017-07-01）

（https://mp. weixin. qq. com/s/rrZRS0sSfcE4axgJPVzM5g）

评　论

张登攀@杭州浙大校友会

　　以社会组织为代表的民间力量，将引领一场自下而上的社会管理变革，必将创造更大的物质财富和精神财富。追求有意义的生活，就是"用你的全部力量和才能去效忠和服务一个超越自身的东西"。彩虹人生是社会组织中的优秀代表，感恩阮老师！

鲜豆浆

　　就像阮老师所说，"走入社会，希望我们的大学毕业生不要简单地成为一部适应社会的机器，而要努力成为改善甚至改造社会、推动甚至引领社会的创造性人物"。我们作为新一代青年，更应在坚持自我理想并为之奋斗的基础上，创造更多的社会价值。

MuMuF. F. L.

　　社会上有些人说这个国家和社会有这样那样的不合理、不完美，所以"看透了"，放弃了，并时时传递着这种消极的情绪和态度，"竭尽全力"地沉浸于其中，却忘了尝试去做点什么。我们应该像王鹏师兄所说，做一个"能够不言乏力、不言放弃的人，能够贡献健康、积极力量的人，能够发挥才智的人，能够不计利害地为国家、社会、民族奉献的人！"从事什么职业不要紧，要紧的是意识到自己存在的意义，不应仅从"小我"的视角去寻找，更应该从更博大的视野去寻找，"当你意识到自身的意义，也就明确了自身所肩负的责任，也就不会为世俗的标准动摇了内心，也就能坦然地面对人生的任何挑战，拥有超越一般人的意志力和生命力"。

青年学生八缺八不缺

1. 不缺知识缺经验

当今社会,知识正呈现几何级数增长,信息检索的工具正成为我们大脑的延伸,我们可以随时随地获取所需的知识。而经验却并不容易获得,其蕴含于实践之中,往往需要经历、感悟、强化和反馈的过程。我将经验简单划分为工作经验和社会经验。青年学生缺乏工作经验并不可怕,但如果缺乏社会经验,就会栽跟头、吃大亏。我一直鼓励大学生不要把眼光局限于学校内部,而是要多接触社会、体验社会、了解社会,学习如何待人接物、为人处世,彩虹人生也一直致力于搭建这种无边界的育人平台。

2. 不缺能力缺耐力

现在不少年轻人的能力的确很强,学习新技能的速度也很快,但是选择太多,做事情不能持久,缺乏聚焦,缺乏坚持,遇到一点困难就打退堂鼓。彩虹人生平台上的求是强鹰计划之所以要搞半年的预科班,一个重要原因就是要考察申请者的耐力,看入选的强鹰预科学员能否坚持半年的热情投入和有效参与。耐力这个指标不仅可以衡量一个人做事的坚持程度,还可以考察一个人的心态、可靠性和认同感。组织在选人的时候,往往不是选能力最强的,而是选与组织最匹配的、乐于为组织长期做贡献的人。

3. 不缺见识缺胆识

现在的大学生见识广,视野开阔,但在创新创业等方面缺乏胆识。这里所说的胆识,不是匹夫之勇,而是智者之勇。这种勇,首先要具备大无畏的精神,要勇于付出;其次还要有智慧和魄力,懂得审时度势,该进则进,该退则退,该放则放,该收则收。

4. 不缺朋友缺挚友

新一代的年轻人在互联网大潮中成长起来,他们比任何人都熟悉新媒体,已经非常习惯网络社交,也拥有非常广泛的人际触点。但看似广泛的朋友圈,又有多少挚友?科技进步在带给我们便利的同时,也使得人与人之间的情感交流变得抽象和缺乏温度。所以请放下手机,珍惜与他人面对面交流的机会。酒越喝越醉,情越聚越浓!

5.不缺个性缺自立

现在的青年学生都很有个性,有自己的主张和见解,更加大胆地去追随自己的内心,愿意释放和张扬自我。但是很多年轻人个性独立的同时,生活却无法独立。反映在自理能力不强、动手能力差等方面,连最基本的家务都不会做,也没有养成良好的生活习惯,诸多事情都要父母代劳。而随着安家置业等成本的日益提高,年轻人"啃老"现象也越来越严重。我真诚希望年轻人要多体谅自己的父母,多承担家庭的责任,切不可把"个性"变成"任性"。

6.不缺娱乐缺运动

现在的娱乐方式多种多样,尤其是互联网和虚拟现实技术的发展,使得游戏市场空前繁荣,很多年轻人都变成了宅男宅女,待在家里玩手机、平板电脑等,不愿意出门,缺少体育锻炼。健康是一切的前提和基础,建议青年朋友每天至少运动半小时,让自己变得更加朝气和充满活力。此外,运动也是放松和减压的最佳途径,有利于我们保持心理健康。

7.不缺情感缺情怀

现在不少年轻人情感生活非常丰富,但千万不要迷失其中不能自拔,应该留一些时间去思考和规划自己的事业。人往往难以超越自己所确定的目标,正所谓"求其上者得其中,求其中者得其下",所以我们的眼光要长远一些,不应该局限在小我、小家,而应该拥有家国情怀,拥有更多的使命感和责任感。彩虹人生致力于为大家开阔视野和搭建更高层次的平台,无论是紫领计划所倡导的"大众情怀",还是求是强鹰所倡导的"富民情怀",抑或是绿色浙江所倡导的"生态情怀",只有站得更高,才能走得更远。

8.不缺梦想缺行动

做了20多年的浙大老师,发现真正有所成就的学生不是那些最聪明的人,而是行动力最强的人。过度的思考和止步不前并不是好事,因为事物是动态变化的,其发展过程也是分阶段的,只有专注于行动才能使你看到更深的层面。所以,应该从今天开始,做一个行动派,立即行动起来!

(2017-02-25)

(https://mp.weixin.qq.com/s/BDVvoJNNU33H6O4YwkhKJg)

□ **评 论**

辛瑞

青年大学生不缺乏在本专业、本行业安身立命的专业知识,缺乏的是为了梦想扬帆起航的志气,缺乏的是脚踏实地的耐力,缺乏的是敢为人先的勇气,更缺乏的是将高智力转换为高情商的智慧。但青年大学生有时间、有毅力、有情怀去改变这一缺乏,让社会正能量影响更多年轻人,这样,于个人、于社会都是大有裨益的。坚持彩虹人生,传播社会正能量!

王承超

凡事多亲身实践,而不要闭门造车。彩虹人生为广大的青年学生提供了接触社会、了解社会、积累经验、实现自我的好平台。开学之际,以此八缺自审、笃行!

cf

青年学生八缺八不缺,实际上体现了当代大学生说与做的分离、知与行的割裂。作为互联网时代的宠儿、信息爆炸最直接的受益者,我们这一代大学生积累的知识不可谓不丰厚,而对这些知识形而上的思考也非偶然。与此同时,社会阅历的匮乏与浅尝辄止的自满在很大程度上导致我们实践能力与品质信仰的缺失。因此,如何在较短时间内,将知识转化为能力,将思考转化为阅历,追寻本心,寻得光明与信仰,是我们应当思考的事情。这是一个最好的时代,天降甘霖,我们长于斯,须知水之积也不厚,则负大舟也无力。如何让自身"变空",以积纳更多甘霖为大江大河,如何学会自净,不求至清无鱼,但求无愧于心,我们仍当为此求索。

边上的边上

大学本科阶段是进行素质教育的阶段,这个阶段我们要寻得自己所爱并不断坚持,要探索与培养自己的胆识,不卑不亢,要培养自己的情怀,不被现实打倒,要做一个拥有独立人格的人! 阮老师的这篇文章让我受益匪浅!

彩虹人生，一束有温度的光

平日里和朋友、学生交流，经常讨论到彩虹人生，也时常被问及：彩虹人生是什么？

对于这个问题，也许有一个标准的答案：培养引领和推动中国未来发展的健康力量。但这个问题似乎也没有确切的答案，因为我希望每一个人都有属于他们自己的彩虹人生。如果让我用一件事物来比喻彩虹人生的话，那么答案是一束有温度的光。

英国科学家牛顿曾经做过一个著名的棱镜色散实验，当一束光通过棱镜进入黑暗的房子时，它会被分解成不同的色彩，也就是彩虹的颜色。如果将现实比喻成一间房，那么当梦想的光芒照进现实时，就会在人生的不同阶段呈现出不一样的精彩。对于我而言，彩虹人生就是那束光，是照进现实的梦想。它可以是绿色浙江那一缕经历了 15 年风风雨雨依旧蓬勃发展并日趋壮大的盎然绿色；可以是求是强鹰那一片培养未来精英广阔天地的绚丽蓝色；还可以是紫领计划那一抹指引人生道路并让更多人信仰起来的明亮紫色……而这些颜色的源头是那一束有温度的光。我相信，通过一步步的积累和坚持，我们最终会让彩虹人生照进现实。当看到很多青年朋友因为内心迷茫而失去方向，因为一时受挫而意志消沉，我希望能够用自己工作上的一些经验和对人生的思考，帮助他们找到自己的方向，并让他们的梦想能够最终照进现实。所以我于 2010 年 8 月开通了彩虹人生新浪博客，2012 年开始坚持运营彩虹人生微信公众号，希望通过这些平台让更多的青年朋友受惠，最终到达梦想的彼岸。

今天，我们生活在一个物质极大发展、信息爆炸增长的社会中。有越来越多的成功故事让人以为梦想的实现是一步登天，却让我们忽视了成功背后的努力和积淀。2013 年，"梦想"成为整个中国的关键词，"中国梦"的提出更是让我们开始问自己这样一个问题："什么是真正的梦想？"

梦想不是一串串傲人的成就，也并非一句句空洞的口号。真正的梦想往往能够带给人两种力量：一是专注，二是激情。唯有专注，才能让我们在光怪陆离的诱惑中保持自己的本心；也唯有专注，才能让我们在纷繁复杂的信息中坚持清醒的判断。专注的力量如同指引方向的星辰,让寻梦之人不至于在黑暗之中迷失自我。而激情则是寻梦路上的不竭动力,让我们在逆境中有奋发向前的勇气,在受挫后有从头再来的坚持。这两种力量,都不是一时的成就或是空洞的口号所能带来的。我经常说这样一句话:"每天叫醒我的不是闹钟,而是彩虹人生。"对于我而言,正是"彩虹人生"这个梦想激励着我不断地将精力和资源投入其中,并且时刻保持高昂的激情去实现自己的梦想。在现实世界里,有太多的念头披着"梦想"的外衣干扰着青年学生的思维,分散着他们的精力。他们需要找到那个可以代替闹钟的梦想,获得专注和激情的力量,并去实现它。我也许没有办法提供太多的帮助,只希望通过一点点经验之谈,让他们能够在实现梦想的道路上少走一些弯路。

每一个人在追梦的道路上都会经历风雨和阳光。我在寻梦彩虹人生的道路上,不仅经历过风雨的洗礼,也感受过阳光的温暖。每当我站在某一段路的终点,回想自己所经历的一切时,我内心深处最多的情感便是感恩。我知道这一路走来,有社会各界朋友的关心和支持,还有众多学生的鼓励和帮助,才能让我在寻梦的道路上走得更加顺利。我要用彩虹人生这样一束有温度的光为他们送去一点点的温暖。我要感谢他们的一路相伴,和我互相启发,一起收获,共同成长,推动着我不断向前。我要感谢培养我的这个国家和社会,希望能够通过彩虹人生传递一点点正能量,为国家和社会增添一点点色彩。我还要感谢这一路走来的风风雨雨,磨砺了我的心性,锻炼了我的意志,让我的人生更加绚烂。

如今,物质财富逐渐成为社会上评价一切事物的主要标准,人与人之间的关系也随之变得更加功利化。人们越来越多地关注自我,也让人际关系变得更加冷漠。然而,我们没有一个人是在追寻梦想的道路上独行的。在实现梦想的过程中,我们必然会经历挫折,也会接受他人的帮助,正是这些挫折和帮助让我们真正地成长起来。所以,我们需要学会感恩。感恩不一定需要付出太多,也许只是一个小动作,或是短短的一句话,但最重要的是那一点真心。那一点真心,是那一束光中带着的温度,传递给彼此正能量,让人与人之间的关系更加温暖。《寻梦彩虹人生》(第1版)于2011年10月出版后,得到了校内外及社会各界人士的大力支持和众多好评,发行33000册皆已售罄。可以说,彩虹人生让我与更多志同道合的同仁在这个世界的有形与无形的联系中,得到温暖,得到力量。

光的用途是带给人更多的光明,让人们睁开双眼,发现周遭世界的神奇和美好。师者,所以传道授业解惑也。作为一名老师,人生的价值不在于我们自己有多闪光,而在于有多少学生因我们而闪光,散发出灿烂的七彩光芒。如果说彩虹人生是一束有温度的光的话,寻梦彩虹人生则希望更多学生能因为我们发出更加灿烂的七彩光芒!

我们生活在这个社会中,并非独立的存在,而是和身边的人、我们所处的社会、我们所在的国家有着千丝万缕的联系。所以,我们需要勇于担当,这既是对自己梦想的负责,也是对他人的感恩。也许不少青年学生会认为自己并没有能力去改变社会和国家,但是我们可以用自己内心的一点光明去照亮他人,在让梦想的光照进现实的时候,也点亮别人的世界,让他们发现周围的美好。

当我们每个人都相信了一点,都努力让自己的梦想照进现实,那么这个世界就会多一点光明、多一些美好。我们就能改变现实,创造奇迹。

(2014-04-03 13:25:32)

(http://blog.sina.com.cn/s/blog_6b84aa070102ea0r.html)

评　论

宋玉凤

　　彩虹人生,一束有温度的光。温度是能,七色是质,这个能量来自坚守,来自那么多导师无私的提点与支持,来自同伴相携的温情。这个能量注入我,让我化能为质,成就属于自己的色彩,而更重要的是把这个能量传播出去。彩虹人生,不仅要活得出彩、活得漂亮,更要活得有温度。

王晓明

　　专注与激情可以让我们的生活更有意义,在不止一个场合听人说到专注的重要性,也不止一次提醒自己要专注。有梦想,并为之追求,那是一道求索的光,引领我们,温暖我们。人生必然会有风雨,但只要有光,有温度,就能见到彩虹。彩虹人生,是缤纷的人生,绚丽的人生,无悔的人生!

苗苗

　　每天早上彩虹人生为我们提供精神食粮,我从中学到了很多,也受益很多。当看到朋友分享彩虹人生的精彩篇章,传播这一正能量的时候,我内心充满着喜悦和欢快。在这里,我们获得的不仅仅是眼前,还有长远的人生观、价值观的塑造,这种影响是潜移默化、润物细无声的。再过10年、20年,当我们回忆过去的点滴、审视自己所处的环境和心态时,我相信彩虹人生依然是我们的精神动力和力量源泉。

让感恩成为一种习惯

有这样一个小故事，讲的是史蒂文斯先生应聘程序员。他在报纸上看到一家软件公司招聘程序员，待遇不错，他提交了职位申请，凭借着扎实的专业知识，顺利通过笔试，杀入面试环节。

虽然他经验丰富，但在面试环节被问及软件业未来的发展方向时，他竟从未认真思考过，因此，应聘失败了。史蒂文斯觉得该公司对软件业的理解令他耳目一新，虽然应聘失败，可他感觉收获不小，有必要给公司写封信，以表达感谢之情。这是一封与众不同的信，落聘的人没有不满，毫无怨言，竟然还写来感谢信，真是前所未闻。这封信被层层上递，最后送到了总裁的办公室。3个月后，公司出现空缺，他们想到了懂得感恩的史蒂文斯。

这家公司就是美国微软公司，史蒂文斯凭着出色的业绩一直做到了副总裁。

企业选择员工，师傅选择徒弟，导师选择学生，什么样的人重用，什么样的人留用，什么样的人不用，一个重要的标准我认为就是考验其感恩之心。感激，是对他人付出的尊重，是善的种子和爱的源泉，是一种高贵的人性。报恩，则是一种责任的体现，是在人与人、人与社会、人与自然和谐相处中的一种担当。知恩图报，善莫大焉。

尼采说，感恩即是灵魂上的健康。然而在日常生活中，感恩总是被忽视。人太容易习惯别人对自己好，并认为这是理所当然。很多时候不是别人不好，而是我们的要求变多了。习惯了索取，便忘记了感恩。

在我分管学院的学生工作时，我就提出"学生入党要首先考察其对父母的孝心"，因为孝的核心就是感恩。对父母孝顺与否，是衡量一个学生是否具有感恩之心的重要指标。一个连自己父母都不懂得回报的人，怎么能指望他去服务他人、回报社会？在伟基之星评选的过程中，我感到遗憾的是不少学生只是在无限放大自己所谓的优秀，而对于伟基集团这个捐资助学的企业一无所知或知之不多，对于基金设立的目的和历程也关心不够。一个活在自己天地里的灵魂，永远开不出芬芳的花朵。一个不懂得感恩的人，纵使是千里马,也不会有伯乐。

　　对于个体而言,应该把感恩变成一种习惯;对于团队而言,应该把感恩作为其核心价值观。坚持彩虹人生公益育人事业16年,我一直收获着感动和快乐! 近期,浙江省委书记夏宝龙、浙江省委常委宣传部部长葛慧君、浙大党委书记金德水等相继对彩虹人生做出重要批示,并给予充分肯定。彩虹人生育人事业之所以能不断发展并得到认可,归根结底是依靠社会各界的爱心和帮助,以及同学们这么多年的热情参与和紧紧跟随。我和整个彩虹人生公益团队,非常感恩这个伟大的时代,感恩浙江大学,感恩各界朋友的无私奉献和热情支持,感恩同学们。我们始终把感恩教育作为团队建设和平台辐射的精神内核,以期培养出更多引领和推动中国未来发展的健康力量!

　　(2015-11-26　18:03:57)

　　(http://blog.sina.com.cn/s/blog_6b84aa070102w5tm.html)

第四章　绿色梦想

绿色浙江是一家扎根浙江、放眼全球的公益性社会组织，致力于多利益相关方跨界合作以推动地区的可持续发展。绿色浙江由我和我的学生忻皓于 2000 年 6 月创建，现已发展成为一个拥有多家品牌机构的社会创业集群。绿色浙江主要致力于公众环境监督、生态社区建设、环境教育传播三大领域，是浙江省最早建立、规模最大、也是首家获得社会组织认证的 5A 级环保社团。

2001 年 12 月，注册为浙江省青年志愿者协会绿色环保志愿者分会，业务主管单位为共青团浙江省委，并在全国首创志愿者协会环保专业分会。2010 年 1 月，注册为公益性法人社会组织杭州市生态文化协会，业务主管单位为杭州市环境保护局。2013 年 5 月，注册为浙江省绿色科技文化促进会，中文简称"绿色浙江"，英文简称"Green Zhejiang"，业务主管单位为浙江省科学技术协会。

20 年的坚守，只因为一个绿色的梦想。

生态文明需要公众环境素养的提高

　　党的十六大提出了建设小康社会的目标,十七大也专门指出,只有物质文明、精神文明、政治文明和生态文明都全面发展、高度发达的社会,才是我们追求的全面小康社会。我们国家提出要建设生态文明社会,走生产发展、生活富裕、生态良好的文明发展道路,这离不开环境素养的提高和公众的广泛参与。

　　目前公众的环境意识虽然在逐渐提高,环保组织和环保志愿者也在不断涌现,但是相对于高速发展的社会经济来讲,仍然是滞后的。相对美国、德国等西方发达国家而言,我国目前公众参与环保的氛围还较为淡薄,与我国建设和谐社会不大相称。

　　因而树立可持续发展理念,提高环境素养应该成为每个公民应尽的责任和义务。经过一段时间在环境教育领域的摸索与实践,借鉴国内外目前的相关研究,我认为打造生态文明、达到小康社会所需要的公众环境素养应包括:(1)环境情感:人对自然和社会的积极态度,具有欣赏和爱护环境的情感;(2)环境认知:对环境知识的充分认知,了解自然,了解一些简单的环境问题处理知识;(3)环境道德:具备热爱自然、亲近自然的道德态度和保护自然的道德责任感,树立人与环境和谐共存的理念;(4)环境行为:生态环境意识成为一个人的内在修养,继而形成一个人自觉自愿的环保行为习惯。这四个环节是循序渐进的过程,在当今现实社会中只有少数人兼具这四方面的素养,有环保意识(或认知)却缺少实际行动、严于律人却宽以待己、只顾眼前却不顾将来的大有人在。

　　理念培养和素养提高有赖于整个社会文明程度的提高,有赖于生态文明氛围的形成和改善,有赖于政府、企业、民间环保组织(环保 NGO)、环保志愿者和公众的共同努力。民间环保组织的建立同时有助于"小政府、大社会"管理模式的建立,有助于进一步发挥公众的力量来引导和服务公众。因此,政府应促进环境保护和生态建设决策的科学化、民主化,加强对环保志愿者的引导和扶持,加快志愿者的立法进程,加强对环保 NGO 的引导和扶持,使环保NGO成为政府和公众之间的桥梁和纽带,鼓励工会、共青团、妇联、环保NGO等社会团体和公民积极参与环境保护和生态建设,从而较好地建立社会公众积极参与的有效机制。

（2010-09-17　22:42:27）

（http://blog.sina.com.cn/s/blog_6b84aa070100lf1c.html）

会议室仿真花引发的环保思考

    在高校工作,平时要参加的大小会议很多,大小会场喜欢摆放鲜花用以装饰。如果说开会是不可缺少的活动,而花朵又能给会场增光添彩,我想我们应该秉承一种节俭和环保之风,合理布置会场,否则每场会议或活动的鲜花浪费是不少的。因此,我在2009年6月到管理学院工作后,就倡议学院各部门在会议室和各类讲座现场使用塑料仿真花替代鲜花。一盆仿真花的价格和鲜花相差无几,效果不相上下,但是却可以反复使用。在活动非常多的管理学院,如都能使用仿真花,仅学院一学年的各类讲座和大型会议,便可以最起码节省数万元的鲜花费用,整个学校数十个部门和30多个院系,一年节约的经费就非常可观了。

    我认识不少的环保人士,包括我们绿色浙江的不少志愿者,他们对环保都身体力行,这很值得我敬佩。与他们相比,我还有较大的差距。虽然知易行难,我也很难做到事事环保,但其实日常生活中,只要稍微改变一下观念,我们就可以参与环保。我习惯从身边做起去倡导环保,建议身边的同事和学生都能养成一种环保的思维方式、生活方式和消费方式。比如尽可能地随身携带手帕、水杯,尽量减少一次性物品的浪费;又比如将喝剩下的水用来浇花,家里洗衣后的水用来冲洗马桶。环保和节俭不是一句口号,而是一种行动。克雷洛夫说,现实是此岸,理想是彼岸,中间隔着湍急的河流,行动则是架在川上的桥梁。我非常希望能有更多的青年朋友以行动为桥,坚定地朝着绿色梦想不断前行,为生态文明社会尽自己的一份绵薄之力。

    (2010-11-20 08:18:39)

    (http://blog.sina.com.cn/s/blog_6b84aa070100n2ew.html)

有些路该不该修

我一直习惯在紫金港学生大食堂吃饭。食堂东区对着农行的那个路口北边有一片草坪,中间被石子路分开。这片草坪最早的时候并不是这样的,但因为总有学生爱抄近道,不惜践踏草坪换取一点点方便,"走的人多了,也便成了路",这片草坪中间就这么生生地被踩出来了一条路。校方也观察到了这个现象,于是索性修了这条石子路,一来方便学生,二来保护草坪。但自此之后,这条小径似乎并不受老师和学生们的青睐,石子路并不好走,不少师生还是踩路边的草坪。那么这样的一条石子路究竟有没有存在的必要?

修路是为了与人方便,初衷是好的。但是像行人踩草坪这种行为本来就不应该被鼓励,应当正面加以制止。这样一条显眼的石子路,不仅影响了校园整体绿化的美观,而且结果也证明了这样的"软引导"并没有达到环保的目的,更没有提高学生们的环保意识。这并不是解决问题的好方法,所以我们应该十分确定:为了环保和文明,不要随意践踏草坪,更不要用修石子路这样的方法"曲线救国"。

其实从根本上想一想,我们的学生需不需要这条路?这条便捷的路到底让他们离目的地更近还是更远?

有时候,我们给的太多,反而是一件坏事。我们为学生创造了便利的条件,反而助长了他们的惰性。走大路,远一点,但走快两步也就到了;走近路,路程是短了一点,但是慢慢悠悠地走,还是会落在别人后面。

这条有形的近道潜移默化地影响着学生,为思想上的懒惰游移提供了可钻的空子,让一些人产生了侥幸的心理,以为凡事皆有近道可寻,久而久之,这种近道思维却指向了最远的那条路。

反思我们的教育理念,太多的便利条件是不是把我们的学生宠坏了?就让我们把大路铺得更宽敞,让小路留给脚边的风景吧。

(2010-12-07　12:57:37)

(http://blog.sina.com.cn/s/blog_6b84aa070100nkdh.html)

□ **评　论**

凌楚定

　　"走大路,远一点,但走快两步也就到了;走近路,路程是短了一点,但是慢慢悠悠地走,还是会落在别人后面。"

　　我觉得阮老师这句话不仅仅在就事论事,还为我们揭示了一个重要的人生哲理:在人生道路选择问题上,我们要选大道、正道,尽管可能暂时会吃亏,但是只要肯努力,终会顺利地到达终点;相反,如果选择一些歪门邪道,即便暂时领先,最终还是会落后和失败。

　　在通往成功的道路上,只有快慢之别,并无胜负之分。战胜对手,只是人生的赢家;战胜自己,才是命运的强者!

闪闪宁宁

　　"这条便捷的路到底让他们离目的地更近还是更远?"每次看阮老师的文章都会被其中的一些话深深地震撼。是啊,当很多人在浮躁功利的环境下渐渐学会抄近路、钻空子,他的意志就会被这些虚无缥缈的纷扰所动摇。坚定自己的路,不理会别人利用了怎样的小路,不理会别人得到了哪些违背道德的方便,坚持自己的原则和底线,总有一天会在自己的道路上通向成功。

许唯杰

　　有的路,别人可以走,你可以不走。有的事,别人都在做,你可以不做。作为一个人,应该有一些自己的坚守和底线,而这个社会也应该有自己的坚守和底线。放任,最终只会带来放纵,而放纵最终带来的是覆灭。许多事情应当见微知著,细节往往决定了整个事情,乃至你人生的走向。我们的教育也应当从细节抓起,从做人抓起,只有一个能做好人的公民,才能成为一个能成大事的人才。

俪　子

　　有时候,善举会助长坏习惯、坏毛病。学校修了条弯弯曲曲的石子小路,很有意境,也间接为那些喜欢抄近路的同学们提供了便利,可同学们偏偏不买学校的账,偏偏要在草坪上踩过。浙大的学生,应该是全国范围内相当优秀的学生,但我想这一件小事,体现了我们在自身素质上还存在很大的进步空间。注重小事,注重细节,让自己的素质不断做加法。

为志愿者汪耀祥所感动

我在 2000 年开始筹建绿色浙江环保组织的时候,汪耀祥就是我们的铁杆志愿者,他一直默默无闻地支持和奉献了 10 年,影响了不少人。他不是共产党员,但比很多共产党员要优秀;他不是教师,但他对学生和青年很是支持和爱护。在浙江省钱塘江管理局举行的"同一条钱塘江"活动总决赛现场,老汪用他生命的最后一段时间的真情表白感动了全场领导和志愿者,很多人流下了眼泪。我希望我的学生尤其是学生党员能接受这样的教育,以更好地找到自己的人生价值。除了科学知识的学习,这个社会还有许多需要我们去接触、学习和感悟的。现摘抄《今日早报》对汪耀祥的报道如下:

在生命的尾端,一名角膜捐献者的嘱咐——
一定要给我穿上志愿者的衣服。
半生为环保事业而操劳,身后为公益做最后的贡献⋯⋯

他,曾经是杭州二建建设公司的一名员工。
他,曾经是浙大华家池校区第一学生宿舍楼的楼长。
他,现在是绿色浙江环保协会元老级志愿者、杭州市生态文化协会理事。
他,还有几个月的时间,就将走完他的一生。
他就是 65 岁的汪耀祥,大家都亲切地唤他"老汪"。在生命最后的岁月,他还念念不忘环保工作。"我想把剩下的时间活得更有意义、更充实。"

8 年前就决定捐出角膜

老汪已经住进了市红会医院,一开口就邀请记者参加协会搞的环保活动,还说自己也要去,诚恳的语气让人不忍拒绝。

老汪 60 多岁了,可一说起环保的话题,眼睛就会放光。

"我的眼睛做过全方位检查了,很健康的。"他骄傲地说。8 年前,老汪签了协议,在身后捐献角膜。

"医生建议他化疗,他都拒绝了,说会影响角膜的质量。"女儿忍不住插了一句,对于爸爸的做法,她心情很复杂,心里是支持爸爸的,但又有点舍不得。

同事眼中默默无闻的老汪

10年前,忻皓还是一名大一学生,就住在浙大华家池校区一号宿舍楼,曾和同学们,还有老汪,骑车环浙江宣传环保活动。

"现在很难说得清,到底是老汪先感动了我们,还是我们先感动了他。"他说。

10年来,他们已经成了无话不说的好朋友。"退休后他来我们学校当楼长,是因为他觉得跟孩子们在一起是开心的,他能跟我们打成一片。"

病房里的老汪每天都会和协会的成员通上几通电话。"我想知道活动进展得怎么样了?"

老汪无论在什么时候,都放不下协会的事。

协会创立之初,老汪总是能帮就帮,曾经从自己工资中拿出1000元悄悄塞给了协会的创始人阮俊华老师。

后来协会工作逐渐迈入正轨,老汪渐渐退出了协会的核心工作圈,却一直默默协助和支持协会开展工作。

"老汪是个大好人,积极热心,还带动了很多人加入环保的队伍。而且他很低调,没有名誉上的追求。"阮老师上次带着学生去看他,谁知一走进病房,老汪就给保护钱塘江出点子了——

"钱塘江边有'禁止游泳'的标语,但是没有'不要扔垃圾'的标语。"

"江上船只多,很多生活垃圾都是扔在江里的,要发动他们一起环保,或者增设排污费。"

女儿辞职陪爸爸走完最后一程

老汪年轻的时候就没了老伴,自己一个人把一儿一女拉扯大。其实去年他就知道了自己的病,但怕拖累孩子,什么都没说。

今年4月,病情越来越严重,才被女儿硬拖着去做了检查。女儿原来在建设银行上班,如今辞了职专心照顾爸爸。"我也是最近两年才知道,原来他是环保协会的志愿者,一直做着宣传环保的工作。"

老汪最放心不下的,也是这个女儿。他拜托环保协会的会员们,在他走后,帮他女儿写一封自荐信。"你们主意多,帮忙策划一下,找工作可能会容易点。"不过他要求自荐信翻开来的第一页上,一定要写上一句话"工作着,是美丽的"。

老汪还把自己的后事拜托给绿色浙江环保协会了："一定要给我穿上志愿者的衣服,戴上志愿者的帽子。"

我的一名在美国的学生金晓芬给我的邮件中这样写道:

"阮老师,当我今天读到这则消息的时候,心里非常难过。

"想起10年前,汪老师对我们的厚爱,对协会的热忱,眼泪止不住地流下来。

"身在远方,无法亲自去医院看望他老人家,但请您一定要带到我的问候。

"他是个好人,更是伟人!"

(2010-08-28　19:22:47)

(http://blog.sina.com.cn/s/blog_6b84aa0701010l0xb.html)

评　论

新浪网友

当人们对一件事或者一个人很执着时,相信他们是幸福的,因为他们始终有一个伟大的信念,不管最后是什么结果,此生无悔。

向汪耀祥这样的志愿者致敬!

foreveria

就是这些有着奉献精神的人,鼓舞更多的人参加志愿者的活动,帮助其他人。

我们总是为这些前行者的故事感动,然后不由自主地去追随。

因为梦想　所以坚守

——浙江省绿色科技文化促进会筹备工作报告

尊敬的各位领导、各位嘉宾、各位会员、各位战友：

今天，是绿色浙江漫漫 13 年注册史"修成正果"的日子，也是我们凤凰涅槃、浴火重生的日子。作为会长，我在这里代表绿色浙江，向今天前来参加我们协会成立大会的各位表示热烈的欢迎！向长期以来对绿色浙江予以支持和厚爱的各位表示诚挚的感谢！

我今天主要想讲五方面内容：一是从 NGO 的意义出发，谈谈成立绿色浙江这样的民间组织的必要性；二是向各位汇报一下这些年来绿色浙江所取得的一些成绩；三是跟各位讲讲这 13 年来绿色浙江是怎样经历蜕变的阵痛、破茧化蝶的；四是告诉大家究竟是什么精神在支撑着这个团队，为了环保，如此坚持不懈；五是对协会的未来进行展望。

当今世界是一个开放的世界，我中有你，你中有我，相互影响，相互制约，各国之间交流合作的愿望也越来越强烈。但囿于历史传统、文化特色、意识形态等方面的差异，国际交流合作还存在不少障碍。而 NGO 却能冲破国别、地域、党派、种族、宗教、意识形态、利益等多方面的束缚，成为促进国际合作与发展的"润滑剂"和"中转网"。

NGO 一词最早是在 1945 年 6 月签订的《联合国宪章》第 71 款中正式使用的，而正式进入中国人的视野则是半个世纪之后在京召开的国际 NGO 论坛。作为具有公益精神、倡导利他理念、追求公共利益的组织，NGO 往往与志愿、公益、奉献等美好词汇紧密联系，它的行为效果、价值秉持、精神气度，代表了公民最为淳朴的良知，代表了时代前进的方向，代表了整个社会最为长远和根本的利益。

反观当今社会，权力寻租、监督机制不完备、公共资源利用不当、竞争失效与市场垄断等问题层出不穷。我们不得不承认，"政府—企业"的二元结构已在诸多领域呈现失灵状况。

就拿环保这块来说，企业超标排放是环境保护中最大的污染问题，这里涉及整个社会中最具实力的一个利益群体——企业。除了自身拥有不菲的实力之外，企业还可以通过资金和资源优势，将势力范围延伸进政府的环保部门，为自己寻求"保护伞"。另一方面，地方政府又因为这些企业都是纳税大户，基于地方保护主义，往往不愿主动找茬。这种"你不情我不愿"的局面所导致的后果便是污染越来越严重。这个时候，像绿色浙江这样的环保NGO的出现就显得尤为重要！

我们现在一直在说，要积极推进"小政府"与"大社会"。然而单单企业与政府两者的结合就能使我们高枕无忧、实现天下大同了吗？中间所留下的大量空白区域难道就这样予以闲置了吗？显然不是。NGO的价值，正在于填补这些"空白区域"，从而与政府、企业形成"三足鼎立"之势，使整个社会架构更为稳固、和谐。也正是因为这样的社会理念被越来越多的公众所认同，绿色浙江近几年也得到了越来越多的资金支持与资源供给，协会发展可谓突飞猛进。

作为浙江省建立最早、规模最大，也是目前全国最具影响力的民间环保组织之一，绿色浙江早在2004年的时候便成为全国百优志愿服务集体，并在2007年因以创新形式宣传"世界无车日"而得到了央视一套新闻联播的报道。去年，协会还先后建立了党支部、工会、团支部，成为中国建制最为完整、管理最为规范的民间环保组织，并通过社会组织评估成为中国首家5A级民间环保组织。几乎与此同时，与绿足迹企业同盟正式结盟，更使得绿色浙江锦上添花。

协会目前已形成水保护、生态社区、气候变化三大核心工作内容，项目经费每年递增百万元。水保护项目可以追溯至2002年7月由协会发起的浙江省青少年绿色营，该项目已坚持10年，并获评全国保护母亲河行动优秀项目。10年来，协会一直致力于以保护浙江母亲河——钱塘江为核心的水保护工作，这也是协会目前最核心、最有社会影响力的项目。在刚刚过去的5月12日"同一条钱塘江·百里彩塘"活动中，协会以3.5千米打破吉尼斯世界纪录，组织绘就了世界上最长的彩绘海塘。

绿色浙江不仅在组织活动方面能力出众，在培养人才方面也卓有成效。

总干事忻皓自然不用多说，跟绿色浙江一起奋斗、一起成长，将来势必也能一起从优秀走向卓越！2005年的时候，忻皓就获得了中国环保界最高荣誉全国母亲河奖和中国青年志愿服务金奖，这些年来更是荣誉不断，去年还当选了水资源管理国际标准制订委员会委员。我作为老师也为他感到深深的自豪！

今年3月份，忻皓、李薇、申屠俊三位协会员工成为中国首批职业环境督导师。而绿色浙江最年轻员工褚旭珉则成功入选中欧民间组织交流项目，将赴欧洲交流工作3个月，这也标志着绿色浙江正在成长为培育具有国际视野的高素质人才的新摇篮。

同时，协会所创新实践的公众协作互动型环境监督模式，也为政府与民间组织的合作提供了新思路，并为绿色浙江赢得了一系列的奖励与荣誉。

在欣喜于所取得的成绩的同时，我们也不应忘记这13年来的坎坷与波折。就像山西省环保局原主任柴腾虎所说的那样："每个民间环保组织都有它催人泪下的故事。"没有这么多年对于独立法人资格的奋力争取，没有靠天靠地不如靠自己的决心和勇气，绿色浙江不可能有今天这么好、这么快的发展。不忘初心，对一个人是如此，对一个社会组织更应如此！

13年前，我还在浙江大学环资学院当团委书记，当时还在浙大就读本科一年级的忻皓就和他的同学发起了一个名为"千年环保世纪行"的活动，他们骑自行车2000余千米环浙江宣传环保。也正是基于那次活动的成果，半年后，我跟忻皓他们就开始筹备浙江省首家民间环保组织——绿色浙江。

可搞了两次活动之后，我就发现，没有独立财权太麻烦了，这也直接促使我将申请注册协会的事情提上日程。10个月后，协会终于得到了共青团浙江省委主管省青年志愿者工作的团干部们的支持和认可。最后我们创造性地以建立"专业性"青年志愿者团体的名义，在浙江省民政厅注册成为浙江省青年志愿者协会绿色环保志愿者分会，简称"绿色浙江"，由团省委宣传部实际管理的省青年志愿者协会作为主管单位。

创造这一想法的，是时任团浙江省委宣传部部长、现任舟山市委副书记的徐旭；时任团浙江省委书记，现任浙江省委常委、副省长葛慧君专门为分会成立授牌；时任团浙江省委副书记、省青年志愿者协会常务副理事长，现任湖州市委常委、市纪委书记陈浩担任会长；由我担任副会长兼秘书长。这一创举，使绿色浙江成为全国首家省级青年志愿者协会的专业性分会，并因此先例直接推动团中央第二年建立了中国青年志愿者协会法律援助分会。

现在回头看来，夹于政府和公众组织中间层的所谓群团组织的共青团干部当年实践的这种民间组织寻求注册的方式，有着相当积极的探索意义。时任团省委书记，现任省委常委、省委秘书长的赵一德在团省委期间，也多次提到团省委对于环保分会这种指导不包办、发动公众参与模式的积极意义。在此也向在协会创立初期给予大力支持和帮助的上述各位领导表示感谢！

由于只是二级协会，而非法人团体，同时也考虑协会财务的规范问题，2003年起，绿色浙江的财权就逐渐由省青年志愿者协会统一管理，这就使得财务流程十分麻烦。加上 2008 年开始，因加强社团管理的需要，有关主管部门计划要从分会收入中抽取不小比例的费用作为管理费，又因为团省委青农部建立了官办协会浙江省青年绿色环保协会，而绿色浙江联系团省委的忻皓又正好受福特国际奖学金资助赴美留学，最终导致了绿色浙江在组织形式上从团省委独立了出来。

此后，绿色浙江并未停止重新注册的行动。2010 年 1 月，在杭州市民政局和环保局的大力支持下，几经波折，绿色浙江终于正式注册为具有独立法人资格的协会——杭州市生态文化协会，业务主管单位是杭州市环保局，协会从此独立掌握财政大权。

2011 年 7 月，忻皓结束在美国 3 年的留学生活，重新回到绿色浙江从事专职工作，协会发展由此驶入快车道。今年 3 月 21 日，协会收到了浙江省科学技术协会发来的《关于同意筹建浙江省绿色科技文化促进会的批复》。仅仅 1 个月后的 4 月 16 日，绿色浙江正式获得浙江省民政厅准予筹备社会团体的决定书，再加上今天这个筹备成立大会，可以说，历经 13 年的"修炼之路"，绿色浙江终于要"修成正果"了！

从梦想到行动，再从行动到坚守，到底是什么精神在支撑着绿色浙江，在我看来，就是一种"贵族精神"。我们每一个关心、热爱以及投身环保事业的人，在精神上都是"贵族"！

"贵族"是具有丰富人文内涵的一种特指，最早的贵族起源于欧洲。作为一种历史文化传统，贵族不仅意味着一种地位和头衔，而且意味着社会行为准则和价值标准。我们现在大部分中国人所理解的贵族生活就是住豪宅、开豪车，就是挥金如土、花天酒地，就是对他人呼之即来、挥之即去。实际上，这不是贵族精神，这是暴发户精神！我们应该清醒地认识到：富贵，富是物质的，贵是精神的！

作为专门从事环保事业的民间组织，我们绿色浙江一直在倡导实现"两富"——让更多物质富裕的人在精神上富裕起来，让更多精神富裕的人在物质上富裕起来！

对于绿色浙江今后的发展，我充满信心！因为今后的社会势必是一个公民社会，而公民社会的未来就是 NGO 的未来，就是绿色浙江的未来！可以预见，在不久的将来，绿色浙江将成为这个社会中不可或缺的中坚力量！

在组织运作最大的难题——资金获取方面，除了常规的基金会支持、企业赞助等手段之外，绿色浙江还积极探索自我造血之路。

目前在许多发达国家，NGO 已成为提供公共服务、解决包括环保在内的社会问题的主力军。政府将越来越多的职能交给 NGO，这是因为 NGO

在解决社会问题、提供公共服务方面具有不可比拟的优势！

首先，NGO是民间自发形成并以使命为驱动的组织，相较于企业和政府，它较少受到经济利益的干扰，因而更有动力去解决社会问题。其次，NGO普遍是扁平化的组织，没有臃肿的人事架构，在解决问题时更为快速灵活，少有推诿现象。最重要的是，NGO具有更好的公众动员和社会资源的整合能力，能够将政府、企业、社会公众、媒体等各方力量整合起来，共同解决社会问题。

目前在国内，北京、上海、广东、山东、江苏等地均已出现了政府与NGO合作，购买后者服务的实例。今年年初，协会所申报的杭州市社区生态环境民生示范项目，便是通过这一形式筹集到了资金，这同时也是浙江民间环保组织首度获得中央财政的支持。相信今后，这样的机会会越来越多！

我们想说，绿色浙江注册的故事，有过曲折，有过辛酸，但我们一直不屈不挠，坚守信念，走到今天。这13年的发展历程中，给予我们帮助的人太多太多，政府官员、企业家、普通志愿者……我们感受得到你们在用自己的方式尽力给我们提供机会、帮助我们成长，甚至多次给我们捧场。我们在这里向你们致敬，绿色浙江人将脚踏实地、胸怀天下，挺起腰、不低头、不言弃，用我们的行动给你们一个证明——证明你们做的，不只为我们，也是为你们，为大家，为我们共有的美丽中国梦！

如果可以，兄弟姐妹们，右手扶着心的位置，祝福我们这群不知不觉中为此改变了人生轨迹的人，让我们大声喊出我们的使命：让更多人环保起来！

浙江省绿色科技文化促进会筹备组

2013年5月18日

草根有力量

　　5年前,在浙江大学启真湖畔,杭州市生态文化协会成立。这是杭州首家民间环保组织,也标志着我们绿色浙江团队历经10年终于实现独立注册。

　　了解中国民间组织生存发展的朋友们知道,5年前,注册一家社会团体在中国仍非易事,需要的不仅仅是团队的能力,某种角度讲,更需要业务主管和登记主管单位对我们这些来自民间、来自草根的社会人士的信任和对社会变革与发展的理想。所以,我们由衷地感谢杭州市环保局、杭州市民政局这5年来对我们的一路陪伴、鼓励和支持!

　　也就是从5年前开始,我们的协会飞速发展。我们杭州市生态文化协会秘书处专职团队,从5年前的1人发展到今天的近20人,拥有健全的决策、监察、执行机构。协会在2012年参加社会组织评估,并成为中国首家5A级民间环保组织,2014年成为首批杭州市示范性社会组织,2013、2014年两度获得中央财政支持,并在过去两年蝉联中国公益慈善大赛金奖,成为具有免税、公益性捐赠税前资格的社会团体。

　　2010—2015年,绿色浙江用5年的时间,向支持我们的人交了一份答卷。这5年,我们确立了公众环境监督、生态社区建设、公众教育传播三大核心板块。

　　5年里,我们从保护钱塘江的创新大赛开始,开发钱塘江水地图、矗立钱塘第一护江碑、绘制全球最长的彩绘海塘、征集钱塘江之歌。我们两度组织横渡钱塘江,带着全国各地的朋友,从钱江源走到入海口,又创造性地划着皮划艇从千岛湖一路至杭州。我们和浙江省钱塘江管理局一起,打造了"同一条钱塘江"公众参与保护母亲河的品牌。

　　5年里,我们推动浙江治水,推动杭州垃圾分类,推动"五水共治"成为美丽水乡的主旋律,推动千岛湖边的高尔夫球场逐渐销声匿迹。我们打造了"绿色浙江"这个环境科普教育的响亮品牌,打造了"吾水共治""环境观察""生态社区""衣物重生""绿士多"等多个项目品牌。

5年里,我们拥有越来越多的各界会员和支持者,从大学生联盟到根与芽小组,又到绿足迹企业同盟,越来越多的社会精英开始关注我们的协会。我们联合杭州市委党校创建绿创学院,培养优秀大学生成为机构员工,又向退伍军人伸出橄榄枝,号召"退伍不褪绿色心、来当绿浙特种兵、做枚社会螺丝钉"。

5年里,我们年度资金运作从十几万元到2014年全年近300万元。我们走进中央电视台,走进《中国梦想秀》,我们获得无数荣誉,包括福特汽车环保奖、中国水环保公益年度人物、芯世界社会创新奖、联合国环境规划署生态和平领导项目"最佳生态城市奖"。

5年里,我们扎根杭州,放眼世界,我们参与全球护水者联盟,成为水资源监管国际标准制订委员会委员,四次参加全球气候峰会,数十次站在外国人搭起的演讲台上讲述中国作为"世界工厂"的环境遭遇、全球企业应对中国承担的环境责任以及中国环保的草根力量。

5年里,我们失去了陪伴我们10多年的"创会功臣"汪耀祥、詹良善,他们的离开,让我们惋惜,也让我们学会坚强,让我们明白健康的身体和健康的环境有多么重要!他们的名字,我们无法忘记。"耀善"这两个取自他们名字的词,成为协会办公室的命名,被印刻在办公室的大厅,给新人传递着光耀扬善的草根力量。

5年前,我们从浙大盘石的一间办公室起家,后来在杭州双枪竹木的支持下拥有市中心中竹大厦50多平方米的办公场地,又在伟基控股的支持下搬进五星级写字楼。直到今天,杭州市生态文化协会拥有行政中心、服务中心约300平方米的办公场地,拥有自己独立的实验室、两家慈善商店,并在余杭区黄湖镇建设了25亩自然体验园。

5年前,我们不理解"环境倡导"这个舶来词到底是什么概念,它和环境教育、环境宣传又有什么区别。我们加入了中国环境保护倡导联盟,在与兄弟组织的交流中,我们开始了草根的伟大实践。2013年年初,"悬赏环保局长下河游泳"成为舆论热点,我们抓住契机,和浙江卫视共同发起《寻找可游泳的河》大型新闻行动,直接助力推动浙江"五水共治"重大决策的出台。此后,我们又联合阿里巴巴公益基金会、浙江电视台钱江都市频道和杭州市城管委河道监管中心,发起绿色浙江"吾水共治"行动,以利益相关方圆桌会、杭州民间河长、杭州市河道水质改善创意大赛三大模块,推动公民参与治水。在助推治水的实践中,我们不知不觉成了草根环境倡导行动的典范。

5年前,我们从未深入涉及社区环保工作。在万通公益基金会的支持下，从 2012 年开始，我们走进社区，包括小营街道西牌楼社区、文晖街道现代城社区、古荡街道莲花社区、长庆街道十五家园社区等。我们开始把足迹扎根社区，"三横四纵"生态社区模式渐渐成形。我们还以垃圾分类为突破口，衍生出了社区垃圾处理零废弃的"智慧绿房"、让大熊猫"吃"衣服的"衣物重生"等特色项目。甚至，我们还自造了"绿色浙江循环日"这样影响力较大的主题节日，包括小强、范大姐、许婷、席文、姜楠、郑培钦、许诺等在内的众多绿色浙江公益大使、知名主持人和歌手为"垃圾循环"共同代言。

5 年了，我们走过很多弯路。有人加入，也有人因为我们的工作不够好而离开。我们在不断反思，如何让自己更加有效、更加强大。我们聘请了公益导师、上海慈善培训中心副主任徐本亮老师帮助我们实施机构治理，我们终于明确了自己的使命——让更多人环保起来，也终于知道为什么我们这群人会走到一起，因为我们有着共同的价值观——责任、务实、感恩、坚持。我们把所有这些，连同 12 项制度，都写到了一起，集结成了一本《绿浙律典》，每一条都有着沉甸甸的经验和教训。所以，有些路走得弯了，但我们还是过来了，有些路我们还在弯着走，我们直面问题，并希望能够早归正道，我们需要这满屋子绿色浙江人的共同努力。

5 年了，我们还需要更加清晰协会会员工作应该如何定位和开展，我们需要进一步明确会员的入会门槛，需要进一步提高会员活动的覆盖面。我们秘书处的队伍在不断扩编，但我们和很多公益机构一样，一直苦苦思考如何吸引并留住优秀的人才，怎样才能让我们的年轻人不是只干个两三年，把协会当成跳板，而是干上一辈子，把协会的工作当成终身的事业。我们折腾过各种办法养活自己，拉赞助、找企业代发工资、义卖、义拍甚至开起了慈善商店，但是目前，我们仍未具备真正的自我造血能力。如何让公益组织建立合适的商业模式，实现自身经济独立，从而声音独立？我们还在寻找。

5 年了，无论我们已经取得多少成绩，无论现实还有多少困难，老话讲"盘子大了，退路便少了"，所以，我们必须坚持前行。展望下一个 5 年，围绕协会三大核心项目，在社会组织春天已经到来的今天，我们还需如何使力，让我们更有竞争力？今天的所有困境，我们该如何摆脱？在"衣物重生"项目和"智慧绿房"建成后，如何真正推动垃圾分类工作有效开展？如何通过协会宣传和黄湖自然体验园的建设，做好环境文化传播和自然教育工作？如何以环境观察项目和环境监测实验室为基础，深入开展环境监督工作？

这些,都是下一个 5 年,我们绿色浙江人需要共同回答的问卷。这份问卷交给的是我们在座的每一位,而我们中的任何人都可能成为"驯龙高手"。因为我始终相信,草根有力量,公民有力量,绿色有力量!

(本文为杭州市生态文化协会第一届会长阮俊华向第二届杭州市生态文化协会会员代表大会所做的报告。)

(2015-02-01 17:41:58)

(http://blog.sina.com.cn/s/blog_6b84aa070102va8r.html)

相遇绿色浙江，是我们做得最正确的事情

各位嘉宾、各位会员、各位战友：

大家上午好！2013 年 5 月 18 日，在中国杭州低碳科技馆这间报告厅，我们绿色浙江历经 13 年终于在省级独立注册。

有时我在想，百年后，千年后，我们在场的所有人甚至连同这个场馆，都会不复存在。那时的人们一定意识到了人与自然的和谐多么重要，那时的浙江一定到处清河流淌、鸟虫争鸣，那时的人们生活一定更加方便、更加美好。

我要深深感谢浙江省科协、浙江省民政厅。2013 年前，因为相关法规，我们不能名正言顺称自己是绿色浙江人，直到 2013 年省科协接纳我们。我理解，当时对科协来说，我们的组织太特别了。我们太草根，我们做的事也没有那么高深，但有担当的科协人、民政人最终接纳和帮助了我们。我感谢这其中的每一位参与人。他们中有我的学生，出于对老师的信任；有我曾经的领导、同事，出于对朋友的支持；还有那些从未谋面的伙伴，出于对绿色浙江的认同和对美好未来的信仰。所以，我们努力做正确的事，无论这些人是否当时真正理解，至少我们希望不让他们失望，希望我们得到的每一份助力都有意义。

我要深深感谢我们的会员、我们的理事。大家来自各行各业，都有着自己的家庭和事业。我们中年龄最大的钱希尧老人今年就要 90 大寿，年龄最小的可能才牙牙学语，能够和大家结识，是我阮俊华、是我们绿色浙江秘书处同事的荣幸。每个人的相识都很神奇，有些是因为参与了一次海塘绘画，有些是因为看了一篇微信文章，有些是因为对抗了一次污染排放……选择做正确的事情，便能认识你，这是命运多好的安排！

我要深深感谢秘书处小伙伴的努力。5 年间，共有 84 位小伙伴为绿色浙江秘书处服务，他们中大都是 85 后，甚至 90 后。我要说声"抱歉"，你们为绿色浙江留下了人生中最美好的青春，我们却无法将等值的回报以金钱的形式给予你们。你们的美好、你们在绿色浙江的一点一滴，我们都记下来

了,你们所成就的绿色浙江、成就的彩虹人生,是我一生的财富和幸福。我相信,我们在做的就是正确的事情,虽然无以为报,但这份美好也是你们的美好!

绿色浙江的小伙伴们真的非常棒!你们巡护钱塘江,开发钱塘江水地图,利用新技术推动环境监督;你们运营的绿色浙江微信公众号,每一篇监督文章都对地方工作有极大的推动作用,从高尔夫球场到畜禽养殖场,你们在5年间推动数百起案件的处理;你们与浙江卫视合作,推出136期《寻找可游泳的河》,声声震耳,助力"五水共治";你们推动利益相关方圆桌对话,从治水到治气、治废,你们不仅成为公众人物,更成为能够为环境代言的"绿青天"!

因为你们坚持做正确的事情,绿色浙江才能够连续4年获得省级优秀学会称号,连续3年蝉联中国公益慈善大赛金奖,获得福特汽车环保奖自然先锋奖,获得联合国开发计划署的资助,拿下省级5A级社会组织评估。你们正在为美丽浙江建设添人手、聚人心、旺人气。作为会长和创始人,我为我们秘书处的小伙伴和所有的绿色浙江志愿者感到深深的骄傲和自豪!

如今的绿色浙江,以环境观察、社区营造、自然教育为三大核心板块,还在各地建立了公益服务站。绿色浙江张海清公益服务站站长张海清,年初获得浙江省委书记车俊点赞;绿色浙江开心厨娘公益服务站站长高水娟,制作4万余块肥皂,登上《王牌对王牌》的舞台;绿色浙江袁国庆公益服务站、董政公益服务站,面对污染,决不放过;绿色浙江任卫中公益服务站,获得百万环保大奖;绿色浙江春百合公益服务站,坚持12年环保服务。

如今的绿色浙江,影响力越来越大。大家熟悉的小强、席文、范大姐、华少、亚丽、沈涛、许婷、许诺、郑培钦、崔巍等都是绿色浙江公益大使。在政界、商界、媒体界,甚至在普通杭州人的口中,绿色浙江的名字出现的频率越来越高。我的学生、盘石网盟董事长田宁,甚至把自己39岁的生日策划成绿色浙江慈善晚宴,支持绿色浙江的发展。我相信,同盟为朋、同志为友,做绿色浙江这样的事情,会让我们有着天下的朋友!

如今的绿色浙江,不仅扎根杭州,更加放眼世界。秘书长忻皓连续竞争3年,终于成为全球护水者联盟理事,全球护水者联盟甚至考虑将中国办公室放到杭州。忻皓还是水资源管理国际标准制订委员会委员,数十次站在外国人的演讲台上讲述中国作为"世界工厂"的环境遭遇、全球企业应对中国承担的环境责任以及中国环保的草根力量。去年,绿色浙江承办了江干区政府的"钱塘论潮·人类与河流"钱塘江可持续发展国际论坛,邀请恒河、亚马孙河、钱塘江世界三大涌潮地领导及四大国际机构,共同发布《人类与河流共同宣言》。今年,绿色浙江还将积极推动 H20 全球拥江发展城市峰会。

如今的绿色浙江,不仅技术专业,而且走得很红、很正。绿色浙江建立的彩虹人生党支部是省级明星支部,时任党支部书记的忻皓获得全省党课大赛一等奖,是全省"千名好支书",还是全省优秀共产党员巡讲团的成员。

5 年前,我们提出要向社会企业方向发展。我们尝试了各种方法培养自我造血能力,探寻如何让公益组织建立合适的商业模式。2014 年起,绿色浙江开始组织国际自然科考。同年,又从文晖街道的一家慈善商店开始,打造余杭黄湖自然体验园、舟山嵊泗花鸟岛"未来使者"民宿、安吉听风吟别院三大自然科普基地。目前,一个具备一定商业模式,包含自然科考、低碳家园、社区营造的"未来使者"全球可持续发展地球公民项目雏形已经形成。

过去的 5 年,作为一家草根组织,绿色浙江还是难以避免资金、人才等一系列的捉襟见肘。我们一面承担着环境的科技推动,一面背负着舆论的道德评判。面对复杂的环境问题,我也曾怀疑要做的事到底对不对,纠结于要不要做。5 年里,我越来越发现,唯有行动才是真正正确的事情。

5 年很快,5 年以后就是 2023 年。那时杭州地铁成网了,杭州亚运会也结束了,杭州和浙江的影响力一定更大了,那时的绿色浙江人一定会书写更加漂亮的答卷。

我们有这个自信,因为绿色浙江人有着满满的创造基因;

我们有这个自信,因为我们内心渴望改变,我们肩上有担当;

我们有这个自信,因为绿色浙江就是我们人生中做得最正确的事情!

(2018-04-05　18:35:42)

(http://blog.sina.com.cn/s/blog_6b84aa070102xpjz.html)

第五章　十年树人

　　粗略算来,我从事辅导员工作已有 24 年的时间了。我一直认为辅导员工作是和环保事业一样神圣的工作,甚至更伟大。人们都将老师比作"园丁",那么辅导员工作不啻在大学生思想领域进行一场"绿色革命"。反映一个园丁技艺的是他所培育的花草树木,而反映一个辅导员或者说老师工作成效的则是看他培养出来的学生的水平和学生对他的认可程度。

　　青出于蓝而胜于蓝,学生就应该超越老师。这才能反映一个老师培养学生的真正意义。我心中的师生关系是一种相互影响的关系:老师通过"传道、授业、解惑"等一系列行动不断引领和帮助学生成长,培养他们成为对社会、国家和民族有用的人;而学生则应该常怀对师长的感恩之心,通过自身的成长、进步和奉献,推动老师的成长和发展,也更好地服务于人民和社会。

　　在我"树人"的 20 余年中,也涌现了一大批优秀的学生。他们不仅在自己的人生道路上有着突出的成就,同时也对我事业的发展有着重要的推动作用。他们之中,不乏一些值得我们学习的榜样,如坚持走绿色之路的中国青年五四奖章获得者忻皓,十九大代表、全国劳动模范陈维,"浙江省在校生获千万元风投第一人"陈旭,不忘初心、扎根基层的 89 后街道党委书记代旻,90 后镇长向尉文和徐松杰,服务西部基层的副县长宋明亮,乐于奉献、超越自我的浙江大学优秀共产党员王承超,"万人计划"青年拔尖人才陈丁江和 2017 全国"互联网+"大学生创新创业大赛总冠军白云峰,等等。

忻皓:以天下为己任,寻梦绿色浙江

人物名片

　　忻皓,坚持近 20 年的环保追梦人,汉族,中共党员,浙江大学管理学院博士研究生,民间环保组织绿色浙江联合创始人、秘书长。曾获美国克拉克大学环境科学与政策硕士、地理信息科学硕士、浙江大学环境科学学士。曾获中国青年五四奖章、中国生态文明奖、中国母亲河奖、中国志愿服务金奖。

　　2018 年 9 月,浙江省政府申报的"千村示范、万村整治"工程获得联合国地球卫士奖,联合国副秘书长索尔海姆亲自为浙江省政府颁奖,习近平总书记还为"千万工程"获奖做出重要批示。大奖申报的推荐人共有两位,一位是被誉为中国的"气候部长"、常年活跃在国际舞台上的国家发改委原副主任、气候峰会中国代表团团长解振华,另一位则是一位浙江大学的在读博士研究生。

　　过去 19 年,这位浙大博士生把一个仅有几名大学生的草根组织,发展成全国最具影响力的 5A 级民间环保组织。他不仅助力推动浙江省"五水共治"、垃圾分类等重大行动,而且在多个国际环境机构任职,推动了国际环境与可持续发展的合作与共赢。

　　一路走来,他的头顶上拥有一连串新奇而耀眼的顶级绿色"标签":中国生态环保最高奖——中国生态文明奖;中国青年最高荣誉——中国青年五四奖章;此外,他还获得过全国母亲河奖、中国青年志愿服务金奖、中国水环保年度公益人物、浙江青年五四奖章、最美浙江人——2015 青春领袖、杭州市十大杰出青年、浙江大学十佳大学生……他叫忻皓,浙江大学管理学院2017 级创业管理专业博士研究生。

学以致用,开启绿色梦想

　　竺可桢老校长明确提出大学要培养以天下为己任的领袖人才,而这颗种子,忻皓在浙江大学读本科时就已经种下了。江南水乡长大的忻皓,在学习中了解到,浙江虽有八大水系,但浙江人均水资源拥有量远低于全国人均水平,甚至不足世界的 1/4。而改革开放 30 多年来,浙江经济迅猛发展背后加剧了水透支、水污染,因此保护水资源迫在眉睫。

2000 年,忻皓还是大学一年级的学生,担任着班长。那年年初,曾在高中骑自行车环家乡的忻皓在一次偶然的聊天中知道,隔壁班的班长黄金海也曾在高中骑自行车环家乡,于是两人一拍即合,决定结合自己的专业,发起"千年环保世纪行"活动,用了 36 天骑自行车环行浙江 2000 多千米。那一年,时任浙江省环保局局长的张鸿铭听说这个事,很少题词的他,特地为忻皓他们题词,"行千里绿色之路,做世纪环保新人"。在千年环保世纪行这一过程中,忻皓痛心地发现浙江不少河流遭受到严重污染,水面不仅有很多垃圾漂浮物,甚至还发黑发臭,沿线一些曾经田园牧歌般的村庄在污染的荼毒下日渐枯萎黯淡了。刹那间,灵魂受到震撼的忻皓决定利用所学特长,成立一个环保组织,开展长期调查,获得第一手翔实资料,帮助村民为环境维权,保护浙江的山山水水!没有人能知道,在强烈社会责任感的驱使下,一颗回报社会的年轻心灵会产生多么强大的力量!就在那年冬季,忻皓在阮俊华老师的带领下,共同发起成立了浙江首家民间环保组织绿色浙江。在他的感召下,许多学子纷纷加入公益阵营。从此,繁华都市的郊外,志愿者们披星戴月、披荆斩棘、一路前行。也就是在此期间,他结识了公众环境研究中心主任马军,并成为马军推出的中国水污染地图的技术开发方。中国水污染地图推出后,引起了社会极大的反响,忻皓进一步有了一个开发完全互动的、可以让公众实时举报污染的信息平台的想法。

国际视野,让天下成为己任

2008 年,勤勉好学的忻皓获得福特国际奖学金资助,前往美国克拉克大学攻读环境科学与政策硕士研究生。身在全美地理排名第一的学府,忻皓在学习期间选修了不少关于地理信息的课程,2 年后,他选择在克拉克多留 1 年,继续攻读地理信息科学硕士研究生。在 3 年留学生活中,忻皓常常陷入深思:钱塘江流域水体污染日益严重,政府部门监管力量难以在偏远地区全覆盖,民间护河者因缺乏车辆、快艇等机动设备,对于出现的水体污染事件因无法提供实时证据而无法将肇事者绳之以法,同时许多充满社会责任感的企业因找不到相应的护河平台而只好作罢。因此,急需出现一种全民都能即时参与、与政府良性互动的载体,才能让各界共同发力,使污染源无处可藏。

2010 年 1 月 12 日,加勒比岛国海地发生里氏 7.0 级大地震,造成 20 余万人死亡。地震发生后,国际社会纷纷伸出援手,其中一个叫 Ushahidi 的系统平台发挥了巨大的作用,在震中为救援者指明道路、提供受灾地点和受灾人数等信息,使很多岌岌可危的生命及时获救。忻皓看到这个消息时眼睛一亮,对啊,Ushahidi 系统平台有着强大的兼容交互性,成本低廉,操作简便,若开发出所属地域的电子地图,用于河流保护不是最恰当的选择吗? 说干就干,忻皓在深入研究 Ushahidi 系统平台后开始编写源代码,经过充分实验和运作后,于 2011 年 6 月正式推出"钱塘江水地图"公众互动信息平台。只要打开钱塘江水环境互助信息平台,便能全面直观地呈现钱塘江流域二维和三维地理全貌,以及与水环境相关的政府机构、民间组织、工矿企业、畜禽农场、水生生物种群、饮用水源保护区等各类地理信息和监测点水质情况。钱塘江水地图接连获得浙江省钱塘江管理局组织的"同一条钱塘江"公益创新大赛最佳创意奖、"芯世界"社会创新技术应用奖,并一举成为联合国环境规划署生态和平领导项目最佳案例奖。

小胜不收兵。敏锐的忻皓意识到,钱塘江是中国的,也是世界的,只有让钱塘江流域护水行动进入国际视野,才能争取到更多的国际项目资金和治理理念支持。在美国留学期间,忻皓多次与世界上最大的河流环保组织全球护水者联盟联系,申请钱塘江加入联盟。2010 年年底,该组织正式批准接纳钱塘江为继长江最大支流汉江、北京生命线北运河和黄河中游段之后,中国第四条加入该联盟的河流。

2011 年秋季,忻皓学成回国,成为美国克拉克大学第一位在 3 年内拿下国际发展、社区与环境学院两个硕士学位的研究生,并两次成为学院年度人物。回到杭州,忻皓广为宣传水地图,号召人们"发现污染随手拍"。从此,绿色浙江的志愿者们和钱塘江流域附近居民走在江河边,一旦发现污染水源,就可以通过手机定位功能锁定污染源,随时用手机拍摄照片并附上污染点具体信息,上传到绿色浙江的公众互动信息平台。水地图后台管理者对举报信息核实后,及时植入污染点标识,刷新界面就可以弹出污染点相应照片及预警信息。随后,绿色浙江整理材料,第一时间把投诉反映给浙江省环保厅环境稽查执法总队核查,同时邀请举报人加入团队,指导其更好地开展环境监督。

水地图在浙江声名远扬,在国外也受到了广泛关注。2012 年 3 月,这种模式被法国马赛召开的第 6 届世界水论坛正式采纳为"可供参考的水问题解决方案",忻皓作为中国水保护民间组织代表受邀赴法传经送宝。随后,该项目又从联合国环境规划署生态和平领导中心在韩国举办的第 5 届亚洲环境论坛上脱颖而出,获得最佳项目奖,同时获得联合国环境规划署提供的资助。2011 年以来,忻皓分别在美国芝加哥、波特兰、亚特兰大举办的全球护水者联盟年会中,为来自全世界的水保护者做水地图使用的专题培训,忻皓的水地图也被越来越多的国际机构认同。

随着国际水问题日渐突出,诸多水污染及利益链条均涉及国际共同合作,水议题国际机构全球化发展是大势所趋。2012 年 5 月 8 日下午,忻皓在美国波特兰先锋广场第一次和著名演说家、全球护水者联盟董事会主席罗伯特·F.小肯尼迪同台演讲。小肯尼迪在其演讲中,多次褒奖中国政府在新能源方面的政策和节能减排的承诺,并称赞中国在新能源开发和利用上引领世界。忻皓在演讲中,呼吁美国部分煤企停止转移污染,全球应当促进清洁能源的开发利用。"为了美国的清洁水,为了中国的清洁水,为了世界的清洁水,美国护水者和中国护水者必须共同抗争,阻止肮脏的国际消费!"演讲中,现场很多人为忻皓极具感染力的激情演说折服,有人当场流泪表示要加入当地的护水组织。等从市中心广场回到入住宾馆时,有人认出了忻皓,几乎全餐厅的护水者都起立为他鼓掌。

有口号更要有行动。2013 年 12 月,忻皓与美国西雅图的普吉湾护水者克里斯·维尔克合写了文章,刊登在《西雅图日报》等美国华盛顿州主流媒体上,反对新建煤运铁路破坏他国生态。在非政府组织的强力呐喊下,12 月中旬,美国华盛顿州当地法院以绝对优势通过不予新建煤运铁路建设的判决。

鉴于他对水资源改善所做的贡献,尤其是水地图带来的创新思维,在2012 年,忻皓经过补选成为全球最年轻的水资源管理国际标准制订委员会委员,既是中国和大北亚地区唯一代表,又是 15 人委员会中 5 个非政府机构的代表之一。在其后的工作中,忻皓积极推动在水资源管理基本标准以上的黄金标准和白金标准,呼吁要跳出"流域"概念,考虑对供应链上游供应商的环境表现进行监督,从而向国际大品牌和零售商施压,要求其关注原料供应商的环境问题,真正履行环境责任,为中国等发展中国家争取更多的公平和权益。如果这项内容最终通过并被写入标准,将直接影响中国特别是浙江集群式为国际大品牌和零售商生产原料的工厂,诸如 LV 等大品牌在浙江或太湖流域等的供应商,其必然加大相应投入,降低环境负荷,解决水流域污染问题。

2013 年 6 月 6 日,忻皓再度作为第一个中国护水者走向全球护水者联盟年会演讲台,发表竞选全球护水者联盟理事演讲。忻皓的竞争对手,是在美国非常有影响力的亚拉巴马州莫比尔湾护水者、后来成为联盟理事会主席的凯西,当时这场大区理事席位的竞争异常激烈。

忻皓在竞选演讲中提到浙江纺织业发展时动情地宣称,"中国仍然主导着纺织业中的原材料加工行业,而其中污染最严重的环节如印染和整理程序就发生在我的母亲河钱塘江。制衣过程中80%的水资源消耗和80%的水污染都在这两个环节。但生产之后,80%的利润流向的是国际品牌和零售商,却拼命压低制造与治污成本,使得钱塘江流域的纺织品印染业污染屡禁不止,这是多么不公平!我逐渐意识到,工厂老板和商人的利益驱使总是无穷无尽,单单通过污染举报和妄想关停全部污染企业是不可能彻底解决水污染问题的。只有让真正关注品牌建设的国际大公司和大零售商承担他们的责任,关注他们供应商的环境表现,才可能真正终止污染"。忻皓的肺腑之言一次次被受众热烈的掌声打断,"实现这个目标的前提是让护水者联盟更加国际化,让亚洲护水者在全球护水者联盟理事会中有自己的声音!"演讲到最后,忻皓深情地发出邀请,"我梦想着有一天,全球护水者联盟的年会能够来到我的国家,成千上万来自全球的护水者可以在我的母亲河钱塘江上划船,可以看到世界上最大的潮伴随着跳跃的鱼儿滚滚而来的景象!"忻皓这场短短5分钟的激情演讲,赢得不少来自全球的护水者的选票,可惜的是,忻皓最终没能当选。这场虽败犹荣的竞选,让忻皓获得了众多的粉丝。在获知最后的结果后,诸多护水者尤其是来自亚洲、拉丁美洲和美国的一些老牌护水者,纷纷前来预约选票,"来年理事竞选,我们一定再投你!"2014年,忻皓在美国匹兹堡的全球护水者联盟年会中,再次以一票之差没能竞争上理事的位子。不过忻皓并不气馁,2015年,他终于在美国波尔多的年会中竞选上位,并在今年水牛城年会中再次当选,一直担任理事至今。忻皓说,中国需要更多、更强的声音活跃在国际的舞台上。

环保无国界,理念达四海。2013年11月18日,联合国气候变化大会在波兰首都华沙国家体育场盛大开幕。应国家发改委应对气候变化司之邀,"中国角"来了第一位代表中国NGO的报告人——忻皓,他以"科技让中国社区更低碳"为题,向来自五大洲的海内外友人介绍绿色浙江在低碳社区建设中的科技应用。此时,报告台下坐着一位特殊听众——国际气候行动网络总监威尔·汉密尔顿。汉密尔顿饶有兴趣地把玩着绿色浙江为大会代表带来的小礼物——竹制名片盒,不时为浙江小伙子演讲中许多低碳新名词所吸引。忻皓不懈的探索打动了现场所有观众,也让中央电视台记录了这位浙江小伙的精彩表现,这一刻他叫"中国忻皓"! 其实,这已经是绿色浙江在联合国气候变化大会上的第3次亮相,从2010年开始,忻皓就先后参加了墨西哥坎昆、卡塔尔多哈联合国气候峰会,多次代表中国NGO在大会上推广自己的绿色实践。

忻皓在国际环保界的出色表现为绿色浙江的发展赢得了巨大的品牌影响力。18 年来,忻皓为组织总筹款约 2000 多万元,推动开展数百项形式多样的公众宣教和环境参与活动。

2013 年 5 月 24 日,福特国际奖学金项目的闭幕大典在纽约举行,忻皓被项目委员会从全球资助的 4000 多位学生中选出,作为全球四位杰出学友代表之一受邀参会并接受现场访谈。在现场直播的分享中,主持人美国名校布兰迪斯大学校长弗雷德里克先生问起忻皓接受奖学金项目教育后最大的收获,忻皓风趣幽默地作答:“我的父亲是一个很传统的人,他从我本科毕业那会儿开始就认为我应该去考公务员。当我使用了项目的家庭基金,使我父亲有机会来到美国享受他一生中唯一一趟的美国之旅后,父亲终于开始觉得做 NGO 也不是最糟糕的选择!”说完这话,全场一阵哄笑。他还介绍了他在项目期间,与全球护水者联盟结缘的故事。“第一次参加全球护水者联盟年会,前总统比尔·克林顿过来接见我们,他握了我的手,对我说‘你真棒!’实话说,他对每个人都说‘你真棒!’”全场又是一次持续性爆笑。中国智慧加上美式幽默的信手拈来,让所有与会者都记住了忻皓,记住了中国还有这样受欢迎的环保人士。

年轻的忻皓自诩是个行者,非常享受在路上的感觉。2012 年,忻皓作为校友代表受邀主持浙江大学校庆 115 周年晚会;2015 年,忻皓再次作为杰出校友代表在校友总会大会上发言。他每次都很自豪地告诉现场的浙大人,自己的选择是将环保社会创业作为终身事业。有学弟问他,为什么一个前途无量的高才生要做一份看起来并不是一份工作的工作? 忻皓回应他,其实,这样的问题存在于许多人心中,且在国人的文化中浸淫了太长时间,我们在物质世界中残酷地竞争,只为了追求自己的名利,这是我们通常衡量成功的方式。若我们只是一个平凡人,不妨做一个平凡的好人,一起推动历史的改变,因为只要双肩担重责,蚍蜉也可撼大树。2017 年,忻皓入选中美杰出青年论坛;2018 年忻皓当选联合国可持续发展教育区域专业中心(杭州)副主任,同年,他牵头组织了 H20 全球拥江发展城市论坛,邀请小肯尼迪以及布达佩斯、卢加诺等城市的 20 位市长来杭州共商拥江发展;同年,他被杭州市政府聘为杭州市会议大使。

推动多利益相关方,共同参与环境治理

2012 年,忻皓被浙江省委宣传部、浙江省水利厅等 8 个部门聘请为浙江省节水大使。2013 年 2 月,悬赏环保局长下河游泳引发社会关注,绿色浙江第一时间发表声明,忻皓呼吁公众行动起来。在他的推动下,2013 年 4 月

起,绿色浙江联合浙江卫视共同策划推出大型新闻行动《寻找可游泳的河》,总共有136期系列报道。其间,省委书记、省人大常委会主任夏宝龙给各市县委书记写信,要求各地高度重视曝光的和群众反映强烈的环境保护问题,并在赴浦江调研时又强调,要"以治水为突破口坚定不移推进转型升级,加快走出'绿水青山就是金山银山'发展新路",直接推动省委省政府头号工程"五水共治"出台。而作为此次新闻行动的高潮,8月3日,绿色浙江联合浙江卫视共同组织"横渡钱塘江,畅游母亲河"活动,以此呼吁水环境保护,我们需要时时可以游泳的河。12月,绿色浙江联合浙江省人大、浙江卫视共同推出电视问政节目《治水面对面》,向浙江五地领导面对面进行治水问政。

2014年,他进一步推出"吾水共治"行动,包括:在全省各地邀请利益相关方,召开"吾水共治"圆桌会,解决治水矛盾冲突、提出解决方案;在杭州正式推出"民间河长",并由忻皓担任杭州市民间总河长;面向全社会开展治水方案征集创意大赛,这给了社会各界参与河道治理很好的机会,推动了环境的共治共享。他推动公众参与钱塘江保护,联合浙江省钱塘江管理局发起以"同一条钱塘江"为品牌的公众参与保护母亲河系列活动。组织绘制10.7千米的以"保护钱塘江"为主题的钱塘江海塘彩绘,是世界上最长的绘画作品。他联合文化部门共同发起钱塘江之歌征集活动,助力钱塘江国际文化节。2018年10月,由忻皓牵头推动的绿色浙江多利益相关方参与环境治理案例,获评长三角城市治理十大优秀案例。

回到学校,点燃学弟学妹的社创梦想

2017年,忻皓重新考入浙江大学,来到管理学院就读创业管理,专注于社会创业的研究。他在迎接2018级研究生的新生典礼中回忆那时的选择:"这是我走到人生十字路口时做出的最重要的选择。我选择培养我的团队接班人,我选择重回浙大建构知识体系,我选择用读书磨砺自己准备未来的挑战。我相信这里有我那个时候想要的生活、想要的追求以及想寻找的方向,这是我为人生添彩的选择。"

在忻皓看来,回到浙大读博,一方面是因为机构发展的阶段,而另一方面,他希望能够影响到更多浙江大学的学弟学妹,能够像他一样进行社会创业。2018年11月,他带队的"未来使者"可持续发展地球公民计划获得"创青春"全国大学生创业大赛金奖。

他有着坚定的共产主义信念,长期担任基层党支部书记,并成为浙江省"千名好支书"。他还结合自己的社会创业经历向社会各界进行宣讲300余场次,曾获第6届浙江省微党课大赛一等奖,2016年成为全省优秀共产党员

巡讲团 15 位成员之一,并作为其中 5 位成员之一在省政府为省直机关干部讲授党课。2018 年 10 月,他被授予首届浙江省基层宣讲名师。

　　作为一名坚持了 19 年的民间环保组织从业者,身为全国青联委员的忻皓早已是浙江平民英雄的典型代表。在他的身上,集中体现着甘于寂寞、甘于奉献、乐于助人、不断进取的精神追求。19 年,忻皓用他的梦想和坚持,向社会持续传递着正能量和美丽浙江的坚定信念!

张加林:90后女生从事社会公益创业

人物名片

　　张加林,女,汉族,中共党员,1990年11月出生,毕业于浙江财经大学,现任时代强鹰·杭州创业发展促进会秘书长、理事,下城区青联委员。大学期间,张加林从事学生服务工作4年,曾任浙江财经大学学生会副主席、浙江省新世纪人才学院学员,并获浙江省优秀毕业生、浙江省挑战杯三等奖、优秀学生一等奖学金、优秀学生干部、省暑期社会实践先进个人等诸多荣誉。

　　2013年7月,在强鹰成立5周年之际,张加林正式专职加入强鹰,选择在强鹰进行社会创业。这是强鹰实现专职化道路的第一步,也是她梦想之船启航的第一步。

　　强鹰一直以"推动青年创新创业,引领青年正能量"作为组织使命,专注于"培养青年创业精神,推动青年成长和发展"。张加林正是被"青年终身成长平台"这一理念所吸引,希望自身的创业之路可以在强鹰"社会创新"的领域有更深一步的研究和探索。

　　2015年,时代强鹰正式在杭州市民政局注册,这标志着强鹰迈入"社会创业"的全新阶段。强鹰为社会各界导师和青年提供交流的平台,希望社会知名人士在青年职业发展和创新创业的道路上给一些过来人的经验和借鉴,为培养中国新一代健康力量做一些贡献。

　　2019年,强鹰尝试在更多的方向助力青年发展,张加林也独自挑起大梁,担任时代强鹰秘书长,继续走在社会创业的道路上,立志更深一步服务青年。

结缘"弯下腰化作一座彩虹桥"的项目创始人

张加林对外谈起最初接触强鹰这个项目时常说,这是一种"缘分"。

"2011年,因为在学校的学生工作中分管新媒体工作,所以有幸关注了众多浙大相关的团学资讯，其中就有阮俊华老师。当时我就很诧异一位学院的团委副书记经常回复学生信息，转发并且@许多同学，几乎和同学零距离接触。随后在浙江省新世纪人才学院的导师名单上巧遇阮俊华老师，就毅然选择了他做导师，希望在他的指导下向浙大的精英们学习。后来通过强鹰平台，聆听了许多企业家导师的课程，也感受到了强鹰学员的优秀。"她在交流中如是说，她认为人的眼界和格局取决于日常交往的人，有机会和顶尖的老师和同学学习，定能实现更大的梦想。

　　谈及当年的择业选择，她明确表示，毕业后的确有不少单位的就业机会，即使至今依旧有更多的职业选择，选择任何一条道路都是各自不同的人生活法，但至今依旧选择社会创业这条路，是勇气，更是挑战。在创业这条九死一生的道路上，梦想和信念是支撑自己走下去的唯一力量，而创业赛道的选择更像一种赌注，或许要多年后来检验。

赛道的选择——服务青年，社会创业

　　时代强鹰源起于浙江大学求是强鹰俱乐部，是中国率先推出创业导师和浙商带徒模式的青年成长平台。至今为止，时代强鹰平台共发展企业界、教育卫生界、文体新闻界、公益界及其他各界会员 300 余位，其中包含大量风云浙商和社会知名人士，强鹰青年会陆续发展青年会员近百名，其中包含大量青年创业者和企业接班人。

　　聊起强鹰这个项目，张加林说："创业本身就非常艰难，需要大量的元素助推项目。而强鹰的特点在于，除了创业本身之外，这还是一个社会创业的项目，更需要体现社会的价值性，更需要得到社会大众的认可和支持。多数时候需要和合作方解释项目的初衷，相比一般项目更费时间。国内社会创业还不是特别众所周知，大部分人不能理解社会组织为什么要可持续经营。从事强鹰 6 年，结识了数百位知名浙商，也常有机会亲自讨教大佬，大部分的导师都非常有情怀，他们愿意将他们人生的宝贵阅历和资源分享给更多年轻人，让青年成长和发展，让大家受益。"

她与强鹰的未来

　　当今的阶段，正是项目发展重要的转型期。张加林认为，项目还未完全完成自身产品的设计和打造，她希望在强鹰这一青年终身成长平台上，可以增加更多的产品和服务内容，探索更多外围深度的合作，加速青年发展，同时完成平台的可持续运作。

　　当然，光靠她一个人是远远不够的。她希望可以找到更多志同道合的人，打造一支有社会责任感的创业团队，一起来从事强鹰这个社会创业的项目，搭建一个更大更广的青年成长和交流平台，为青年赋能，成就更多青年人。

"共融、共创、共生、共享"是她在会员大会上提出来的核心价值观。她说，在强鹰她看见的是浙商企业家对于培养青年人才的热忱和支持，导师带徒的模式更是让青年人有了面对面学习浙商精神的机会，探索完善青年在校择业、毕业就业、创业和发展道路上的成长学习平台是强鹰的发展目标。

从大学的学生干部到加入强鹰创业，从学生到社会人的转变，是强鹰带给她的宝贵财富。她一直说，她的座右铭是"服务、奉献、责任、担当"，依旧记得曾经的一个学长，也是中国五四奖章的获得者忻皓曾提到的一句话，"一流的人才，应该进行社会公益方向的探索，承担社会责任"。

正是这句话一次又一次坚定了这位90后社会创业者的信念，在她看来，当代青年更需要一个优质的平台、更多的发展机会、接连不断的勇气去践行年轻人的使命，实现自己的中国梦。

强鹰，恰好是这一理念的一个缩影。

在此，让我们祝福她。也祝福强鹰，在她的带领下有更好的发展。

王承超:贵由心生,何惧独行

人物名片

　　王承超,男,汉族,中共党员,1986年6月出生,浙江杭州人,浙江大学管理科学与工程硕士。求是强鹰学员、紫领计划学员,现任浙江省青年联合会委员、浙江省七彩阳光公益基金会理事长、杭州创业发展促进会副会长、浙商总会学习专委会副秘书长、彩虹人生党支部书记。曾获中国青年志愿者优秀个人奖、贵州省春晖使者、浙江大学优秀共产党员、杭州市下城区十大创新创业青年等荣誉。

　　贵州湄潭,对浙大来说并不陌生。抗战时期,浙大曾西迁至湄潭,继续坚持办学7年之久。遥远土地,是全然不同的风土和人情。

　　2010年,在杭州生活多年的王承超作为浙江大学第11届研究生支教团负责人,带着团队踏上了湄潭这块土地。初到湄潭,县里分管教育的领导提出让王承超留在政府挂职工作,但他婉拒了。他选择从县城乘大巴,接着挤农用车,再坐摩托车,然后徒步爬山,来到深山里的学校,直面那一双双求知的眼睛。看到众多品学兼优、家庭贫困的孩子,王承超和支教团团员们想方设法筹资助学。第一次站上讲台,第一次被叫老师,第一次收到学生亲手做的礼物,这些带给了王承超无数的感动。

　　现在,他教过的学生中,有的已考入了大学。看到湄潭县鱼泉镇新石村村民出行不便,王承超又萌生了修路的念头。一开始,当地人根本不敢相信,支教的大学生还能修成路? 四处奔波下,王承超筹集到了5万多元资金,又争取到当地的财政支持。如今,当地群众把这条新路命名为"求是春晖路"。王承超公益的脚步没有停止。他坚持每年至少去一次西部,云南、贵州、四川……不仅带去筹集的经费,还有志愿精神和青春梦想。2013年暑假,王承超又带着13个杭州孩子到湄潭支教。两周的支教时间,让这些生活优渥的孩子们看到了不同的世界,有了不一样的感触。回到湄潭,王承超也看到了欣喜的变化,"一度濒临撤并的洗马乡群丰小学,现在设施崭新,也有年轻老师愿意留下来"。

不古礼之礼

中国，自古有"礼仪之邦"的雅称。

中国的古"礼"，源于对于天地神明的敬畏，也是对于客观自然规律的顺应。"礼，履也，所以事神致福也。从示从豊，豊亦声。"在一系列烦琐的仪式背后，是"礼者，理也"，是"发乎情，止于礼"。只要理顺，人情可以在其次，这也成就了种种西方文化难以理解的"礼"之所在。西方爱他人的"礼"，源于爱自己，源于基本的人伦情感；而中国的古"礼"，在于还原，还原天地万物运行本应有的样貌。

传统文化对于"礼"的认知，伴随中国翻天的发展也有了新的气象，我们迫切需要回归"礼"的本源。

不富贵之贵

当古时的礼法有些过时、新的标准尚未成为主流之际，都市空虚的群体找到了一种精神寄托——追求财富。而往往追求财富的目的会被其过程的快感所摒弃，成为完全原始冲动的体现。

诚然，财富能带来良好的生活环境，这或许是富贵的本意。但是，两者并没有直接的联系，更不是一种因果。由富而贵者，"贵"在于心理的质变。"富"也许是一种诱因，但绝不是决定因素。

中国 2010 年世博会特聘礼仪专家、彩虹人生公益礼仪大使万里红老师将"贵族精神"归纳为"品性的纯洁、心气的高傲、精神的雄健、梦想的伟大、道德的完善"。平民式的"贵族精神"在这个时代并不稀缺，一个个"最美"的形象正是当今社会"完人"的体现，正说明"贵族精神"是可以修炼的。在自我、人伦、天地三个层面上，每一个人都能通过自身修炼，获得内心的高贵，进而成就自我的"贵族精神"。

富，可以使人拥有贵族的生活，但是无法拥有贵族的气质与精神。开着名车醉酒撞人，抑或举着高尔夫球杆放浪形骸，其实和以为学会了用筷子就学到了东方文化一样，是极其荒唐可笑的。

所谓"贵"不可言，不仅需要遵从小礼小节，更需要修炼大礼大节。

不孤独之独

"君子慎独"，而执着向前者，往往伴随着不可避免的孤独。尼采说："更高级的哲人独处着，这并不是因为他想孤独，而是因为在他的周围找不到他的同类。"

在这个时代里,其实很多原本理应遵循的规律与原则,在文化的冲击中消失了,自我成为毫无顾忌的主体。从爱自己而爱他人,到爱自己而置他人于不顾,改变的不仅是一种原则,更是社会的游戏规则。

网上有一个故事:把5只猴子关在一个笼子里,上面有一串香蕉,实验人员装了一个自动装置。一旦侦测到有猴子要去拿香蕉,马上就会有水喷向笼子,而这5只猴子都会一身湿。于是猴子们达成一个共识:不要去拿香蕉,以避免被水喷到。后来实验人员把其中的一只猴子释放,换进去一只新猴子。这只猴子看到香蕉,马上想要去拿。结果,被其他猴子海扁了一顿。

这个故事里潜藏着人性的弱点。其实,在社会中,我们都是从众的,从众而生,从众而死。如果有人选择独行,似乎其他人下意识的选择首先是敬而远之,害怕他失败,也恐惧他成功。

从今天开始,修炼自己的"贵族精神",即使前路孤独,也要一路前行。

不忘初衷,方能始终!

(王承超对彩虹人生平台和阮俊华老师的评价)

从2007年,我一直跟随彩虹人生的脚步,投身求是强鹰、紫领计划和伟基之星计划,提升自己,服务他人。从浙江大学校团委的社会实践,到贵州西部湄潭的支援服务,再到现在致力于求是强鹰俱乐部的搭建,服务已经成为我生活的一种方式。现在,我每年依然会带着更年轻的志愿者去西部,带着他们走过自己曾经经历的点点滴滴,带着他们践行公益,践行青春梦想。

在这个谈到"梦想"都需要勇气的时代,我们更需要梦想。彩虹人生就是这样一种让青年践行梦想的平台。当我们再一次拥抱属于我们自己的"中国梦"时,我们相信:有梦想才会有希望,有希望才会有激情,有激情才会有事业,有事业才会有未来。彩虹人生也是因为梦想而诞生,因为梦想而成长,因为梦想而走到今天,现在我更喜欢将这种历程归结为"寻梦彩虹人生"。

潘蕾：你是谁并不重要，你和谁在一起才重要

人物名片

　　潘蕾，女，中共党员，浙江大学管理学院 2011 级财务管理本科、2015 级会计硕士，现就职于浙江银保监局。2012 年起在彩虹人生平台上成长，曾任求是强鹰俱乐部秘书长、紫领人才俱乐部秘书长等职务。曾获国家奖学金、浙江省优秀毕业生、优秀学生干部、第 5 届浙江大学十佳大学生提名、第 9 届挑战杯大学生创业竞赛省级一等奖等荣誉。

　　曾经的潘蕾：怕生，羞涩于与人打交道，课余时间总是只身往返于图书馆与寝室之间，构筑着一个人的内心世界；胆小，害怕挑战大胆创新的事物，渴望成长却又不敢迈出第一步；自卑，质疑自己的能力，躲在一角默默地看着别人闪耀。很少有人知道她的存在，更没有人关注"她是谁"。

　　现在的潘蕾：喜欢与人交流，对话强者，从优秀的人身上汲取自身成长的经验；喜欢尝试，折腾于项目活动、新闻宣传、内部建设、关系维护等各种性质的工作中，不亦乐乎；相信自己，更相信她一直携手拼搏的团队。也没有人关注"她是谁"，但他们知道"她的身边有谁"。

　　正如潘蕾所说："这一切的改变，都源于彩虹人生旗下求是强鹰等育人平台的缔造。是彩虹人生创造了一个全新的我，赋予我一个值得被关注的理由。"通常，我们面对一个陌生人，都会本能地问一句：他是谁？但试回想，当我们讨论一个人时，真正谈论的其实是他所代表的群体和成就背后的原因。

从你的选择看你的态度

　　我们可以选择"接受"，也可以选择"拒绝"；可以选择"主动"，也可以选择"被动"；可以选择"一种生活状态"填满人生，也可以选择"各种酸甜苦辣"颠覆生活；可以选择"忙碌"，也可以选择"不以忙碌为借口"。

　　每一次的选择代表的是一种态度，是一种承诺。想要成为什么样的人，

是自我选择的结果，而别人经常会从你的"想要"来看待"你是什么样的人"。

潘蕾选择在强鹰沉淀，所以成就了现在的自己。

从你的圈子看你的深度

物以类聚，人以群分。有相同志向、相同习性、相同价值观的人更容易聚到一起。

当我们无法详尽知道一个人的选择与态度时，通常就会关注他所在的圈子，从人际圈层来映射其深度。如有人称赞潘蕾有深度，她总是觉得因为大家看到了她身边强鹰人的深度。

从你的平台看你的高度

同样，中国有多高，你所站的位置就有多高；中国有多强，你在国际上的话语权就有多强。

在工作与生活中，道理也一样。你所依附的平台或组织的高度象征着你的高度，是你自我展示的最好谈资。每个人身上都承担着各种角色，被赋予各种标签；角色的演绎源于个人的喜好，而标签的好坏则来自所在平台的高度。潘蕾总觉得大家会关注她，是因为大家关注了她的标签——求是强鹰俱乐部。

不论何时，"我是谁"并不重要，重要的是带给她成长的平台叫"彩虹人生"，与她共同进步的群体是"强鹰人"！

韩熠宗：怀揣信仰，坚持服务的紫领人

人物名片

　　韩熠宗，男，汉族，中共党员，1995年2月出生，目前硕士就读于浙江大学公共管理学院，先后担任浙江大学紫领人才俱乐部秘书长、浙江大学公共管理学院团委副书记（挂职）、兼职辅导员、浙江大学第五期展翅计划班长、浙江大学求是强鹰俱乐部秘书长、军训副指导员等，曾获"创青春"全国大学生创业大赛第十届"挑战杯"大学生创业计划竞赛金奖、浙江大学研究生"求是之星"提名奖、浙江大学光华奖学金，被评为浙江大学优秀研究生、浙江大学优秀研究生干部、浙江大学优秀学生干部、浙江大学优秀团干部等。

18岁的一次暑假支教
让他决定用在浙大学到的知识去帮助更多人

　　"能够找到自己爱好的人是幸福的，从这个意义上看他是幸福的。"

　　"做紫领这么多年，不管取得多大成绩，他一直把自己放在服务者的位置。"

　　"他在心理上有超越同龄人的智慧和成熟。"

　　谈到韩熠宗，他的朋友可以一下写出长串评价，"服务""纯粹""信仰"是高频出现的词汇。紫领人才俱乐部是不得不提的一个组织，这是一个致力于提升浙大学子社会公共服务意识和奉献精神的平台。

　　熟悉韩熠宗的人都知道，他的梦想是要为改变社会贡献自己的力量，帮助更多人服务社会。有人会发出疑问，正处在二十出头的年龄，还未走出校园，他如何确立这份信仰？又为什么如此坚定？这个故事要从他的家庭和他的第一次支教说起。

　　韩熠宗的父亲是一名乡镇公职人员，负责城乡规划工作。从小到大，逢年过节，当别人合家团聚的时候，父亲却基本上都在单位加班。韩熠宗只能和母亲一起过节,有时候还会到父亲的单位陪他一起过节。尽管会有一些不解,但是父亲几十年如一日坚守在岗位上,让韩熠宗深受触动,"公务员的标签不止'铁饭碗',从事这份工作的人需要一份情怀和过硬的综合素质"。韩熠宗认为公务员是老百姓和国家之间的桥梁,他想从事这份工作,为社会带来实实在在的贡献。

真正需要服务的人在哪里,我们要如何服务社会?

2014年,大学的第一个暑假,18岁的韩熠宗从杭州来到广西宜州开启人生第一次支教,寻找这份答案。"平时在学校里,我们肯定是以学业为主,暑假是为自己'充电'的最佳时期。"贫困地区匮乏的资源和一帮对知识渴望的学生,让他深受触动。"通过这次支教,我才发现我比起很多人已经非常幸福了",韩熠宗暗下决心,如果有一天他有能力了,一定要用在浙大学到的知识去帮助需要帮助的人。

五年坚持只做一件事

他要把浙大有志于服务公共事业的同学聚集起来

回归校园,十几岁的学生,可以为社会公共服务事业做什么? 他遇见了紫领和创始人阮俊华老师。

2013年,已经成立4年多的浙江大学紫领人才俱乐部在校园里还未被人熟知,正处在转型期,阮俊华计划邀请厅级领导来选拔和培养富有责任担当和奉献精神的未来领导者,让浙大学子接触到一线公共事业服务的实操训练。

不久后,韩熠宗加入了紫领,凭借专注的投入和过人的综合素质,他成为其中一位骨干。"当时,身边很少人能理解我做这件事的意义,但是我能感受到这个组织未来的方向,将浙大有志于从事公共事业服务的人聚集在一起是一件很有意义的事。"

初入紫领,对韩熠宗来说最困难的不是人少,不是无人问津,而是确定组织未来发展方向。"做一件事,要对自己和报名的人负责,大家的时间都很宝贵,我们要考虑清楚。"

组织的定位是什么? 如何招收团队成员和学员? 选拔标准是什么? 每一场活动如何落实? 关于这些内容他与同伴丁钡进行了漫长的讨论。那段时间,只要没课,他们就会聚在一起讨论。他们可以在办公室讨论到深夜一两点,并且在回去的路上一直讨论,甚至走到宿舍楼梯口依然分不开。从一开始的站着聊天,到后来的蹲着聊天,他们毫无保留地表达各自的想法,在无数次思维碰撞中迸发出灵感。

包括"问政讲堂"、"求是堂"等在内的"五大维度、六大模块"培养方案,

"内修信仰情怀、外修公务本领"两大目标,个人简历鉴定、面试鉴定、预科班表现鉴定、笔试鉴定等考核流程……几年来,在紫领创始人阮俊华老师的带领下,韩熠宗和团队伙伴一步一个脚印让紫领的体系结构越来越完善。发展至今,紫领每个月几乎都会举办3到4场活动,甚至可以邀请到厅长亲自设计大学生实践培养计划,指导大学生进行基层挂职,为学员们带来实实在在的内容培训。而在这背后有着惊人的工作量,有时候紫领的一个成员可能需要对接几百个报名者。去年举行的紫领第十期预科学员选拔中,韩熠宗连续三天都作为面试官,从早上8点到晚上10点,连饭也顾不上吃。

凭着这样一份坚持,自2013年以来,50多位厅级以上领导干部加入浙大紫领导师团,从浙大紫领俱乐部走出了430位学员、近1000位紫领成员,上万人次学生参加过紫领活动。每年毕业季,50%以上的紫领学员会选择前往全国各地各级政府工作,在广阔天地之间,带去浙大人的奉献。

"一个人可以走得很快,但如果你想走得远,必须是一群人一起走。"在浙大近6年时间,韩熠宗几乎把全部精力投入紫领,也收获了一个更好的自己。他曾作为紫领学生清廉文化宣讲团的团长,向吴朝晖校长宣讲,也曾荣获光华奖学金,还在浙大入了党。

本科4年暑假不曾停歇
从乡镇到团中央,他用行动为信仰赋能

"我生怕由于我自己停滞不前,导致我为学员组织的培训走错方向。"一年又一年,韩熠宗坚守在这个组织里,始终记得那年暑假支教立下的初心。

大学4年,他几乎没有一个闲暇的暑假,从基层到中央,从"紫领"到"展翅",他不是在挂职就是在去挂职的路上。他说:"在学校待久了,容易迷茫,因为不知道每天从早忙到晚,究竟有什么意义;在外面待久了,容易浮躁。只有两者交替进行,我才能走得更平稳。"

大二暑假,韩熠宗19岁,带着"当我们在学校一心想着要服务社会时,我们真的知道将来会面临怎样的工作环境吗?"的问题来到浙江省安吉县下辖的报福镇挂职,这是他第一次近距离接触基层工作。留守儿童问题、青年问题、助学金发放……亲历一线团工作,他意识到既然团是服务青年的,那么青年就应该服务团以帮助更多青年人。

大三暑假,韩熠宗再一次放弃休息机会,主动带队来到湖州市南浔区挂职。这一次,他的身份换成了管理者,他不断调动学员积极性,最终形成近5万字调研报告。

大四暑假,韩熠宗来到湖州市挂职,担任湖州团市委青少年事务部部长助理一职。当时,湖州正在争创全国文明城市。在38℃高温下,他每天从6

点多开始上街督查交通文明,有的时候,一天要跑十几个乡镇查看志愿者台账。

步履不停,2018 年 7 月,韩熠宗来到团中央挂职学习,白天要完成大量工作。然而他仍然选择担任浙江大学第 5 期展翅计划班班长,带领 37 名学生来到北京赴国家部委和中央企事业单位开展为期两个月的暑期实习锻炼,践行着"公忠坚毅、能担大任"的诺言。他带领团队聆听展翅导师和校友前辈的分享,倾听烈士后代对父辈故事的述说,跟随习总书记的脚步前往雄安新区和人民日报社实地观察学习。两个月的时间里,他们累计举办活动22 场,发布新闻稿 30 篇,得到了包括中国青年网等国家级媒体的报道。

无论面对何种困难与挫折,韩熠宗始终用自己的行动为身边人带来信心,也会有很多意外收获。正如他自己所说,也许理想在将来某一天会被现实里的柴米油盐冲淡,但信仰会给予我们坚守的力量。一个人的能力和收获感是他所做的事情和经历带来的,信仰赋予相信的能力。而他也正在用他的故事让更多人相信,我们不必做任何事都出于功利的目的,坚持服务和付出最终也能收获成长。

向尉文:扎根基层,掷地有声

人物名片

　　向尉文,男,汉族,中共党员,1990 年 10 月出生,全日制硕士研究生。2016 年 6 月毕业于浙江大学医学院(生命科学研究院)细胞生物学专业。在校期间,参加浙大紫领计划,曾担任生命科学研究院研博会主席和浙江大学校史馆讲解员,曾获浙江大学三好研究生、优秀研究生干部、优秀研究生、优秀毕业研究生、国家奖学金等荣誉。2016 年 4 月被丽水市录为选调生,现任丽水市遂昌县金竹镇党委副书记、镇长。

逆境生长,情怀发芽

　　2016 年向尉文研究生毕业,考上了中央部委公务员,对口公司向他伸出年薪可观、待遇丰厚的橄榄枝,清华大学附属中学也聘请其任教。向尉文放弃了高薪,放弃了令人生羡的平台和机会,这位来自四川达州的年轻人,毅然选择成为一名选调生,现任丽水市遂昌县金竹镇党委副书记、镇长。

　　在他看来,当初面前可能有许多机会,但他选择到基层去服务群众、锻炼自己。"国家有号召,基层有需要,内心有向往,哪块土地需要我,我的脚步就往哪里走。"向尉文心有家国,情怀掷地有声。

　　向尉文出生于四川农村,5 岁时父亲突然离世,母亲远走他乡,弟弟意外夭折,当时 5 岁的男孩尚未明白接踵而来的巨大灾难的意义。失去父母、兄弟的向尉文,在父老乡亲的帮助下,吃着"百家饭"长大成人、念书识字。回想学生时代,因为穷困,曾吃过 3 个月的馒头,最困难的时候曾经挨饿 3 天,临近高考突发的一场大病险些成为压倒他的最后一根稻草。所幸皇天不负有心人,凭借着内心"读书成才、自强不息"的信念,他战胜了病魔的考验。"我的每一顿饭都是他们从自己的碗里分出来的,我的学费是他们一元一元攒出来的。"滴水之恩当涌泉相报,在他看来,那些最朴素的老百姓,不仅是自己的恩人,也是自己的亲人。

浙大求学期间,向尉文深受紫领计划和研究生干部讲习所理念的感染,带着一颗"初心",把脚步迈向了基层,迈向了丽水。情怀在他身上生根发芽,最终他坚定走上了一段新的奋斗之路。

基层扎根,为民办事

带着感恩之心,怀着浙大情怀,向尉文来到了丽水,在缙云县新建镇待了 2 年多,在这块土地上挥洒着自己的青春热血。"快速适应花了 1 个月时间,基本熟悉花了 3 个月,熟练工作花了 1 年。"为尽快熟悉乡镇情况,尽快适应基层工作,向尉文充分利用休息时间,深入田间地头,走村入户进工厂,与农民谈发展,与企业聊振兴,前后完成了 7 份调研报告,摸熟了新建镇工业、旅游、养殖、种植、电商等各方面的基本情况。也是在这一阶段,乡镇干部和村民对这个"娃娃书记"多了一份认可。近 3 年时间,他坚持独立思考,撰写调研报告 20 多篇,累计 25 万字左右,写下了对基层的理解和思考。

谋事在人,要做好基层工作,不仅要"干好事",还要"带好人"。向尉文来到新建后,了解到丹址村 50 多年来的修路问题,"一位老爷爷当时 17 岁,现在 71 岁,盼了 50 多年,现在我来到这里了,解决这个问题,就是我的责任"。他号召乡贤、群众募捐,筹集修路资金,7 天内筹集 124 万元,把造路工程真正提上了日程。也正是在开展修路工作的过程中,他深刻意识到,"群众是最有力量的一群人",带动一群人,做好一件事,功到自然成。

"从我站在这个岗位的那天起,我深感责任重大,恪尽职守,不敢懈怠。"2017 年 6 月,暴雨突至,一个正在抢修中的水库水位急速上升,情势危急。考虑到大坝之下居住着 4000 多名居民,他带领 60 余名抢险队员,一边山上抢修,一边山下疏散人群。从上午 10 点到第二天凌晨 5 点,一线奋战近 20 小时。与抢险队员共患难,把百姓安全放在首位,"党员干部要敢于冲在一线,勇于做事情。一个人能走多远,靠的是对老百姓的感情,能够为老百姓着想,民之所向,便是我们的工作"。坚持踏实为民的工作态度,向尉文赢得了老百姓的信赖。

"为官一任,造福一方",向尉文心中始终牢记着这 8 个字。他到金竹镇工作后,更觉责任重大,使命光荣,全镇 14 个行政村、1.4 万人的稳定与发展始终萦绕在他心头。有哪些矛盾问题需要去解决,要发展什么产业才能带动老百姓致富,怎么样消除薄弱村,怎么样加快项目推进,怎么样把防汛安全工作做得更好,怎么样调动更多人工作的积极性……这些问题都是他一直在思考和探索的。为此他不停奔走,在各村走访了解情况,在市县各部门争取资金项目。如今,金竹电商扶贫工作搞得有声有色,为160多户低收入农户人均增收1000多元,累计销售农产品30多万元;林下种植的中药材有1700多亩,亩产收益超过10000元;高山避暑旅游也慢慢壮大,12户农家乐带动村民增收50000多元,带动村集体增收30000多元,也争取到近400万元资金用于该产业的发展。金竹发展每取得一点进展,老百姓收入每多一点,他便觉得有成就感、有幸福感。

心怀感恩,不忘初心

基层工作最接近百姓,工作内容最接地气、也最烦琐,生活朴素简单,不仅要学会抗压,还要忍受寂寞。向尉文坦言,在基层没有都市的霓虹辉煌,只有乡村的万家灯火,"深夜一个人倚在床上,手执一书,与蛙声清风相伴"。走出高楼耸立的城市生活,远离浮躁喧嚣,"孤独反倒让自己有了新的力量"。尽管忙于工作,但向尉文依然保持着读书的习惯。身处孤独,却有了时间静下心来,读书写字,反省总结,让人生多了几分沉淀。

近3年基层工作,让向尉文对选调生、对基层干部有了新的理解。"曾经有一位老奶奶对我说,'你这个娃娃书记,是个好党员',那是某一段时间我所有的精神动力。"向尉文曾经是一名学生党员,现在是一名党员干部,他始终秉承着忠于党和国家、忠于人民的初心,在基层工作一线上,与群众共进退,从未懈怠。"唯有干实事才能谋信任。我是靠着乡亲们的一针一线走到今天的,恩泽深厚,终其一生也无以为报。我正在做的事情,就是要传递这一针一线的情义。"成长塑造的是一颗深爱群众、感恩百姓的善良之心,内心丰盈强大,便有了超然于物质之外的干净。

向尉文不忘表达自己对母校浙大的感恩之情。"基层之路,自己从来不是一个人,奔赴各地的基层同学、我的母校,与我同在。"他提起母校对选调生的关注与培养,即使身处遥远他乡也能感受到浙大的温暖,诸事缠身时也不忘求是精神。他也殷殷期盼更多的浙大人能够走进基层,感受真实的中国,感受真实的农村,"国家正值发展关键时期,浙大学子理所应当承担起更多的社会责任,到祖国需要的地方去发光发热,这才是真正的优秀"。

"年轻的岁月,在基层服务,在基层锻炼,用奋斗书写青春,为党和国家的事业尽一份自己的力量。"向尉文始终铭记誓言,在基层路上,践行着自己的初心。转眼已过3年,但他选择继续自己的基层路,在这片大地上,践行自己的使命,服务他人,快乐自己。

向尉文对彩虹人生平台和阮俊华老师的评价

阮俊华老师是一位让人敬仰、使人感动、令人感恩的好老师。

阮老师因信仰让人敬仰。阮老师有着浓烈的家国情怀,并且以他的言行深深感染着我们,为我们提供到基层挂职锻炼的机会,让我们在基层与干部群众的接触中培养为民情怀,这是决定我们一生奋斗方向的精神力量。

阮老师因坚持让人感动。阮老师十几年来,坚持公益育人事业,以彩虹人生为育人平台,为浙大学子提供从政、经商、环保等锻炼机会。十几年的坚守让我们动容,让我们一批又一批学子在这里获得精神引领、境界提升、格局塑造、能力培养,这是改变我们一生命运的育人平台。

阮老师因无私让人感恩。4年前,我与阮老师相遇于浙大,求学之际,阮老师以奉献精神感染着我,更提供机会让我了解从政、了解基层;2年前,毕业时我毅然选择到基层去奋斗,阮老师以家国情怀鼓励我,到基层来看望我、关心我,给我莫大的鼓舞、莫大的温暖,无比感恩。阮老师您辛苦了,您是我一生的恩师!

第六章　佳节明志

　　每一个节日背后都有着它所代表的特殊意义,综观古今中外,大多数的节日都有着美好的象征。中国的传统节日在今天被赋予了全新的含义,所谓的"洋节"有时候也会带上浓厚的中国特色。如今,我们都把节日当作一个休闲放松的日子,却很少去思考节日里所包含的特殊意义。

　　有时候,我们从不同的角度去深入思考一个节日,也许就会发现佳节对于我们的更大意义。它们或许代表着中国传统文化的精髓,或许蕴含着现代社会深刻的思想内涵。这些思考和发现,不仅对我们如何度过一个有意义的节日有所助益,而且对我们教师以及青年学生的成长有着特殊的意义。

春节对我们青年学生的更大意义

看着窗外的飞雪,我感到在春节之际,无论天气如何恶劣,路途如何漫长,都难以阻止人们回家的殷切期盼。这不仅仅是因为我们中国人重乡土的情怀,更是因为在中国人心中家庭始终占据着不可动摇的中心位置。对父母的孝心和对兄弟姐妹及亲人的友爱构成了中国家庭精神的主旋律,尤其是对父母及长辈的孝心被看成一个人最基本的道德水准,是选拔人才的重要依据。一个人如果对父母不怀恩情,不报答父母的养育之恩,缺乏孝心,那么我们可以肯定此人对国家和人民也不会怀有恩情,更不用奢谈报效国家和社会。

通过与学生、家长的交流,我发现有不少同学长时间不主动打电话给父母,不向父母报告自己最近的学习和生活情况,在家中也依然过着饭来张口、衣来伸手的生活,不帮助父母做家务劳动,甚至有些学生与父母沟通的途径就是向父母打电话或发短信要钱。我觉得这些行为就与我们提倡的孝敬父母相违背,也与我们的人才培养模式相违背。

父母给了我们生命,将我们带到这个世界,他们无私地奉献着自己的全部,含辛茹苦地将我们抚养成人,这种大爱和精神是尚未为人父母者所难以体会的。自我于 2007 年 5 月有了女儿以后,更深刻地感受到父母对子女的爱和把儿女养大成人的不容易。在女儿出生的 1 年内,她晚上是与我们夫妻一起睡的,经常醒来,还要喂好几次奶。因女儿醒后需要抱着才能入睡,我的妻子尤其辛苦,经常晚上一抱就是几个小时,我们两人从没有睡过一个囫囵觉。一直到现在,因她晚上经常掀掉被子,怕她冻着,我和妻子一晚上要给她盖十几次被子。如果女儿一不小心生病,那就更麻烦了,要到儿童医院看病,要照看她,经常晚上无法得到较好的休息。所以随着女儿的逐渐长大,我也越发体会到父母的不容易,越觉得要更好地回馈自己的父母。

我希望我们的青年学生,作为儿女更加要认识到父母养育自己的不易,常怀一颗感恩的心,多关心父母。对于我们现在的大学生,平时在校学习生活,路途遥远的同学几乎半年才得以回家一趟,俗话说"儿行千里母担忧",

儿女千里负笈,父母心中对儿女的牵挂是做儿女的很难体会的。我们的同学在不久的将来也是要组建家庭、生儿育女的,要通过孝敬父母的实际行动,言传身教自己的下一代,让我们民族的传统美德可以代代相传。

我们不仅要培养有远大理想、真才实学的现代化建设者,更要培养思想品德上的模范。所以我也一直强调,在我们学生工作中,要把思想品德的教育和考评放在一个更加重要的位置,尤其是在学生党员培养发展教育工作中,要专门侧重对孝心等道德水准的考评,从而更好地推动整个学校乃至整个社会思想道德水平的提升。

当下,春节对我们青年学生的更大意义不在于我们能过上一个快乐的春节寒假,不在于利用假期开展一些社会实践活动,而在于我们需要思考怎样更好地感恩和报答我们日益年迈的父母亲,以尽孝心。所以我希望同学们能够趁着春节的机会,怀着对父母的感恩之心,尽量回家陪伴父母左右,与父母共度春节,在家中帮助父母做一些力所能及的家务劳动,多与父母沟通,汇报在学校的生活、学习经历,倾听父母对自己的谆谆教导,让父母感受到儿女在身边的温暖,补偿自己长期不在父母身边给父母带来的孤独寂寞,并以此激励自己更好地做人、做事和学习,同时让自己的精神世界和道德水平得到更好的升华。

最后,大家考试也快结束了,同学们也开始准备回家了,希望同学们在路途中注意安全,能够平平安安回家,高高兴兴过年,过一个非常有意义的春节寒假。在此,也向老师、同学以及学生家长提前致以新春的祝福!

（2011-01-19　12:30:19）

（http://blog.sina.com.cn/s/blog_6b84aa070100okzg.html）

评　论

未名的女儿

没想到父母为了孩子竟然牺牲了那么多,整年没有好觉睡,这是什么概念啊。难怪他们接我回去的时候感叹养孩子有什么好的,到头来还是要出去,只剩孤单的两个人。春节真的是中国所独有的一个节日,原本很不理解,为什么大冷天的大家情愿在火车站等上几十个钟头,就是为了早点回家,为什么冒着风雪也要提上家里也能买到的东西,就是为了父母能够开心。现在我只希望尽力为他们分担些,我永远是这个家的一员。

情人节，更重要的在于成为有情怀的人

　　西方情人节，是国外情侣互相表达爱意的日子。而随着时间的推移，这一节日也逐渐被我们所接受。在这个特殊的日子里，情侣、夫妻之间互相表达爱意，度过一个浪漫而有意义的日子。玫瑰花、巧克力、电影抑或是烛光晚餐，这些事物所承载的浪漫和爱情，是情人节永恒不变的主题。但情人节的意义不止于此。

　　有一句话说得好：情人节，不在于你有情人，而在于你是有情人。

　　百年修得同船渡，千年修得共枕眠，这样的缘分应该倍加珍惜。我们不应该仅仅在特殊的日子里才想到自己的爱人，而应该常怀感恩之情，在互相尊重的前提下相互扶持，共同走完人生的道路。

　　人生伴侣是我们的情人，亲人和朋友也是我们的"情人"。"情人"不仅仅指爱人，更是所有对我们有着深厚情谊的人。在我的情感里，浙江大学的不少师生、彩虹人生导师和学员、绿色浙江的志愿者、时代强鹰等志同道合的朋友，都是我的"情人"。也正因如此，自1999年9月开始寻梦彩虹人生至今，我的"情人"遍天下。

　　所以，情人节不应该仅仅是情侣之间表达爱意的日子，也是我们对身边之人感恩的日子。我们应该更好地善待自己的家人，对亲人、爱人以及朋友们道一声"谢谢，你们辛苦啦！有你们的陪伴，我感觉很幸福"。

　　但我认为，情人节的价值远大于此。从人与人的关系而言，做人可以分为三个层次：能够把自己养活，不给社会带来负担，那么你是一个能自立的人；能够心怀感恩，为亲人、爱人、朋友奉献和付出，那么你是一个有情义的人；能够帮助陌生人，为国家和社会多做贡献，那么你是一个有情怀的人。

　　对于每一位有志青年而言，我们不应该仅仅关心找一份好的工作，也不应该仅仅关注自己的小家，而应该有"安得广厦千万间，大庇天下寒士俱欢颜"的思虑，应该有"苟利国家生死以，岂因祸福避趋之"的勇气，应该有"先天下之忧而忧，后天下之乐而乐"的担当。在我看来，这才是情人节更大的意义——成为一个有情怀的人。

情人节,不在于你有情人,而在于成为有情有义的人,更重要的在于成为有情怀的人!

寻梦彩虹人生,努力成为一个有情怀的人!

(2016-02-14　18:36:10)

(http://blog.sina.com.cn/s/blog_6b84aa070102wbea.html)

□ 评　论

无　为

是缘分,让我们在茫茫人海相遇、相识、相知,那么就让我们在这个特殊的日子,在向人生伴侣表达爱意的同时,也常怀一颗感恩之心,向与我们有着深厚情谊的人表示殷切的祝福。阮老师您说得太好了,情人节不应该是一个自私的节日,像我这样的光棍也有父母亲陪在身边"过节"。感恩,应该成为民族的强音。借此机会,谢谢阮老师一直以来的关心关爱,由衷地对您表示感恩之情!

谢谢阮老师!

新浪网友

"愿天下有情人终成眷属"的"眷属"特指夫妻,但"眷属"也有着"家眷、亲属"之义,只要彼此之间有情有义,那与家人又有何区别?

3年前拿到阮老师的联系方式时,我不假思索地输入了手机电话簿中的家人组。随着时间的流逝,越来越体会到当初自己的这个小举动的意义。3年来,每当在大学里遇到难以解决的问题时,脑海里总会浮现出阮老师可亲可敬的身影,于是,习惯性地拨通电话簿中家人组里阮老师的电话,或与他电话沟通,或与他预约面谈的合适时间,每次阮老师都是热心爽快地给予我鼓励和帮助。

对于我而言,阮老师是我所认识的大学老师中,我主动联系、交谈和寻求帮助最频繁的一位。在此,由衷地感谢阮老师一直以来对我的鼓励和帮助!祝您节日快乐!心想事成!

许唯杰

昨天,是西方的情人节,这是一个充满爱的节日。昨天是和爸妈在一起度过的,于我看来,父母为我们的付出往往是最多的。

中国人讲究百善孝为先,孝顺是极为要紧的事。

这个道理,当我奶奶离开我的时候,我有过深刻的体会,我们能陪伴老人的时间真的很少很少。

很多人说,过年蛮枯燥的,在我看来,从很大程度上是这样的。

可是,我也发现,上了大学之后,很多的至亲也只有在这样的日子才能聚在一起。为老人泡一杯茶,和老人聊聊家常,陪外公下盘象棋,和外婆晒晒太阳。这样的机会,真的很多吗?

所以,我十分希望大家在珍惜身边伴侣的同时,好好珍惜那些曾经伴随着我们长大的人,他们或许更需要陪伴。

毛 毛

情人节越来越被年轻人重视,一直以来我都只是想到如何给自己的女朋友最好的关心,或许在琐碎的生活中,我没有更多地想起父母和其他亲人。对很多人来说,我只是普通的一员,可是对亲人和爱人来说,我是唯一的。谢谢老师的教诲,我会更加懂得感恩和珍惜,愿人间充满爱。

邵 闫

情人节我为爸爸、妈妈和妹妹买了巧克力,对于我,他们永远都是最亲的人,也是我不懈努力的动力。的确,家庭的维系,情感的维系,如果仅凭借感觉或者意识的轰轰烈烈、死去活来,是无法持久的。情人之间更是如此,开始的激情在时间的冲刷下是苍白还是醇厚,靠的是会不会感恩。永远感激那些曾经为你真心付出的人,时时想着别人对你的好,终成眷属的人才能越来越多!

lhy0825

情人节是一个永恒的话题,我觉得阮老师对中国"情人"的定义很新颖,也很有启发性。真正的情人,是与我们心意相通者,是我们所挚爱者,是与我们所共勉者,是我们为之付出心血者。当你与他分别时,会不舍,会心痛,因为这是你之所爱。我们身边的人、身边的物很多,但真正能算上是我们情人的很少很少。父母、亲人、恩师、好友、紫领、学生会、我的大学、我的祖国,都是我最挚爱的,都是我的"情人"。珍惜与他们在一起的机会,为他们多尽一份力,会使我们的内心无比温暖。

植树节对我们青年学生的更大意义

　　每年的 3 月 12 日是中国的植树节,这个节日意在唤起我们对于造林护林的重视,促进国土绿化,改善生态环境。森林是大气循环的交换器、水循环的枢纽、气候的调节器、土地的保护伞、生态系统的支柱,所以森林资源绝不仅仅是简单的木材,它有着不可估量的生态价值。在全球气候变暖的大背景下,植树造林有着更为重要的时代意义。

　　今年杭州市为进一步加大绿化宣传力度,提高全民植绿、爱绿、护绿意识,举办了"立体绿化进万家"活动。绿色浙江的一些会员也参与了此次活动的推广,送藤植藤、屋顶绿化、阳台绿化等城市生态文明建设的理念正在逐步深入人心。

　　自古以来,人类就试图改造和征服自然,使自然更有利于人类的生存和发展。然而随着人类文明的进步,我们越来越清醒地认识到人与自然不是征服与被征服的关系,而是和谐相处、协调发展的关系。中国的发展不能再重复"先发展,再治理"的老路,我们必须尊重自然规律,科学高效地利用自然母亲赐予我们的宝贵自然资源,减少对自然生态系统的破坏,实现物质文明与生态文明共建、以人为本与环境保护并重。只有这样才能真正把可持续发展落到实处,才能造福子孙后代。

　　首先,对大学生而言,植树节不仅仅是参与一些植绿爱绿的活动,更重要的是同学们要在心中播撒下绿色的种子,深深地扎根,让绿色梦想融入我们的生活,让环境保护的理念融入我们的灵魂,这样我们的行动才会长久、持续和自觉。从低碳学校到绿色社区,我们要从改善身边的环境做起,时时刻刻心怀绿色,很多绿色新理念和环保创新都是在绿色梦想的基础上形成的。

　　其次,青年学子们是未来社会的精英,同学们必须从现在开始肩负起引领社会绿色风尚的责任。正如梁从诫先生多次引用的科学家珍妮·古多尔的名言:"我们每个人能做的很少,联合起来却能改变世界。"所以,我们需要从身边的小事做起,践行环保的同时,推动和倡导更多的人加入我们的事业。

最后,我还要提醒大家,不要带着功利心做环保,这项事业需要的是奉献和付出,在这条道路上必须有无私的先行者。有时候我们并不能被人理解,甚至招来冷嘲热讽,但是请记住,这是一项人类最光明的事业,而且与每一个人息息相关,没有人可以置身事外。

今年的植树节已经过去,但是我希望每天都是植树节,我们每一个人都应该成为一名生态保护志愿者,让保护自然成为一种习惯和行动,让我们每一个人都拥有一颗绿色心灵!让我们的山更绿、水更清、天更蓝,环境更美丽,生活更美好!

(2011-03-17　08:18:04)

(http://blog.sina.com.cn/s/blog_6b84aa070100pz0e.html)

□ 评 论

强鹰魂—中国心

我想对"绿色"一个更广义的解读是"可持续发展",这个概念在国家乃至全球的层面已经呼唤已久,正是所谓"自上而下"的呼唤。如何形成"自下而上"的共识并且践行"知行合一",或许更为关键。

lhy0825

植树节的最大意义是让我们能够真正将保护环境的观念放在心中,而并不仅仅在于我们到底栽了多少棵树。只有自己心中有爱护环境的观念,才能够不仅仅在植树节这一天去象征性地种几棵树,而是在日常生活中就践行绿色的行为。

其实中国很多特殊的日子都是这样,"3·15"是为了让人们把诚信的思想根植于心中,清明节是为了让我们更好地学会感恩。正是这样一种思想、一种理念,才让我们能够将中华民族的传统美德代代相传。

育人者要甘做"傻子"，甘当愚公

　　每年的 4 月 1 日是西方的愚人节。究其起源，至今众说纷纭，但愚人节的风俗却早已在欧美通行。人们在这一天相互开玩笑、说谎话、恶作剧，甚至有一些媒体还会在这一天播报假新闻，博观众一笑。所以在西方社会，愚人节是一个备受人们欢迎的节日。如今在中国，也有越来越多的人开始过这个"洋节"，为日常生活平添一些乐趣。

　　愚人节，如果从直译的角度，不应解释为"愚弄人"，而应解释为"愚蠢的人（们）"，即愚蠢的人们过的节日。与国外不同，中国人对"愚"的理解并非总是消极的，其所表达的意思有时恰恰相反，因此有了"大智若愚"这样的成语、"愚生"这样的谦辞，还有"愚公移山"这样的典故。如果从"愚公"引申，"愚"可以认为是一种精神。在高校从事了 20 余年的育人工作，尤其是多年彩虹人生公益育人平台的不懈坚持，让我越发感觉到育人工作者要"愚"一点，要"傻"一点，要"疯"一点，要有愚公精神。

　　一是化解难题冲在前。

　　育人工作者要想有所作为，就要不怕麻烦，多给自己"找麻烦"，多跟学生接触。了解他们的困难和需求，想学生所想，急学生所急，创新育人方式方法，为学生群体发声发力。也只有自己"麻烦"多了，学生才能少一些麻烦，多一些成长和进步。

　　二是开山破路搭平台。

　　浙江省委书记夏宝龙指出，做好高校思想政治工作，不仅仅是教育部门一家的事，也不是大学里少数人的事，全社会都要动员起来、参与进来。中国高校不仅要实现校园无围墙，更要实现育人无边界，也就是将社会资源引入高校，协同育人，为学生创造更多接触社会的机会，享受更加优质的教育资源，尤其是面向寒门学子。教育公平不是写在纸上、说在嘴上，而应该落实在每一位教育工作者的自觉行动中。

　　三是持之以恒多奉献。

　　没有比人更高的山，没有比脚更长的路。育人工作者都是在被不断打击之后才成长起来的,也只有经历更多的挫折,才会明白这份职业的高尚和坚守的价值。而且你走得越久,理解的人才会越多。作为一名教育工作者,精明、世故、圆润、老成都不难,保持一颗傻傻的心最难。只有用"傻子"一般的执着和爱心,"疯子"一般的坚持和奉献,才能真正把育人工作做好。

四是凝心聚力建团队。

愚公不是一个人在开山,我们也千万不要一个人奋斗,而应该聚集同道中人。团伙聚在一起是因为利益,一旦利益没了就会一哄而散;而团队聚在一起靠信仰与愿景、情感与认同。你真诚、你简单,你聚集的人才会真诚而简单,凝聚力才会纯粹而持久。

五是功成不必在我。

十年树木,百年树人。育人工作的成败,只有时间能够检验。育人一旦急功近利,最为伤人。所以一位合格的育人工作者,应该不畏人言,不忘初心,以愚公精神潜心育人事业。面向未来,立足当下,多做对学生有意义的事情,弯下腰去成全更多的青年学子。

作为连续两届的浙大"三育人"标兵和首批浙大标兵领航计划的导师,我结对了几位青年教师和育人工作者,希望通过我 20 余年的育人经验来推动青年教师们更好地成长。我一直倡导,4 月 1 日不要过游戏人生的洋节,而应该过发扬愚公精神的"育人节",紧紧围绕全国高校思想政治工作会议强调的"培养什么样的人、如何培养人、为谁培养人",把育人工作当作义不容辞的使命和事业来做,多一些不计回报的付出、多一些不离不弃的执拗、多一些真诚纯粹的大爱、多一些服务学生的平台,真正把育人工作做到学生的心坎上。

丹青难写是精神,育人最缺是"傻子"。从 2013 年 2 月 19 日我们打理彩虹人生微信公众平台到今天,正好 1500 天。1500 天有多久? 1500 天超过了大学的 4 年。所以,这个愚人节,也成了彩虹人生的"育人节"。

以愚公精神潜心育人事业,需要育人于爱。想被人爱,就要爱他人,并让自己可爱。

以愚公精神潜心育人事业,需要育人于心。诚心待人,真心付出,用心创新,坚守初心。

愚人节要甘当愚公,以愚公精神潜心育人事业。值此彩虹人生育人节,作为一名老师,育人于爱,育人于心,育人于乐,成就学生,才能更好地愉悦自己!

(2017-04-01)

(https://mp.weixin.qq.com/s/DBRb5qpRy7OdrC6fsrQ1QQ)

清明节对我们青年学生的更大意义

  清明节快要到了。清明节是中华民族的传统节日,人们踏青扫墓、祭奠逝者、缅怀英烈,寄托对已故先人的无限哀思,反映出中华民族不忘根基、敦亲睦族、慎终追远的优秀品德。对我们青年学生而言,清明节有着更大的意义。

  首先,我们要了解和继承清明节优秀的传统文化。在这个特殊的节日里可以为已逝的亲人和祖先庄重地送上自己的敬意和思念之情,但祭祀形式一定要文明和低碳,不要破坏环境,鲜花祭祀、植树祭祀、网上祭祀等都是值得提倡的。

  其次,我们要把祭祀先人看作一种尊重生命的仪式。春夏秋冬,轮回往复,一代代的传承,生命在延续中注入新的血液,文明在传承中迸发新的活力。就如这个气清景明的节日一样,正是万物更新、春光吐绿的美好时刻,一派生机勃勃的景象,古人有"清明前后,种瓜点豆"的说法,我们也要播下自己理想的种子。先人的辛劳成果是我们继续前行的起点,在缅怀他们的同时,要明确自己的历史位置并开始为理想而奋斗,学会敬畏和珍惜生命。所以,我们要注意调节自己的心理状态,不要让低沉的情绪长期影响我们的生活。回首过去,更要面向未来,我们要好好地活着。

  另外,我们都知道清明节的习俗很丰富,除了禁火、扫墓,还有踏青、赏春、荡秋千、打马球等,一方面是生死离别的悲伤,另一方面是踏青游玩的欢笑,似乎很矛盾,但其实古人早就明白一个道理,那就是我们快乐地活着才是对先人最好的祭奠。我认为快乐地活着一方面要追求自己的幸福,另一方面要学会给别人带去快乐。我觉得自己很幸运能成为一名老师,学生人才培养工作是我所深深热爱的,帮助和成全更多青年学生的彩虹人生是我最大的快乐。同时,与优秀的青年学生在一起也推动了我的成长和进步,我一直坚信只有学会付出和奉献,才会得到更长久而持续的快乐。

  最后,我们在清明节缅怀和祭奠英烈的同时,更需要思考我们活着的价值和意义,更要以实际行动承担起社会的责任和使命。英烈们在祖国最需要的时候毫不犹豫地冲在了最前线,用热血和生命换来了我们今天的幸福生活。我们在和平年代虽然不需要抛头颅、洒热血,但我们应该学习英烈们勇于承担时代重任的精神,把握好国家发展的战略机遇期。时代为我们提供了施展才华的大好舞台和广阔空间,所以我们一定要坚定信仰,树立远大志向,拥有广阔胸怀,培养创新意识,努力完善和超越自我,为中华民族的伟大复兴而不懈努力,塑造无悔青春!

（2011-04-04　10:19:38）

（http://blog.sina.com.cn/s/blog_6b84aa070100qdx6.html）

☐ **评　论**

lhy0825

我们当今的生活来之不易,无论是物质生活还是精神生活都是如此。先人们为我们现在的条件铺平了道路,我们在清明节所要做的就是更好地感悟先人们的精神,并以此为动力,不断前进。清明节这两天自己病得很重,没有能够延续以往外出扫墓的传统,但是也给了我一个比较安静的思考机会。这几天,开始慢慢感觉到时间流逝得很快,我们虽然有很好的条件,但如果不能好好抓紧时间去利用这些条件为自己的国家和整个社会做出贡献,那么人生就是虚度的,同时也有愧于我们的祖先。珍惜眼前的所有,去奋斗,才是我们人生真正的价值所在。

许唯杰

之前和郑强书记一起去祭扫了于子三墓,深受感染与鼓舞。

清明回到家中和父母一起去祖辈的坟前,祭拜祖先,表达思念。

我想的是,如何才能不负先烈的抛头颅、洒热血,如何才能不负先人对我们寄予的厚重期望。清明节传承多年,这是一种精神和文化的传承,我们能否扛起祖辈和先烈交给我们的旗帜,把这一切发扬光大,这是我们该认真思考和体悟的。

闻　依

于清明节之际,缅怀先人,在遥寄思念的同时,更多的是怀念逝去的亲人曾经的点点滴滴,关爱与教导,美好与感动。活着的人,是过去与未来的连接者。不得不承认,生命是脆弱的,在这有限的生命中,我们需要的正是乐观的精神,传承先人的梦想与事业,为了更加美好的明天而努力。而大事业必孕育于小细节,爱人爱己,珍惜身边的人、事、物,为他人带去快乐与幸福,是最基础的。

五一劳动节对我们青年学生的更大意义

五一劳动节将至，首先祝愿大家都能拥有一个轻松愉快的假期，调整一下心态，享受一段美好的时光。劳动节歌颂的是劳动者努力认真的态度，踏实工作的作风，不怕吃苦、无私奉献的精神，劳动者的付出是推动我国进步和发展的不竭动力。对于我们青年学生而言，五一劳动节的意义更在于"勤奋"二字。

我对"勤奋"二字有很深的体会。为了成就更多学生的彩虹人生我必须时刻让自己勤奋工作，我认为自己资质平庸，很多浙大学子的智商肯定比我高，但是如果在良好天资的基础上不努力，终将平庸下去。朱光潜先生曾经说过："有些人天资颇高而成就则平凡，他们好比有大本钱而没有做出大生意；也有些人天资并不特异而成就则斐然可观，他们好比拿小本钱而做出大生意。这中间的差别就在努力与不努力了。"所以唯有勤奋才能使我们从优秀走向卓越。我愿以以下三点与青年学生共享。

第一，我们一定要勤于求知。一方面，大学的主要任务是学习，每节课老师所传授的知识量都很大，预习和复习是必需的。另一方面，主动学习与被动学习的效果差别很大，我希望同学们要对求知抱有一种极大的热情，好好利用图书馆和网络数据库，要知道每年浙大投资几千万元购买网络数据库使用权，我们一定要珍惜这种教育资源，牢记"业精于勤荒于嬉"的古训。

第二，我们一定要勤于思辨。一方面，书本上的知识不是完全正确的，我们要想把书读透，不能只发现书中的精华，还要看到书中的不足，所以读书应该是思辨和内化的过程，而不仅仅是记忆的过程。另一方面，提不出问题的学生不是好学生，问题是建立在思考的基础上的，老师期待与学生交流，有了老师指导可以使我们把握知识的重点。最后，大学最重要的是学习"如何学习"，思考适合自己的学习方法，从而使知识的掌握上升为学习的能力。知识可能会遗忘，但是学习能力将伴随终生，这是大学教育留给我们最宝贵的财富。

第三，我们一定要勤于实践。"纸上得来终觉浅，绝知此事要躬行"，实践是书本和课堂的延伸和补充,实践是知识的实际运用和内化,对于我们管理学院的学生,实践显得更加重要。德鲁克说:"管理是一种实践。其本质不在于知,而在于行。"我希望广大学生能做到知行合一,通过实践了解国情、认识社会、塑造品格,努力增加自己的才干,学以致用,明确我们学习的目的在于为社会创造更大的物质财富和精神财富。求是强鹰计划和紫领计划以及即将推出的伟基之星计划都是为大学生量身打造的实践平台,希望广大学生积极关注,实践成才。

不经历风雨,怎能见彩虹,明确目标、持之以恒、勤奋努力是成就我们彩虹人生的根本所在,在佳节之时与大家共勉,愿我们共同进步!

(2011-04-29　17:15:45)

(http://blog.sina.com.cn/s/blog_6b84aa070100r183.html)

评　论

倪绍师

这让我想起了那句话:没有经历过地狱的磨炼,又怎能创造天堂? 没有实践、没有毅力、没有激情,那么再大的梦想也不过是虚妄。只有去做了、去想了,并且一直坚持下去,那么梦想才会正眼看你。人生如此,万物如此,这也是"天道酬勤,厚德载物"所说的命运真谛。

沈佳丽

"纸上得来终觉浅,绝知此事要躬行",远大的目标没有坚定的执行力只会成为空谈。我最近亦在反思自己的执行力,只有不断鞭策自己才能真正将学习和进步变成一种习惯。

心青年，永远年轻

　　青年，是人生的一个阶段。青年是人生的黄金时期，无论是身体还是思想，都是最活跃的阶段。毛主席曾经说过："你们青年人朝气蓬勃，正在兴旺时期，好像是早晨八九点钟的太阳。"

　　年轻，是一种状态，或是形容一个人年纪不大，或是形容一个人有激情、充满活力。我们常说年轻无极限，内心充满激情和活力的人往往会去突破年龄的限制，去拥抱梦想，去创造人生，这就是年轻的状态。

　　有些人从年龄上来说还是青年，但他们早已不年轻了，他们在日复一日的学习、生活和工作中逐渐被磨砺得棱角全无。他们想要追求梦想，却缺少踏实的步伐和坚强的意志；他们怨天尤人，哀叹着现实的残酷和社会的黑暗，却未曾想过用自己的激情和活力去改变周围的环境，反而慢慢地融入其中。他们虽是青年，身上却散发出暮年的腐朽气味。

　　有些人早已过了正当好的年纪，在社会中摸爬滚打了许久。现实并没有使他们退缩，反而让他们更加坚定了对梦想的追求。所谓的痛苦和困难，不过是他们前进道路上的垫脚石罢了。他们保持着活跃的思维和积极的态度，用年轻的心态去面对生活。或许我们可以用"心青年"来称呼他们，因为他们把自己的内心永远地留在了青年时期。

　　在此前很多的讲座中，我一直笑称自己为骨灰级的"老团干"。如今，我早已过了不惑之年，也逐渐步入中年阶段，老虽老矣，但我一直希望能够在青年学生育人工作中发挥自己更大的作用，努力做一个永远保持年轻心态的"心青年"。彩虹人生事业是我一生的梦想，也是我不懈奋斗的目标。我希望通过绿色浙江公益环保计划、紫领计划和求是强鹰计划帮助更多的青年成长，为他们的梦想提供帮助，搭建更为宽广的彩虹人生平台，创造更为有利的条件。我希望他们能够比我这样一个"老团干"更充满激情，更去追求梦想、创造人生。

　　现在几乎每天早上 6 点左右，我都会自然醒过来，告诉自己新的一天开始了。而这一天，将是我余下的人生中最年轻的一天。那么我还有什么理由不用最饱满的热情和最佳的状态去创造属于自己的未来呢？有些大学生虽然正处于青年时期,但一觉醒来往往快到中午了,将最美好的时光轻易挥霍,浑浑噩噩地度过一天又一天,浪费自己的激情和活力。那么为什么不行动起来？有人说,每天叫醒我的不是闹钟,而是梦想。我说,每天叫醒我的不是闹钟,而是彩虹人生！如果梦想不用行动去实现,那不过是空想而已。空想既无益于梦想的实现,又会消磨自己的意志和激情。所以趁着年轻,让我们用热血和激情去创造属于自己的未来吧。

从今天起,做一个年轻的自己,昂扬向上,对世界充满好奇。今天起,做一个年轻的自己,用冷静的眼和热血的心,去感悟、去经历,把握每一分钟,把每一个日子过得饱满而热烈。只要你有逐梦的精神,有活泼的生命,多年后,即便时光老去,青春依然不朽。

寻梦彩虹人生,做一个年轻的自己。

朋友们,让我们做新青年、心青年,永远年轻！

(2016-05-04)

(https://mp. weixin. qq. com/s/bci83IIhjMgYYVFkuKW6Zw)

□ 评 论

干晨静

很激动在这个五四青年节回到高中母校(镇海中学)参加百年校庆,仿佛又回到了高中时那充满未知和对未来无限憧憬的年代。青年学生是充满激情和活力的群体,肩负着报效祖国的使命,应该加强对青年学生的教育和培养。

鲍 睿

昨天去看了管理学院的先锋团支部争创大赛,给了我很多的感动和启发。看着学长学姐们的展示,突然发现"青年"的真正含义,他们应该是有信仰、有责任、有担当的一群人,而且在他们身上更应该看到青春与活力,用他们的激情和奉献去更好地服务社会、改变社会。

每个青年都不应该只在5月4日这个日子才考虑信仰、责任等问题,而应该每时每刻牢记自己的社会责任和历史使命。希望我们青年学生能够更好地成长起来。

闻 依

"无德无才是废品,有德无才是次品,有才无德是毒品,有德有才是极品"，真心认同这句话。德才兼备，自古以来就是社会对人才的要求，而以此为目标、努力向上的人，才不枉五四青年的称号。思想的端正，行动的积极，专业的积累，素质的提高……这些，看似简单，实则需要不断实践。

　　先锋团支部，给我留下了很多的思考和回忆。从去年 10 月筹划开展以来，我是全程参与其中的，看到了各个团支部的争创努力，难过于自己所在的支部被淘汰，震撼于决赛现场各个团支部精彩而富有意义和深情的展示，感慨于今后支部的前行。诚如阮老师所说，个人的发展离不开集体的发展，重个人，更重集体。我会深思，更会努力。

六一儿童节对我们青年学生的更大意义

　　六一儿童节将至,这是孩子们最期待的日子,我4岁的宝贝女儿这几天已经有点迫不及待了。我们每个人都有属于自己的童年时光,童年总是充满着单纯的快乐,我总能从女儿身上发现久违的淳朴和未经浸染的天真以及对于这个世界的无限热情。细细数来,国际儿童节自1949年在莫斯科确立以来,已经度过了62个春秋了。62年,足以让垂髫孩童变成古稀老人。岁月的流逝,不仅让人的容颜变得苍老,也让人渐渐失去了童心,遗忘了童真。特别是在现在这样一个社会,还有不少青年学生,年纪不大,却俨然一个小老头。所以在六一国际儿童节来临之际,我希望我们青年学生能够重拾童心,重温童趣。

　　很多人错把童心当幼稚,随着年纪的增长,故而抛弃之,觉得与自己的年龄不相符。而还有一些人认为若是保持童真,在这个社会必然会吃亏,因此选择了遗忘。其实,真正的童心应该是一种不断发现、追求和探索新事物的精神,而这也是创新精神的基础。而童真呢,则应该是一种真心待人的态度,没有尔虞我诈,更多的是与人平等而真诚的交流,现在社会上缺少的正是这种诚信的精神。在这个提倡创新精神和诚信意识的时代里,拥有童心和童真对我们青年学生而言,是非常有意义的。

　　首先,拥有童心和童真贵在敞开心扉,真诚待人。丰子恺曾经说过,有的人的心是用纱布包的,有的人的心是用纸包的,有的人的心是用铁皮包的,而孩子的心是赤裸裸而鲜红的。孩子的心灵总是没有任何伪装,总是那么真实。我们处于社会体系之中,不可能像孩子一样把真我完全展现出来,我们需要设防,正所谓"害人之心不可有,防人之心不可无",但是我希望大家能够做到真诚地对待每一个人,只有这样才能得到他人的信任,收获更多的友谊和快乐。我认为人的一生最幸福的事莫过于能拥有几个知心朋友,如果你总是将心置于铁皮之中,那你一定非常孤独。

　　其次,拥有童心和童真贵在超越功利,追求幸福。儿童总能将许多东西放到自己内心的情感世界中去,能够发现事物本身的美好,从而激发自己对世界的兴趣，所以我们会发现孩子总是充满着对生活的无限热情。而我们成年人更多的是考虑事物的实用价值，用功利的筛子筛选着进入我们眼帘的一切，我们在计较利害得失中渐渐麻痹自我，把生活变为生存的手段，似乎很理性，但是并不明智，因为生活得很辛苦，早已失去了原本的乐趣。我们是社会人，很难逃脱"功利"二字，但是我不希望大家被物欲羁绊。常保有一颗童心，不要试图回避和欺骗自己，经常问问自己是否真的幸福。

再次，拥有童心和童真贵在擅长想象，乐于创造。在一项涉及 21 个国家的调查中，中国学生的计算能力排名第一，想象能力排名倒数第一，创造力排名倒数第五。在另一项调查中，让孩子和大学生看同一幅抽象画，问这幅画的图案看上去像什么，在孩子们眼里，它"一切皆有可能"；而对许多大学生来说，这不过是一幅人脸而已，答案一致得惊人。有专家也指出，想象力不应随着年龄的增长而减弱，相反，因为经历得多，成年人应该比孩子想象力更丰富。我们现在的应试教育过分注重标准答案，这或许是造成以上现象的主要原因。我们青年学生在大学里要注重培养自己的想象力和创造力，爱因斯坦曾经说过"想象力比知识更重要"，而创造力则是一个民族进步的不竭动力。

我们的年龄在增长，但是我们的心灵不应老去！我希望我们的青年学生在感受孩子们玩耍的热闹氛围的同时，也要去思考和学习这一节日给我们当今社会以及青年成长带来的更多深意。也祝愿普天下的人们都能常用一颗童心去追寻未知的美好事物，常用童真去对待他人，以收获别人对你的信任，最终推动社会和国家的发展。

(2011-05-31　08：20：48)

(http：//blog. sina. com. cn/s/blog_6b84aa0701018g3q. html)

☐ 评　论

鲍　睿

是啊，现在太多的社会压力让我们这一代人失去了童心和童真，我们中有一些人都已经成了小老头了。而我觉得这不是真正的成熟，而是心理压力过大的表现。在儿童节这样一个日子里，我们更加需要放松，让自己重拾童心，重温童趣。阮老师的这篇博文对我很有启发，也祝愿阮老师一家儿童节快乐。

俞婧婧

现在挺多 80 后都对不久后要成为家长非常恐惧，不敢想象也不能承担这个责任。但是,这篇博文的字里行间透露出的,是对女儿的爱而延伸出的对学生、对青年的爱,博大而深厚,给人勇气和力量。

或许,因为孩子,我们要以身作则,要更加严格地要求自己,要更加认真、更有追求地生活。因为孩子,我们回归到人生的原点,深深感激自己无私奉献的父母。因为孩子,我们回归到人性的原点,深刻体悟到最质朴的爱和感动。重新感谢生命,感受温暖与美好。

孩子让人完整,向孩子致敬,向孩子学习,大家六一快乐!

柳　思

大人们厌倦了尔虞我诈,发现简单的生活真的是一件很奢侈的事情。其实我们的生活从来不缺乏快乐,只是我们看不透、放不下很多东西。儿童节就是给我们提供一个契机,让我们重新做回一个心无所扰的赤子。

闻　依

现在很多人在评论社会的时候总喜欢用上物欲横流、精神匮乏、风气浮躁一类的词语,然而仔细想想,在压力的背后,是不是我们让自己的心背负了太多的东西呢?试着像孩童一样,单纯些,真诚些,好奇心多一点,功利心少一点,或者世界就会不一样。

让心灵去旅行,做一个童心未泯的人。

邵　闫

记得小时候过六一节,每个小孩都能得到 5 颗那种五颜六色的糖,每个小孩都像得到了珍宝一样,很珍惜、很开心。物质匮乏,快乐简单;物质丰富,人却越加难以满足。那时候我都舍不得吃,带回家给外婆外公。如今,外婆外公早已远去,我也已经不再是小孩子,但我依然是那个容易被感动、主动去付出的人,在这一点上,我没有让外公外婆失望……祝阮老师的宝贝女儿节日快乐。

沈佳丽

很多人在不断流逝的时光中消磨掉了赤子之心,以此为成熟。成熟并不代表失去赤子之心,它是一种心智上的社会化,我们在成熟之后仍旧可以对人抱有最大的善意,仍旧可以对未知抱有好奇之心,仍旧可以充满创造力和想象力。

对青年学生党员的三点希望

今天是建党 90 周年的纪念日,这是我们党政治生活中的一件大事,我为我们党和国家取得的伟大成就感到自豪。作为一名老党员,我的进步和成长都得益于党的引领和教育,我认为人生最大的价值就在于坚守党的信念,发扬志愿奉献精神,为国家、社会和民族创造更多的物质财富和精神财富。就像平民榜样汪耀祥老人那样,即使在身患绝症之时,仍然为社会默默奉献而不忘保护钱塘江,仍然无私地帮助他人,他的实际行动诠释着一个平凡人的伟大人生追求。

为了纪念党的 90 周年,今年 5 月我们管理学院开展了"红色寻访"活动,同学们寻访了紫领校友榜样,考察了嘉兴南湖中国共产党一大革命纪念馆,重温了党的光辉历程。我们除了感慨,更多的是一份感激之情,我们学生党员在纪念馆大门党旗下宣读的入党誓词仍然在我耳畔回响。在党 90 岁生日之际,我提出以下三点希望与各位同学(尤其是学生党员)共勉。

第一,严于律己。作为一名党员,首先要踏踏实实做人,诚实守信,淡泊名利,对人真诚,热心帮助群众,坚守道德底线。工作中要勤思考、肯付出,努力提升自身素质,为社会创造更大的价值。同时,我们要始终保持明辨是非的头脑,关心社会热点,在关键时候要能站出来维护我们党和国家的利益,要勇于承担社会责任。

第二,示范引领。我们现在的很多学生党员榜样作用不明显,缺乏奉献精神,帮助他人的意识还不够,没有较好体现出党员的先进性。我们一定要清晰自己的使命,引领社会风尚,明确自身的责任,发挥榜样作用,感染和带动身边的更多同学成长和发展,凝聚起更大的力量。

第三,坚定信念。我们要坚定理想和信念,服从组织安排,明确自己的人生价值,为社会主义事业奋斗终生。保尔·柯察金曾经说过:"人最宝贵的是生命,每个人的生命只有一次。人的一生应该这样度过:当回忆往事的时候,他不会因为虚度年华而悔恨,也不会因为碌碌无为而羞愧;在临死的时候,他能够说我的整个生命和全部精力都已经献给了世界上最壮丽的事业——为人类的解放而斗争。"我们要像钢铁一样,在烈火中经受考验,最终得以坚固,要经得起实践的检验、时间的检验和社会的检验。

对于想要申请入党的同学,你一定要反思一下自己是否有责任意识、集体意识、大局意识和服务意识。我认为学生入党第一点就是要考察其对集体和他人的贡献和服务,这也是衡量入党动机的一个重要标准。我们应该学会更好地帮助他人、关心他人、宽容他人、理解他人。

大学时间非常宝贵,我们应该加倍珍惜,努力寻求自己的人生之路,严于律己,以身作则,坚持不懈,创造自己大学期间精彩的学业,活出自己精彩的人生!

(2011-07-01　12:10:33)

(http://blog.sina.com.cn/s/blog_6b84aa0701018ha7.html)

评　论

王承超 zju

党在走过90年后的今天,对于此时此刻的我们提出了新的要求,那就是对理想信念的执着和追求。这不是对于个人未来的假想,而是对于党、对于国家的设想。作为党员,责无旁贷!

鲍　睿

做一个真正意义上的党员,忠于自己的信仰和价值观,为国家、民族、社会做出自己应有的贡献。

教师节对我们教师的更大意义

今天是 9 月 10 日,是中国第 26 个教师节,也是新世纪首次全国教育工作会议召开和《国家中长期教育改革和发展规划纲要(2010—2020 年)》发布后的第一个教师节。教育部和很多地方政府纷纷表示,组织好今年教师节活动具有十分重要的意义,要隆重庆祝,为教师办实事、办好事。

是的,强国必强教,强国先强教,只有在国人中形成浓厚的尊师重教氛围,才能更好地推进我国教育事业的发展。所以在教师节更多地倡导全社会尊师重教是应该的。非常多的学生和学生家长纷纷在教师节为教师送上他们的祝福。

但是,我觉得在日益功利化的今天,教师节最大的意义不是提醒国人尊师重教,而是提醒我们的教师,要时刻记得自己是一名受人尊敬的教师。我们所从事的是最为高贵和重要的工作,我们应该成为真正的传道、授业、解惑者,我们应该做一个名副其实、关爱学生、成全学生的好老师,我们应该在教师节真诚地感谢我们的学生。因为有学生的存在和对我们教师的认可,才有我们这些老师的存在;因为有学生,我们才得以被称为老师。

一个老师优秀与否,往往不在于他拿了多少证,拿了多少课题,升迁有多快,而在于他培养出来的学生优秀不优秀,他得到了多少学生的真正认可。

要想成为一名好老师,应该有“四导”标准:学生在校时需要他的引导,参加工作时想念他的向导,遇到人生问题时记得他的指导,取得成就时感恩他的教导。

今天我也收到了非常多的学生包括已毕业工作的学生的教师节祝福。我觉得我现在作为浙江大学的老师是很幸福的,因为浙江大学是天下英才相聚的地方,招收的学生都非常优秀。作为一名老师,能得天下英才而育之,能为他们服务,能有机会帮助他们,能看着他们成长并获得很好的发展,我觉得这是一件非常幸福的事情。

(2010-09-10　08:13:10)

(http://blog.sina.com.cn/s/blog_6b84aa07010019mi.html)

▢ 评 论

真的华樟

在成长的过程中,我受到很多老师的帮助,也发现在现在的青年人中,立志做一名教师的人越来越少,这与我们小时候很多人的梦想形成了鲜明的对比。我心存感激,始终觉得那句话是最正确的:教师是最伟大的职业!

石慧玲

师者,传道、授业、解惑也。我从小对老师就有一种敬畏的心理,现在每年假期回家,还会到以前的老师家去拜访。以前可能是单纯的敬畏,现在再见恩师,更多的是一种亲切。老师赠与我们的财富是终身受用不尽的,不单是知识,还有为人处世的道理,永远记得高中班主任对我讲的:一个成功的人不是最聪明的人,而是最耐得住寂寞的人。这句话一直激励着我。这里,谨向天下所有的老师致敬!

许唯杰

之前看到过一篇报道,哈佛的前校长这样说,中国之所以短时间之内还难以出现世界一流大学,很大的原因在于教师、教学。而我们的杨卫校长也这样说过,浙江大学建设世界一流大学的薄弱环节也正在于教学。一个真正好的大学,必须要有一批好的老师,要有一批让学生尊重、又尊重学生的老师,要有一批让同行敬重、又敬重同行的老师,要有一批富有社会责任感、又有坚定信仰的老师。我们浙江大学,乃至中国的高等教育,如果没有一批真正德、智、体兼优的老师,就不可能有一批真、善、美并存的学生。

我们学生的成长离不开老师的帮助和指导,我在浙大的成长也离不开诸多老师的指导,借此机会向和阮老师一样指导过我的恩师们致以谢意!

国庆节对我们青年学生的更大意义

　　国庆节将至,今年中秋和国庆时间临近,算是相当零散的假期。国庆节是纪念新中国成立的盛大节日,是一个国家独立的标志。但我认为,国庆节对我们的更大意义,绝不应只是可以有 7 天假期好过,也不应只停留在纪念中华人民共和国成立、树立民族自豪感、增强国民信心的层次上,我们应该重新认识国庆节对于我们的意义——为什么而读书? 人生价值在于什么?

　　努力使中国变得更为强大,是我们每一位国人尤其是青年学生的责任。少年强则中国强,然而现在很多青年小我思想浓重、目光狭隘,更多考虑的是就业环境、薪水、生活状况等自身利益,却不曾意识到这些都得益于国家的富强,很少思考自己之于国家富强的重要作用。这,是非常可悲的! 一个人真正的价值,不在于他获得了多少,而在于他为我们的国家、社会和他人能够留下多少。细想一下,改革开放以来,清华、北大、浙大等高等院校培养的很多状元学生中,虽然人才很多,但有责任担当并真正成为各行各业突出人物的有多少? 我一再强调:"人与人之间最大的不同,不在于你的长相,不在于你有多深的学问、多强的某种能力,你能走多远、有多大建树,而取决于人与人之间理念的差别,取决于我们的信仰和追求。"我们每一位教师都要清醒地认识到自身的责任,竭尽所能地去关爱学生、服务学生、成全学生、发展学生,真心帮助学生意识到自己的使命和价值,尽早觉醒起来! 任何一个人依靠教育都可以走得很好,一个人也完全可以通过自己的努力来改变自我、提升自我,寻求自己的理想和抱负,使自己不断强大,进而强大我们伟大的祖国!

　　(2010-09-28　12:14:58)

　　(http://blog.sina.com.cn/s/blog_6b84aa070100llx5.html)

□ 评 论

happypp

"我们每一位教师都要清醒地认识到自身的责任,在目前功利化、普遍浮躁的社会环境中,教师要竭尽自己所能去关爱学生、服务学生、成全学生、发展学生,真心帮助学生意识到自己的使命和价值,尽早觉醒起来!"

入职1个多月了,虽然说上半年已经在团委承担工作,但真正以老师的身份面对学生才刚刚开始,一路走来,实感身上的担子有多重。有人说何必在意,混混就完了,最后你能带走什么;有人说好好干,多表现,弄个优秀辅导员有好处的……可我真的只想学您做一个真正的教书匠,不碌碌无为,更不追名图利,踏踏实实做事,真真诚诚做人。像您跟我说的,好好干,用心做,用自己的真情去影响学生。

强鹰魂—中国心

从现代文明的角度出发,我们需要尊重多元价值,尊重不同的信仰与生活方式;但同时,作为生活在一个国家和民族中的具体的人,我们更需要一群能时常仰望星空的人,能在社会上擎起一面旗,在深化改革的关键时刻发挥历史性的作用。

既然尊重多元,那就让那群心怀热血与理想的青年成长得更快,承担更大的责任和使命,影响更多的后来者,奏响更嘹亮的号角!

不管是在强鹰还是在紫领,我都感受到了这种热血、激情、责任和希望。

鲍 睿

阮老师,我觉得目前中国大部分大学生的自我定位意识普遍缺失或者不足。他们考虑更多的可能是自己的利益,而不是他们对整个国家的作用。所以,我觉得现在需要老师、学校甚至整个社会帮助大学生重新认识他们的人生定位。只有定位清晰了,以后的路才会更加明确。

许唯杰

国庆节,一个很严肃、很沉重、很激动的名字。或者说,我们在这个名字后面应该看到,这是信仰所堆砌起来的一个名字,这之下埋藏着多少革命烈士的身躯,又流淌过多少志士仁人的鲜血。

爱国,从来不需要被刻意强调,而应该是一种本能。

石慧玲

　　人生的意义是一个伟大的哲学命题,更是一个值得每个人深思的问题。也许很多人想的是自己的生活,在一个小我的范围走过一生,无所谓社会价值,无所谓有所作为,碌碌无为。何其可悲! 而我们当代青年,不该流于世俗,而应有自己坚定不移的信仰——为中华之崛起而读书! 在大我中实现人生价值,活出精彩!

第七章　真情告白

　　言以明志。在平时的工作中，我经常会被邀请面对青年学生做会议演讲和交流。对于这些邀请，我都是慎重对待，因为在我心中，每一个字、每一个词都代表着我的思考和情感。我希望通过交流演讲能够推动更多青年学生思考和成长。

　　每一次演讲和交流对于我而言都是一场真情告白，因为这些演讲包含着我的思考，包含着我的情感。如果我的言语能够让大家有所感悟、有所触动，那么我的演讲就是成功的。在我看来，评判一次演讲的好坏并不在于言辞、主讲人等，而在于演讲中包含的情感和对听众的触动。在这里，我挑选了几篇自己的演讲整理稿，希望能够对我们青年学生的成长和发展有所帮助。

努力行动起来，过最有意义、最精彩的最后一年

愿与大家一起分享我与管理学院 250 余位大四学生的交流演讲，希望对更多即将毕业的大四同学和其他同学有所帮助和启迪。感谢柴妍冬老师和郭燕丹同学为我做的录音整理。

首先，祝贺大家度过了一个轻松、愉快、充实的国庆节。

对我来说，则度过了一个极具责任与意义的国庆节。在国庆期间，我3岁的女儿生病了，我与家人一天到晚地照顾她。带她到医院看病，日常看护与预防，这些事情使我在这个国庆过得很累，但是，正是这些事情让我更加认识到了一位父亲应尽的责任。这是自我女儿出生以来我对父亲角色的责任认识得最为深刻的一次。

其实，我们每个人都有许多责任。对于大家而言，可能现在还承担不了太多的责任，但是随着年龄的增长，我们会变得更加成熟，需要肩负更多。

我们管理学院是一个大家庭，需要我们共同营造一个大家庭温馨的氛围。而每个成员对此的认识是十分必要的，而且这种认识要经过互相帮助、互相提醒、互相要求得以形成。我觉得，依然有很多学生不太会做事、做人。因为他还没有真正踏入社会，还没有接触到方方面面的人。虽已成年，但是行事套路还是存在一些问题，在尊重交流对象、面对集体以及社会时存在着许多不足。若就这样走向社会，可能会在人生进程中遭受挫折。

高校中主动性强、非常上进的同学发展得快，会有很好的机会。有不少同学相对消极与被动，就会丧失很多机会。所以，我非常注重良好习惯的养成。一个人要严格要求自己，要树立良好的形象，要尊重他人与社会，要具备团队合作精神，这都源于平时习惯的积累。不要小看细节，它对于习惯的养成是十分重要的。

在临近毕业之际，召开一个年级大会，可以让同学们了解学校、学院和我们的一些想法，也为你们以后的发展提供一些建议。虽然我比你们年长许多，但我也是从大学过来的。我认为，大学时期最重要的是刚进入的第一

年与即将离开的第四年。尤其对你们来说,当下是最重要的一年。所以,你们要努力行动起来,过最有意义、最精彩的一年。

大家要清楚地认识到,你目前的大四学习、生活现状是怎样的? 这里要讲一个手中之鸟的故事。

有一个人手中握着一只小鸟,故意问一位年长的智者:"你说这只鸟是活的还是死的?"如果智者说是死的,他就打开手将鸟放走,如果智者说是活的,他就握紧手将鸟掐死。而智者则气定神闲地对他说:"生命掌握在你的手里。"

对在座的同学而言,也是"生命掌握在你的手里"。你们的人生还没有定性,你们现在依然非常年轻,你们的发展,你们的成长,你们今后所能达到的高度,包括当下你们的学习、工作、生活,都在你们的一念之间。你想严格要求自己,你想努力上进,就可以获得很多,充实很多;如果你想放纵自己,被动消极地面对学习、生活乃至这个世界,理想就会渐行渐远。

临近毕业,我们需要好好想一想。

一、认真回顾前面大学生活的得与失

这个很重要,任何一个人都在不断地总结过去中获得成长,获得感悟。我们不能否定和忘记过去,我们每个人到大四了,都应该回过头,回顾一下你有哪些收获、哪些成功、做过哪些有意义的事情,当然还有哪些过错、哪些不到位,确定一下到底是离你以前的梦想渐行渐近还是渐行渐远。

二、重新认识大四生活的意义

认识学习和生活的意义在于,当你有所感悟的时候,就会有不同的感觉,从而促进你的前进与发展。我也做过辅导员,每一年结束,我都会思考,怎么去做好下一年的工作。人生的意义,需要你思考与感悟,唤醒你心中那块沉寂许久的地方。重新认识大四生活的意义,我们要做到以下五点。

第一,保持你的童心。它能够让你有非常好的想象力,很好地追求你的梦想。许多人在成长的过程中泯灭童心,变得世故、平凡、庸俗,变得很难有激情,这会阻碍他的发展。到大四了,你们依然要保持童心,继续努力前进,时刻保持着一种激情与热情的心态。年龄在长大,希望你们的心不要老去。你们现在十分年轻,在大四要保持旺盛的精力、高昂的斗志和活跃的状态。

第二,寻找心中的爱。希望大四这一年,大家更加珍惜同学间的情谊与友爱。大学期间,同学之间的情分是十分宝贵的。进入社会,就很难找到这样纯洁、志同道合的朋友了。你们要珍惜彼此间的感觉与感情,积极参与班级活动,互相帮助,学院学工办、团委也会为大四同学营造很好的离校氛围,帮助大家更好地珍惜大学生活。

第三，永远不要放弃你自己。对于优秀的同学，不要放弃追求的目标，要执着向前，不要因在大四而松懈；对于相对一般的同学，你们还有非常广阔的发展空间，只要你们努力，就可以改变过去，永远不要放弃自己。对于以后的工作也是一样，要学会永远不要放弃。10多年前我创建了"绿色浙江"的品牌，用原来浙江省环保厅和团省委相关领导的话讲，可以算是浙江省环保公众参与的先驱，也被授予多项中国环保的最高奖。之所以有此成就，就在于在追求目标时，即使遇到再大的困难，我也从未放弃我的一些做法与想法。

第四，补充你所需的能量。越到大四，越要清醒地认识自己。我们都存在缺点，必须要谦虚改正。自信是很重要，但你看不到自己的不足之处，这是非常可悲的。只有更多地发现与找出你所遇到的问题与困难，才能实现更大的飞跃，没有问题与困难，你人生的进步空间将十分有限。所以，要充分了解自己的不足，在大学的最后一年，更好地完善自己的不足。

第五，肩负起更多的责任。我们每一个人，只要生活在集体的环境里，必然要面对很多的责任。就像我一样，在浙江大学工作，我有对学校学院的责任；作为一名老师，我有对你们的责任，我有对我工作的责任；除此之外，我有对我的孩子、妻子、父母的责任，我有对社会的责任……当你能力越大的时候，当你发展得越好的时候，越意味着你肩负着更多的责任。当你认识到你所肩负的责任的时候，你才能走得更好更远。

三、更深入思考我们人生的价值

现在很多人不会去思考这个问题了，很多人读书是为了找工作、赚大钱，这就约束了他们更好更远地发展。你要想走得远，要探索人生的意义，要发现自己喜欢的事情，就需要将它与你的职业发展结合起来，与你的人生追求结合起来。要找到你的兴趣所在。兴趣是十分重要的，你的兴趣会让你不停地思考、不停地探索，想方设法地克服困难，从而使你一步步前进。人生平庸，一方面是因为缺少主动精神，看不到、把握不到机会；另一方面是因为你在做并不感兴趣的事，你没有很好地适应环境，使之成为你的兴趣。好的做法就是，学要为梦想而学，研要为兴趣而研。

人生的价值，不是获得多少，而是为他人、社会留下多少。所以，我们应以此来思考学习的意义、生活的意义、工作的意义。

外化而内不化，对于我来说是一个感悟。面对日新月异的社会，要想发展，就要行走在理想与现实中，既要追求理想，又要融入现实，融入这个环境,应对这个环境,适应这个环境,并且改变这个环境,这就是外化。在面对目前社会中不好的现象时,不能随波逐流,不能人云亦云,要坚持心中的规律与原则,坚持精神追求,这就是内不化。

在此要与大家分享我创建的求是强鹰"九阳真经":读万卷书,更需要行万里路;行万里路,更需要吃苦无数;吃苦无数,更需要阅人无数;阅人无数,更需要高人指路;高人指路,更需要贵人相助;贵人相助,更需要自己领悟;自己领悟,更需要不断进步;不断进步,更需要想方设法加入求是强鹰俱乐部;加入求是强鹰俱乐部,更需要不断拼搏、努力奉献,为国家、社会、民族创造更多的物质财富和精神财富。

四、更好地规划未来的人生

以未来的愿景引领现在,以现在的努力改变未来。

好好规划你的未来,当你离开这个世界的时候,想想你的墓志铭应该是什么。

我也立下了墓志铭,当然今后可能还会改变。我的墓志铭:阮俊华——热心公益事业者,作为一名老师,他以他的青春和激情帮助和成全了很多青年学生的彩虹人生。这也是我努力的目标。

最后,再次祝福所有即将走出校园的毕业生,人生就像故事,不在于漫长,而在于精彩。我们要深信,今后的失败是由于过去的不努力,今天的努力必定有将来的大收成!

管院因你们而不同!

管院因你们而精彩!

谢谢大家!

(2010-10-14　10:14:21)

(http://blog. sina. com. cn/s/blog_6b84aa070100m3j3. html)

让梦想飞翔

　　　　这是我在求是强鹰第7期学员始业教育会议上的讲话，感谢王承超、黄芳俪等求是强鹰学员所做的录音整理。这是我对求是强鹰的真情告白，不仅是对7期学员说的，也是对所有的求是强鹰学员和青年学生说的，愿与各位朋友分享。

　　看着每一个同学满怀激情地介绍自己和团队，就是对我们开创求是强鹰这件事最大的回报。它让我感到快乐，感到内心的一种驱动。如果更多的同学能够感到一种期许和对它有一些认可，包括今后如果能够促成大家走得更远，我想这是我最大的收获，也是我最大的快乐和幸福。所以，今天我非常感谢我们在座的每一个同学、每一个学员，能来参加我们这期的始业教育会。我尤其要感谢我们求是强鹰俱乐部的各位工作人员，王承超、宋扬、李新月、汪欢吉、黄芳俪等，还有我们在座的很多位俱乐部工作人员，他们在我们整个求是强鹰的运作过程中，尤其是初期的学员选拔，付出了巨大的心血和不懈的努力。

　　做一件很有意义的事情，包括很多的细节，都需要很多的投入，而且他们做这件事情是没有任何物质上的回报的，更多的是一种责任，还有一种价值、一种理念、一种精神和认同。王承超，从我在校团委的时候就一直协助我做社会实践工作。他在校团委跟我工作2年多，到贵州湄潭做1年西部志愿者，再担任浙江大学研究生支教团团长，一刻不息地为求是强鹰工作。回来以后继续全面打理求是强鹰的工作，我的内心非常感谢他，他有着非常强的奉献精神，很值得大家学习和尊重。我们求是强鹰的很多老同志都是非常给力的，在求是强鹰的平台上，无所谓资历深浅。我们的求是强鹰副秘书长宋扬，以前还做过魔术表演协会的会长，同时也是银鹰学员，后自己创业担任董事长。今天他跟大家不一样，大家是学员，他不是，但是他一听召唤也会坐在这里。我想这就是我们的一种精神，一种荣誉！包括今天在座的另外两位博士学员，一位是挂职浙江大学团委副书记的胡斌博士，一位是挂职长兴县社会劳动保障局局长助理的王鹏博士。

对各位年轻的求是学子来说，你们需要见识很多的东西，需要认识很多人，需要寻找能够始终让内心感到激发的一种动力。很少有人能够让自己的一颗心，在毫无外力的借助下，非常坚定地前行。但是如果能够到一个好的平台，每一个人都可以很好地升华自己。我始终强调教育是非常伟大的。为什么这么多的人从一流大学出去变成二流、三流、四流，这跟我们教育对人才培养的重视没有到位是脱不开干系的。我非常希望一流的人接受了一流大学的培养后变成超一流人才，所以我们需要平台、精神、理想和抱负。

我也确定了今天跟大家交流的题目。在这之前还是请大家送一些掌声给我们求是强鹰俱乐部秘书处默默无闻、非常辛苦、为我们服务的工作人员！

今天我想讲的题目是：求是强鹰，让梦想飞翔。这个题目是我刚刚看着大家一个个上去自我介绍时想的，我想我们求是强鹰更需要让梦想飞翔！我首先要在此声明一下，我对求是强鹰的感情、我对浙大的感情。我对管理学院的学生、对求是强鹰的学员有一种很自然的情感，所以我恳请大家，今后碰到我时，在各种场合下，不要叫我书记，叫我阮老师。因为我觉得做老师是非常难的，就像我创办求是强鹰一样。求是强鹰的目标是什么？求是强鹰，15年以后要影响世界，要成为全国最高端的精英团体，要影响中国的当代青年！这愿景已经相当宏伟了。因为我并不认为，一个教师给很多的学生上过课，就可以得意扬扬地讲，这些都是我的学生。什么叫老师？应该是学生在学校期间，甚至在工作以后，这个教师关爱过他，帮助过他，影响过他，甚至引领过他。这才是真正的师生关系。如果你是教授，你就应该传道、授业、解惑，否则你就去做研究员好了。为什么要做教授，教授就应该给我们学生一种更大的爱的教育。近几天我可能会发表一篇博文——《大学之大，在于爱之伟大》。作为一个老师，今晚在这里，我为什么要穿着正装，进来之前还把头发稍微梳一下，因为这是我对大家的一种重视和热爱。我希望大家能够感受和感悟到这种精神，因为这是宝贵的。

在我不知情的情况下，我们管理学院有一个学生党员小组专门给我画了个头像，给我几个定义语，其中就讲到一流的执行力。你们要记住，做事情要有一种很强的毅力和精神，要事不过夜。正如我在博客里回复一位网友的话：看一个人说什么并不重要，更重要的是他做过什么。我很强调知行合一，我和胡斌等同学一起编了一本书——《知行合一·实践报国：大学生从社会实践走向成功》。胡斌文采非常好，大大超越我，是个很有思想的人。在我的成长过程中我是非常感谢我的学生的，你们跟我相比，都比我智商高,比我有智慧,比我看得多。真的,我是很认真地说。我之所以能够取得一些成就和突破,那是因为得到了很多学生的帮助和推动。真的,你们每个人的成长都是我内心的喜悦。这么多年来我培养的学生都对我起了非常大的推动作用,你们推动我成长、教会我成长,我也非常希望能够对各位有所推动,我希望我能给大家带来更多的成长。所以我希望大家能够叫我阮老师,我希望能够做一名对大家有价值、有意义的老师。

刚才前面这么多同学都讲得非常好,都不约而同地讲到了责任,讲到了对求是强鹰的认同。很多同学都是发自内心,讲到了自己的理想和抱负,这让我更加充满力量。我们所有的学员,在进入求是强鹰的时候一定要很认真地思考,你到求是强鹰来是为什么,你的动机尤其重要,我希望你在浏览我的博客时能很好地去思考一下你的动机。你更大的思考应该是:你能为学校、为求是强鹰做些什么,你能够给大家和求是强鹰带来哪些变化,你能够给身边的求是强鹰学员和周围的同学带来哪些变化,这些变化最终都会集中到你的身上! 这就是你最大的成功,而不是说从求是强鹰获取什么。一个人要想走得更远,内心的力量是非常重要的。我们到求是强鹰,必须塑造自我内心强大的力量。"要建设我们的理想王国",胡斌的这句话讲得非常好。

跟以前一样,每次开学时我都要给大家讲一下求是强鹰的历史。我是从2007年年底开始酝酿,在浙江省青年联合会的平台上先做起来的,因为我有另外一个身份——浙江省青年联合会教育界别组组长,所以我和浙江省青联企业界别组的风云浙商们都比较熟悉。没有省青联的平台是很难一下子将求是强鹰做起来的,因为对求是强鹰导师的选择,我们有很多要求:第一,要有公益心;第二,要相对有责任感;第三,要比较热情;第四,要有影响;第五,要有资源。当时我是跟浙江省青联企业界别组组长绿盛集团董事长林东、德意集团董事长高德康、九鼎投资集团董事长俞春雷他们三个人谈的,在谈了好几次以后他们都说很好,于是开始干这个事情,一直干到现在。

在这里,我也给大家提出一点希望。非常希望大家去深刻地理解求是强鹰的"九阳真经",它不是简单的9句话摆在那里,它是我这么多年在政界、学界、商界、公众界打拼和接触的心得。你们在座的很多人,年长的感受会更深刻一些,这种感悟只有很好地从内心产生认同的时候才会有驱动力,从而让你很努力地往前走。

我非常希望我们每个学员都能牢记"九阳真经"——

读万卷书,更需要行万里路;

行万里路,更需要吃苦无数;

吃苦无数，更需要阅人无数；（你们是需要阅很多人的，要跳出自己的圈子。今天你们在这里是阅了很多人，有机会要阅更有风格的，要阅很艺术的。前几天我就阅了个很有艺术灵感的画家，他讲话非常热情且滔滔不绝，大家都被他吸引，就听他一个人眉飞色舞地讲，下次有机会我把他叫过来。）

阅人无数，更需要高人指路；（要寻找你的高人，我的成长也是有高人指路的。）

高人指路，更需要贵人相助；（只有你自己做得非常到位了，你才能让高人和贵人来到身边帮助你。有很多东西，像我博客里讲的，用心才能让自己走得更远。你的人生成长过程中有没有一些所谓的故事，这些故事让你回味无穷。赶紧回忆，不要说这样的故事回忆不起来了。）

贵人相助，更需要自己领悟；

自己领悟，更需要不断进步；

不断进步，更需要想方设法加入求是强鹰俱乐部。（这是我一个学生提醒我的，不是每个人都能进求是强鹰的，每个人在成长过程总要找到自己的组织，找到自己的团队，为这个组织做贡献。）

加入求是强鹰俱乐部，更需要不断拼搏、奉献服务，为国家、社会和民族创造更多的物质财富和精神财富。（一个人的价值，不在于你获得多少名、多少利，而在于你为这个国家、社会、民族留下什么，我们要让我们的梦想高高飞翔。我在与学员制订计划时就讲，我们是全中国最好的学生之一，要有这种勇气和精神担当天下，只有这样我们才有可能走得更远，我希望大家能够深刻地记住。）

在这里，我再强调几点。

第一，不同的导师个性、要求、想法是不一样的，我们不能对导师提过分的要求。当然这些导师是非常厉害的，你们要尊重他们，但不要盲从。我希望大家有朝一日能超越你们的导师，这当然比较难，如果你努力也是可能的。

第二，我希望求是强鹰会一直运作下去，大家都能够成为志同道合的朋友。你们想想看，到 10 年、15 年以后，这个平台上的很多人成为各行各业非常优秀的人物。如果这些人物能够团结起来，这种力量将会变得更加强大，将会更好地推动社会的进步。

第三，我希望我们每个求是强鹰的成员都有很强的集体荣誉感和认同感，如果说你做不到这一点的话，我觉得就不要加入进来。可以随时出去，当然我们也要淘汰，我们第 4 期的时候就开始淘汰了。当我们确实感觉到你的动机、理念有问题的时候，我们就要淘汰。这里肯定有些人是不能毕业的,当然个别导师觉得他的学生没有结业会很没有面子,但是没有办法。对于如何产生认同感,我多说几点:一个是前面常常讲的培养过程,我希望大家能尽量参与进来。如果不能,要说明原因,向班长请假。12月3日晚上,是我们第4期的结业仪式暨第7期启动仪式,每个人必须参加,18:30到场,全部正装。我们要有一个精神风貌,这样的场面肯定会让大家得到很好的成长。我们要求每个企业家导师都上台演讲,还有很多的领导会来,你们也可以把这个信息传达给你们的同学,这对他们也是一个学习和成长的机会。前面讲的12月11日的素拓,这个也是要参加的,对大家也是一个很好的机会。另一个就是求是强鹰网站,我希望它可以成为全球求是强鹰学员的交流园地,希望你们可以热爱它,多去留言。这里有9组,每组的活动信息都要上报,放入网站宣传交流。另外有不少学员希望班级或班组的活动办得多一点,让相互之间有更多学习交流的机会。你们现在每个组都有组长了,我希望你们9个组都能来争取承办整个班级的活动。

第四,我们要学会感恩。以更好的实际行动来更好地感恩我们的同学、组织、父母、师长、学校、国家和社会。感恩会让我们的世界更加美好!

最后,我非常希望我们学员能够紧紧地团结在一起,融合在一起,重新认识和领悟我们加入求是强鹰的意义,更好地提升自己,提升我们的求是强鹰,努力成为未来各行各业的紫领,为我们的国家、社会、民族做出更大的贡献。

让我们一起努力,让梦想飞翔。谢谢大家!

(2010-11-26 21:22:39)

(http://blog.sina.com.cn/s/blog_6b84aa070100n9ac.html)

评　论

zjuegle_alexwangpeng

每次听阮老师讲座都会引发我很多的思考,我想我是属于比较幸运的那个,总是占用阮老师很多的时间。就如同宋杨学长所说的那样,我在求学的过程中遇到了很多的困惑,有时候非常想放弃,以前我总是自己闷想,现在我很习惯地去找阮老师,如果不方便就打电话倾诉,而有一点成就总想第一时间向阮老师汇报,不知道阮老师是不是经常被我搞烦了?

始业教育那天晚上,我记忆最深的就是阮老师说的什么样的人是一个老师,这个说得好。我确实认识过很多老师,有学问上的老师,有生活上的老师,很多是"被老师"的,他们总觉得自己是老师但是我并不这么看,所以阮老师那晚一说,我有强烈的共鸣。

而对于责任的强调是那天晚上的另一个收获,于是我这个总喜欢在幕后或者台下看戏的人走上了前台,我想我必须对得起帮助过我的人,我也必须让相信和支持我的人收获信心。于是我承担起了也许自己能力无法达到的任务。我很感激上苍,因为总是让我在生命中遇到高人和贵人,所以对于"强鹰九诀"我绝对有过来人的心得。人生多看、多走、多吃苦是必然,只有那样才能有强鹰高翔的胸怀和抱负,在危急关头又能有如隔岸观火般的处变不惊,而朋友和人脉是决定你走远或在困惑中前行的保障,而强鹰提供了这么个平台,我非常珍惜,我始终相信"人生能有几知己,相逢自是有缘人"。那晚遇见的每个朋友都让我深深感动,幸福洋溢,在未来很长的岁月中,大家应该以阮老师为榜样,环绕四围,凝聚力量和人心,一同干一番事业,分享成功和喜悦,以不负大家从玩伴到战友的升华。

derekwu

那天晚上,阮老师那一番具有哲理性、战略性与立志性的演讲让我受益匪浅,尤其在重新提出"九阳真经"的时候,短短几句话勾勒出了一个人一生的奋斗经历,寓意非常深刻,滋润和净化了我浮躁的心。虽然我不怎么信佛,但是我却相信因果关系,只要我们吃苦了,奋斗了,努力总会得到回报,总会闯出自己的一番天地,所有的挫折都是对自己的考验,是自己前进的动力。人生在世最重要的不是自己获得了什么,而是自己死后能给社会留下什么,我们每一个人都应该有一颗感恩的心、一颗奉献的心。我们要迎难而上,要将我们强鹰的理念传播出去,可能只能影响到很少的一部分人,但星星之火可以燎原,只要我们坚持,就能看到强鹰理念传遍世界的曙光。

闪闪宁宁

阮老师说:"做一件很有意义的事情,包括很多的细节,都需要很多的投入。"阮老师自己就是一个这样的典范。就如阮老师在这次 7 期始业教育中很多的细节都表现出了对求是强鹰的热爱,对这些羽翼尚未丰满的小鹰的关怀。开会前 1 小时,阮老师早早地来到了办公室,特意穿了正装,还笑说"刚才进来之前还梳了一下头发",虽然大家都笑了,但我相信每个人都被阮老师的认真与投入感动了。细节真的太多太多,我相信每一个 7 期学员都在被这一幕幕场景温暖着、激励着。有这样的老师在身边帮助我们、激励我们,天空再高远又怎样,总有一日,一只只求是之鹰会伸展羽翼,遮天蔽日,征服天际!

小 tt

　　我特别认同阮老师的一句话："你们需要见识很多的东西,需要认识很多人,需要寻找能够始终让内心感到激发的一种动力,因为我们很少有人能够让自己的一颗心,在毫无外力的借助下,非常坚定地前行。"一个能在岁月的腐蚀中始终牢记自己最初梦想的人,从来都让我觉得敬佩。有梦想,可以很简单;但是,始终坚持,却不是件容易的事。能否坚持梦想,自身的信念有时候只是其中一个方面,而另一方面则很大程度上取决于你所接触的人和你所处的环境。当你所处的环境充满激发,必然会为你创造更多不断前行的动力。所以,我特别感谢阮老师,为我们创造这样的平台;也特别感谢这个平台,让我们一起探寻内心更强大的力量。

告别共青团的真情告白

　　又到 1 月,又到浙大共青团举行欢送老团干活动的日子。我非常感怀为共青团事业努力奋斗的美好日子,至今还非常清晰地记得 2010 年 1 月 14 日在浙江大学国家科技园举行的共青团浙江大学十八届六次全委(扩大)会议上,我非常激动地接受了学校党委郑强副书记为我这个骨灰级老团干颁发的"求是青春金质奖章",并在全校 100 多位团干部前深情告白。值此告别 1 周年之际,现回顾如下,感谢所有支持和帮助我的各位青年学生朋友和团干朋友。也希望以此激励后来的青年团干用自己的青春和激情更好地壮大浙江大学光辉而灿烂的共青团事业!

尊敬的郑强书记、各位亲爱的共青团兄弟姐妹们:

　　此时此刻,站在这里,不禁让我想起我 2005 年 11 月结婚时站在台上所讲的第一句话:千言万语也无法表达我此刻激动的心情和内心的感恩。同样,此时此刻,任何话语也无法表达我对浙大共青团的深厚感情和内心的感恩。在共青团的 14 年,是我生命中最为难忘、最有意义、最动感情的时光,它让我成长、成熟,也让我更好地去思考、认识和领悟生存和工作的意义——一个人的价值,不在于他获得了什么,而在于他留下了什么。

　　虽然,面对共青团我已经"安息"了,虽然,我已成为共青团的"骨灰",但是,我青春无悔,因为共青团让我有一颗永远不老之心,永远青春之心,永远真诚之心,永远感恩之心,永远奉献之心。

　　最后,我感谢学校党委对我们共青团年轻干部的关心,感谢各位团内兄弟姐妹给予我的帮助和支持,让我经常感到温暖和力量,祝愿浙大共青团事业蒸蒸日上! 祝愿共青团和所有为共青团事业奋斗的同志们在新的一年、新的人生旅程中不断有新的收获、新的发展、新的进步! 谢谢。

　　(2011-01-04　08:05:47)

　　(http://blog.sina.com.cn/s/blog_6b84aa070100o8vk.html)

学生会干部应努力成为学生的榜样

2010 年 11 月 25 日晚，我受浙江大学学生会主席团和浙江省学联主席、浙大学生会主席郑扬扬的邀请与浙大全校各院系学生会主席和校学生会部长及主席团成员做了一次深入的交流。感谢我的学生、管理学院学生会主席卞伟为我整理的讲话稿，愿与大家共享。作为热爱学生会事业的"已故"学生会干部，更希望学生会干部能努力成为学生的榜样。

看到学生会的各位朋友，我想起了我当年在学生会工作的时光。我觉得你们在座的每一位都比当时的我更加幸运，也比我更加充满斗志，更加努力，更加善于学习。

今天在上下电梯时，我看到学生会贴在电梯门口的对教师感恩节的祝福，感到特别温暖。我非常感谢大家。大家都非常努力地在浙江大学学生工作的平台上，默默无闻地付出与工作着，为构建我们浙江大学美好的校园文化贡献自己的力量。

当然，我更感谢大家今天坐在这里给我一个机会跟大家进行交流。因为在我的内心深处，我一直以能够作为一名浙江大学的老师而深感幸福。我觉得我现在非常幸福，无论是在学校团委还是在管理学院。相比大家而言，让我重新去高考我可能考不上浙江大学，但我却有这个机会能够得天下英才而育之，能够去影响中国一流大学的一流大学生。这是给我的机会，是我的荣幸，也给我很大的压力，使我不敢懈怠，时刻去思考怎样做一名好老师。

所以，我再次感谢大家，感谢我们学生会，感谢郑扬扬主席。我请郑扬扬主席代表学生会喝一杯茶。

（阮老师给郑扬扬倒茶，茶杯由漆黑色开始慢慢变化，出现了一张照片。）

这个茶杯是有故事的。

大家看茶杯有没有什么变化？对，这个上面有张照片，里面有个人是我，就是站在边上最高的那位。中间的这位是万事利集团董事局主席沈爱琴，连续两届的全国人大代表，全国三八红旗手标兵，在她边上的是她的接班人——她的女儿屠红燕。沈爱琴女士是我们求是强鹰的导师，屠红燕女士是我们紫领的特聘导师。屠红燕现在是董事局执行主席，她非常努力，当年到日本从基层一步步做起，吃了很多苦，经历了很多磨炼。之后，沈爱琴才放心让她接班。屠红燕很有亲和力，非常务实，在培养青年人才方面跟我也有一些共同的理念，所以我请她做紫领特聘导师。

讲到这个杯子要回忆下教师节。当时我在博客上发表了一篇博文——《教师节对我们教师的更大意义》。今年的教师节，我的丈母娘问我，是不是该给在幼儿园的女儿的老师送礼物。很多家长到了教师节都很纠结，尤其是小孩子的家长。要不要给幼儿园、小学的老师送礼物，怎么送？生怕自己不送，孩子会吃亏。大学呢？国家举办教师节，到底是什么目的？是不是号召学生在教师节给老师送礼物呢？我想应该是号召整个社会更好地尊重老师，提升老师的社会地位。然而，更大的意义应该是提醒我们作为教师的职责和使命。浙江大学的学生，都是高中时各地的佼佼者，生源质量很好。如果将来我的女儿能考入浙江大学，就是我的骄傲和荣幸，是一件非常了不起的事情。然而，一流的学生进入浙大，过了四年，他们的梦想和激情是否还在，他们的人生抱负在何方？当你大学本科毕业时，你还能不能坚持说自己是一流大学的一流毕业生？经过四年的筛选淘汰，学生群体渐渐泾渭分明，不少学生从一流沦落到二三流的水平，毕业时变得不再有优势，这需要我们老师和学生好好思考和反省。教育能够引领一个人、改造一个人，学生能否成长成才，我们教师的作用是非常关键的。你们扪心想一想，在成长过程中，有多少老师曾深刻影响着你、引领着你，让你产生由内而外的变化？作为一名老师，我需要时刻提醒自己，于是写了这篇文章。

那么这篇文章跟这个杯子又有什么关系呢？我是个讲究执行力的人，我很强调作为一个有追求的人的执行力的重要性。说了就要努力做到，并尽量做到最好，知行合一，事不过夜。比如我创办的绿色浙江，它是国内第一个省级青年志愿者协会的专业性分会。之后不少组织开始效仿，从而有了第二、三个分会。在我之前，很多人考虑到中国和浙江 NGO 的现状，有跟我类似的想法，但很多人只是空想，缺少行动。在我们的大学里，也是思想巨人很多，行动上却不乏矮子。我想努力做好一名老师，于是今年教师节的时候我给自己定了个规矩：不收在校学生的礼物。在我做老师的这么一大段时间里，很多同学对我很好，会带各地的土特产给我，甚至到美国去也不忘带来美国的特色产品。同学们虽然是出于一片好心，也是单纯地表达对我的尊重或感激，但我依然不能收。我觉得，给我发一条短信就可以了，或者在我的博客上留言就可以了，而且绿色环保。可是，我唯独收了这么一个杯子。这是求是强鹰沈爱琴组的同学专门设计的，一个送给沈爱琴，一个送给我。我本来不想接受，但看到同学们的创意，看到我的大头照在上面，我就把它留作纪念，欣然笑纳。在一个人的成长过程中，会遇到很多事情，能不能把握机会，甚至在没有机会的时候能不能自己创造机会，很重要的一点就是是否用心。我在博客上发表了一篇博文《用心让自己走得更远》，这是我对教师理念的一种感悟，也是对师生关系的一种感悟。教师是太阳底下最光辉的职业，真正的师生关系，在我看来，应该是这个老师在学生在校期间给了他很多的关怀和帮助，影响着他，甚至引领着他，从而这个学生在步入社会后，回过头来还能想到这个老师的付出，感谢他，这才叫真正的师生关系。今年的感恩节，我收到了很多条短信祝福。

我讲这些东西，希望能促进大家思考，怎么认识教师这个职业，进一步，怎么认识你自己，如何去做好一名学生干部。我在这里有一个不情之请，如果以后大家见了我要跟我打招呼，不要叫我"阮书记"，喊我一声"阮老师"，我会非常开心的。

我是 1991 年考入浙江农业大学，高中就读温岭中学。温岭中学是台州市最好的中学之一，当时一个年级 8 个班，能考进温岭中学的都是各地的尖子。而我，在温岭中学默默无闻地度过了 3 年，有时候甚至一个礼拜都跟别人讲不上几句话。因为我的内向，老师们也不怎么认识我，除了我的班主任。我从小学到初中、高中都是跟班长坐在一起，但是他们没想到，在温岭中学 160 周年校庆时，我被邀请回母校，坐在主席台上。我环顾四周，自己是最年轻的一个，当时 90 届也就我一人，我的班主任看到我也很高兴。当然，我现在也谈不上有什么成就，但我自信我努力去做了些有意义的事情。我想，一个人通过用心的努力是可以改变的，而这种改变，在大学期间弥足珍贵。我的改变就是从大学开始的，从做学生会干部开始。当我考入浙江农业大学时，当时的大学还不像现在这么五彩缤纷，那时没那么多社团可以选择，只有学生会和团委，所有人抢着进入。我当时凭借着自己的努力，很多时候是毛遂自荐，大一竞选上了系学生会办公室主任，大二竞选上了系学生会主席。我是当时全校唯一的一位大二的系学生会主席，其他都是大三、大四的同学。做学生干部的经历，极大地推动了我的成长。我想，当你拥有一个团队时，当你拥有话语权时，一定要珍惜，不能简单当作锻炼场所，不能简单觉得有某一个位子就够了。最重要的是，你在这个位子上做了什么和留下了什么，自身得到了多少提高，包括思想认识有没有提升，这些将会伴随你一生的成长，是你一生的财富。

我觉得有机会担任一个组织的负责人是非常值得珍惜的，包括班长和团支书。我到管理学院以后，推出了领雁计划，选派研究生、高年级积极分子和学生党员去做一年级的班级引航员和二年级的指导员。我跟他们讲，这不是简单地叫你们去奉献，而是给你们一个提升自我的机会，一个让你们去影响他人的平台。要有这种理念，才能自主地做好。如果只是想着是管理学院派去的，那就错了。我们做一件事情，怎么去找到我们真正的价值，发掘我们的内驱力，这很重要。为什么50多位风云浙商会来到求是强鹰？要让他们找到在求是强鹰的价值和快乐，而不是简单的责任和奉献。

作为一名老师，我的学生很好地推动了我的成长。所以，不要去崇拜某一个人，包括在求是强鹰里，你们不要去崇拜某一个企业家，而是要争取今后超越他。我最大的快乐就是我的学生能够超越我，能够做出一些令我感到非常愉悦的事情、意想不到的事情。在促进我成长的学生里，很多都是学生会的主席或其他干部。我1995年留校工作，做了8年辅导员，培养了很多学生干部。比如我带的一个学生鲍海君，以前做学生会主席，现在在浙江财经大学工作。2008年，他获得了当年财经大学科技成果综合排名的一等奖。他现在是浙江财经大学经济管理学院的副院长，是2009年度浙江省师德先进个人，今年已经破格申报成为他们学校最年轻的教授了。我再讲一个，这个同学叫忻皓，他也做过学院学生会副主席，现在在美国，今天还给我打电话，说要去墨西哥见全球气候大会的主席，说想争取让全球气候大会在中国杭州举行。无论成不成功，这是值得我们尊重的追求。他的荣誉很多，他曾获中国志愿服务金奖，跟感动中国人物徐本禹一起领奖，他的潜力将使他在日后获得更大的成就。他还曾获母亲河奖，这是中国八大部委联合评比的奖项，全国仅表彰4个人，他作为青年界的唯一代表获此殊荣。

当然，我培养出来的学生会主席，都是成绩很好的，我也会陆续把他们的事迹放到彩虹人生博客上。我只想告诉大家，任何一个人都是有潜力的，你的努力会让你走得更远。你首先必须培养内心的强大，培养内心的坚定力量，不能人云亦云，不能唯上，一定要有自己的想法。我觉得，我们的学生会主席、学生会干部应该努力成为学生的榜样。

2003年我被下派到基层做了一年半的乡镇干部、一年半的县领导干部，2006年回到学校时，发现学生工作的情况发生了很大的变化。以前我做辅导员时，跟我干的学生骨干，可以一直从低年级做到高年级甚至研究生。现在的情况则是，一年级我好好干，争取做部长；二年级我好好干，争取做主席；如果实现不了，那就离开，不跟你"玩"了。不少同学变得机会主义、功利主义。于是我大声疾呼，倡导志愿服务，但也发现了不少问题。很多时候都是低年级学生在做志愿者，甚至"被"志愿者。我在想，怎么号召我们的青年博士、青年教授团体也能加入志愿活动中来，于是我在2006年9月创办浙江大学青年志愿讲师团，虽然困难重重，但非常成功。这绝对是全国高校首屈一指的有影响力的行动，影响了很多地方，很多地方政府包括浙江湖州、贵州湄潭等都大力表扬我们浙江大学共青团和浙大青讲团。

今天我们有缘聚在一起，跟我们学生会的中坚力量，商谈学生会干部队伍建设，商谈学生会整体运作，希望大家能够对学生会的工作、发展、干部的培养等方面深入思考。我们怎样能够更好地倡导学生会工作理念、展示学生干部风采，怎样更好地为全体学生谋利益，怎样为学校搭建沟通交流的桥梁和平台，让青年凝聚在你们周围，让他们感受到学生会带给他们的积极影响和变化。

下面我讲一下对学生会工作的建议。我讲四点：

第一，要努力坚持和创新，为学生成长成才创造更多的平台，形成浙江大学学生会特有品牌。

第二，要千方百计加强团队建设，严格要求自己，磨炼品质，培养一批全面发展、具有人格魅力的青年学生领袖。学生会干部，尤其是学生会主席，理应成为所有学生的榜样。

第三，要真正以学生为本，做好桥梁的作用，推动全校形成更好的育人氛围。

第四，要结合时代特征，紧密关注时事政治，站在时代的最前沿，引领校园风尚和时代风尚。

有句话跟大家共勉：用未来的愿景引领现在，以现在的努力改变未来！

我希望自己老去的时候，我的墓志铭上能够镌刻这样的话："阮俊华，热心公益事业者，作为一名老师，他用他的青春和激情，帮助和成全了更多青年学生的彩虹人生。"与各位共勉。

最后，再送大家四句话，以激励我们共同更好地前行：

用信念支撑未来；

用热情融化坚冰；

用行动实现理想；

用青春铸造辉煌！

谢谢大家！

（2011-01-16　21:40:07）

（http://blog.sina.com.cn/s/blog_6b84aa070100oirr.html）

对大学毕业生的五点希望

又到了毕业的季节,我们学院 11 个班级的同学即将离开母校,开始人生新的征程。"青春不散场"晚会上 07 级同学们的全情参与和精彩表现深深触动了我,这是给毕业的一份最完满的答卷,我为管院有这么优秀的学生感到自豪和骄傲!

不知道大家是否还记得你们刚上大四时我所做的演讲《努力行动起来,过最有意义、最精彩的最后一年》? 时光荏苒,转眼间大家就要各奔东西,在这一年中,我欣喜地看到很多同学收获了更多的成长,走向了成熟。在大家即将离校之际,我提出 5 点希望:

第一,我希望同学们做事积极主动,做人虚怀若谷。主动性强的人在社会上能寻找到更多的机遇,甚至去创造机会。积极上进的人能够在机遇来临之前做好充分的准备,能够把握住机遇,获得成功。所以,做事的态度很关键。同学们走入社会,一开始很可能有一定的心理落差,也可能会遇到很多的阻力和困难,这就需要我们保持积极主动的做事态度,调整好自己的心态,不要丧失斗志。另外,我们在学校里学到的很多理论知识可能还没有与实践紧密结合起来,所以当走上工作岗位时,同学们要有一种空杯心态,虚心学习,谦虚求教,努力在工作中历练,尽快使自己成长起来。

第二,我希望同学们成熟而不庸俗,外化而内不化。我认为成熟是一个人自我判断能力、自我反省能力和自我控制能力的综合表现。大家走入社会,融入现实,就要学会应对这个环境、适应这个环境,进而改变这个环境,这是外化的过程,成熟所包含的几方面的能力在这个过程中必不可少。与此同时,我们不能随波逐流,不应人云亦云,不要变得庸俗,要时刻保有一颗童心,要坚持心中的原则,永远不要忘记自己的精神追求,这就是内不化。

第三,我希望同学们感恩他人相助,结交生命贵人。我在求是强鹰的"九阳真经"中说过,"阅人无数,更需要高人指路;高人指路,更需要贵人相助;贵人相助,更需要自己领悟"。那些指引我们前进的人、愿意帮助我们的人、有能力帮助我们的人,都是我们生命中的贵人,我们的老师、同学、家人以及朋友更是我们生命中的贵人,我们要友善待人,尊重他人,学会感恩,同时努力提升自己的能力和综合素质,自然会有赏识你的人。

第四,我希望同学们珍爱母校,珍惜师生情谊。大学几年是人生最宝贵的几年,是人生成长中最富有激情、最充满憧憬的几年,它很值得我们留恋和回忆。我们在学校里的学习生活和点滴成长,无不凝结着母校精神的熏陶,无不渗透着师生和同学间浓浓的情谊。各位同学毕业后就是我们亲爱的校友,我们学校包括管院将努力打造一个能在今后推动你们更好联络和发展的校友平台,你们永远是浙江大学和管理学院大家庭的宝贵一员。

第五,我希望同学们勇敢承担责任,践行时代使命。我们每一个人,只要生活在集体的环境里,必然要面对很多的责任。就像我一样,在浙江大学工作,我有对学校、学院的责任;作为一名老师,有对你们的责任,有对工作的责任。除此之外,我有对我的孩子、妻子、父母的责任,有对社会的责任……当你能力越大的时候,当你发展得越好的时候,越意味着你肩负着更多的责任,当你认识到你所肩负的责任并勇敢承担的时候,你这个人才能走得更好、更远。一个人的价值,不在于你获得多少名、多少利,而在于你为这个国家、社会和民族留下了多少,我们要有勇气和精神担当天下,为国家、社会和民族创造更多的物质财富和精神财富!

同学们,生命掌握在你们的手中,你们的青春必将铸就辉煌,母校永远是各位温馨的家!

希望同学们常回家看看!

(2011-06-16　08:18:50)

(http://blog.sina.com.cn/s/blog_6b84aa0701018gss.html)

有生命更需追求，有追求更有生命

　　各位绿色浙江、求是强鹰、紫领计划的志愿者们，各位一直支持彩虹人生公益平台发展的朋友们，各位在这个寒冬与我们抱团取暖的伙伴们：

　　大家好！今天，是我们彩虹人生20年首度公益盛典；今天，我们近300位好友相聚抱团取暖。我想说，今天在座各位有年龄相差超过半个世纪的，无论是青年学生还是80余岁的绿色浙江义工，今天在这里的人都很年轻。只要我们心存激情和理想，我们就永远年轻！今天各位的到来，就是因为我们有对人生、对社会变革的理想。彩虹人生，有生命更需追求，有追求更有生命，有追求永远年轻！

　　今天，我们为理想而来。为这个充满理想主义色彩的聚会，有人改签机票，有人推掉会议，有人清晨刚赶过来，有人昨夜打飞的来又要在今晚飞回。更让我感动的是，陪伴着彩虹人生一同成长的青年朋友们，已经开始反哺这个公益平台，开始影响越来越多的人，共同推动这个公益平台的发展。

　　今年是我从教20周年，从1995年7月在浙江农业大学担任辅导员老师开始，我就在想应该怎样努力成为一名好老师。我开始逐渐明白，老师的责任，就是教好学生、带好学生；老师的幸福，就是成就学生。可是说起来容易，做起来难，怎样算好老师，怎么才能成就学生？

　　15年前的一个春天，我的一位学生找到我，说想要在暑假骑自行车环浙江，我当时心里咯噔一下。"不行，太危险了！"正当我想要把这话说出口，我却看到了他坚定而充满期待的目光。我突然犹豫了，一名好老师，是应该劝我的学生不要去做冒险的事情，还是去努力帮助他实现理想？后来，我和这位学生一起，策划了"千年环保世纪行"骑自行车环浙江活动，他和另一名同学骑一辆双人自行车，骑行2000千米成功环浙江宣传环保。我还组织发动了全院220名学生，在全省建立了43个小分队，配合这两位骑完全程的同学，帮助他们联系当地环保部门、组织当地活动。36天的骑行，让包括我的这位学生和我在内的一群年轻人的人生轨迹从此改变。我们突然意识到，我们的潜力可以无限，我们可以为这个社会的改变做那么一点点努力。于是,这样的一次骑行,催生了浙江首家民间环保组织绿色浙江。这位学生名叫忻皓,15 年的坚守,也让他从一名普通学生成长为中国志愿服务金奖获得者、杭州市十大杰出青年、引领和推动社会发展的中国公益青年领袖。

绿色浙江让我这样一位普通的大学教师有了不一样的人生。从绿色浙江创建到现在,我会出示和别人不一样的名片(用办公室废纸打印的名片),也养成了一些不一样的习惯,结识了一些来自社会不同行业却同样热爱环保的人士。有人不理解,我为何会跟很多老师不一样,要把大量的时间花在社会工作上。我却坚信,我的学生应该和我一起,了解、认知甚至推动改善社会。我要努力推动我们的青年学生做一个有价值的人,而不是一个有价格的人!

帮助学生成长,一定需要更好、更多的平台!这样的想法,让我开始在 2007 年思考求是强鹰计划。浙江有着众多浙商精英,他们推动着社会进步、改变着世界面貌。我想让我的学生能够早一些结识这些优秀而具有社会责任感的企业家,用浙商精神指引我们学生创新创业。我相信,学生时代的这种熏陶和影响,会推动更多青年学生走出自我、创新创业!刚刚参与发起彩虹人生公益基金的强鹰学员白云峰博士和王旭龙琦博士就是在求是强鹰的影响下在大学期间走上创业道路的,一起牵头创办杭州利珀科技,研发智能分拣设备产品,不久前获得台湾 9 家制造业企业投资和浙江省引导基金,完成 A 轮融资计划,青山湖科技园将利珀科技作为一类重点企业奖励 600 万元现金,全国政协副主席、科技部部长万钢和浙江省长李强也专门到他们企业考察指导。

求是强鹰走过 7 年,如今开始成长为时代强鹰,在杭州市发展研究中心的大力推动下,筹建杭州创业发展促进会。今天的强鹰拥有近 90 名知名企业家导师;700 余名强鹰学员,来自哈佛大学、斯坦福大学、牛津大学、北京大学、清华大学、浙江大学、台湾大学、香港大学、澳门大学等众多名校。

就在上个月,李克强总理来到浙江大学,总理和同学们在图书馆面对面交流时,我们管理学院博士白云峰就坐在总理的对面汇报了创业的一些想法和建议,最后他对总理说"我是学管理的",总理笑着说"我们一起管理这个国家"。这是一个大国总理对青年的期许,而参与国家治理、推动社会进步本就应该是青年的共同使命。可是,我在不知不觉中发现,从教 20 年来,大学校园内真正有强烈使命感并积极付诸行动的青年越来越少。这可能不是简单的"教育出了问题"所能解释的,但是我相信,好的教育一定可以让青年回归使命。

2 年前,浙江温州商人金增敏因家乡河流污染严重悬赏环保局长下河游泳,引起悬赏游泳热潮。就在那时,绿色浙江的这群年轻人随即发表声明,清洁河道不仅是政府的事情,更需要依靠公众的共同参与,依靠公众的意识提升和行为改变。忻皓和我的另外一位学生、浙江卫视首席记者王米娜开始商量,如何通过媒体和民间组织联动,共同推动浙江治水。2013 年 4 月,绿色浙江联合浙江卫视共同策划推出大型新闻行动《寻找可游泳的河》,由绿色浙江的志愿者提供新闻线索,总共 136 期系列报道,引起了大众的广泛关注和强烈反响。之后,绿色浙江先后联合浙江卫视在 8 月推出"横渡钱塘江,畅游母亲河"活动。12 月,又推出浙江省级电视媒体的首次电视问政节目《治水面对面》,由绿色浙江的百名志愿者和人大代表们共同向浙江七地领导面对面进行治水问政。2014 年,绿色浙江更是联合浙江电视台钱江都市频道、浙江电台交通之声等,推动绿色浙江"吾水共治"行动。"吾水共治",意思就是我们的水我们治。行动通过利益相关方圆桌会、民间河长、水质提升创意大赛等,发动公众参与治水,为浙江治水添人手、聚人心、旺人气。

不少年轻人对于职业和工作的选择,更多的是考虑"钱多、事少、离家近"。2009 年,我们创建了紫领人才培养计划。之所以取名"紫领",是因为紫色高贵。我想让更多的年轻人能够意识到"富"与"贵"的差异,人的价值,不在于赚多少钱,不在于做多大的官,而在于奉献,在于影响身边人并传播正能量,在于为国家创造精神财富和物质财富!

强鹰秘书长王承超,就是紫领 2 期的学员。他在学生期间是浙江大学优秀共产党员、浙江大学西部支教团团长、2012 年浙江省高校学生中唯一荣获中国志愿者最高奖——中国志愿者先进个人,也是我所见过的最有才华和能力的卓越学生之一! 他于 2007 年与我相识,并和我一起创办、推动求是强鹰计划,一直坚守着强鹰的梦想。无论是在贵州湄潭乡村支教,还是 2013 年毕业后放弃从政和从商的选择,继续做强鹰的专职秘书长,他都一直在追求着自己的信仰! 紫领计划 6 年,20 多位厅级领导干部也像彩虹桥一样弯下腰成为志愿者老师,走进浙江大学,亲自指导、带领紫领学员成长,像关心自己的子女一样关爱我们的学生,让更多紫领学员深感幸福,也引领了很多学生追求有价值的人生。凤凰网首席记者陈芳从北京专程来采访时说,紫领计划导师带徒模式改善了政界官场风气,意义深远!

从绿色浙江到求是强鹰再到紫领计划,我们经历了无数的困难和挫折,也收获了无数的鼓励和帮助,甚至是精神的力量。如金昌集团潘亚敏导师专门捐赠 80 万元金昌基金支持彩虹人生强鹰发展;阮仕珍珠阮铁军导师从

2013年黄龙饭店"归巢盛典"开始,对强鹰品牌建设给予近100万元的大力支持;伟基集团虞辉和俞红夫妇除了支持野风现代之星大厦250平方米的办公室外,还在过去3年捐赠170万元支持设立伟基基金;还有很多强鹰导师所在企业和单位纷纷给我们提供办公场地、活动场地和专职人员经费、活动经费等,太多朋友、太多的帮助在此无法一一列举。每当我站在某一段路的终点,回想起我们所经历的一切时,内心深处最多的情感便是感恩。我们知道这一路走来,有社会各界朋友的关心和支持,还有众多学生的鼓励和帮助,才能让我们在寻梦的道路上走得更加顺利。在此,我深深地感谢大家!感谢在座的每一位!

彩虹人生,它可以是绿色浙江那一缕经历了14年风风雨雨依旧蓬勃发展并日趋壮大的盎然绿色;可以是求是强鹰那一片培养未来精英广阔天地的绚丽蓝色;还可以是紫领计划那一抹指引人生道路并让更多人信仰起来的明亮紫色。彩虹人生,不是一两个人的成就,而是整个社会送给未来的一份礼物!

之所以人生能够有彩虹,是因为我们不甘于平庸,是因为我们的价值取向、我们的使命驱动、我们的人生信仰。20年,我深深明白了一个道理:做一名好老师,就应该弯下腰架起一道成就学生成长的彩虹桥,真心、真情、真诚地帮助和成全学生,培养、引领和推动中国未来发展的健康力量。

我们回顾彩虹人生20年,其中绿色浙江、时代强鹰、紫领计划的发展,本身就是一场抱团取暖。我们在这里,并不是为了标榜过去,而是为了引领未来。彩虹人生,不在于成就自己,成就他人才是更大的价值和意义!

抱团取暖,让我们更懂感恩,也让每个人思考,有什么是我可以做的,有什么是我可以支持的。我们的几十位秘书处专职人员很辛苦。今天我们看到,有很多人前来支持我们。我们的义拍物资来自社会各界,我们的中拍者都是满怀着爱、创造着爱!当然,不管有无捐赠,不管有无中拍,只要来到这里,我们都是满怀着爱、创造着爱!

人有两次生命的诞生,一次是你肉体的出生,一次是你灵魂的觉醒。当你觉醒时,你将不再寻找爱,而是成为爱、创造爱!当你觉醒时,你才开始真实地、真正地活着!

各位伙伴们,为了我们共同的中国梦,我们需要真实地、真正地活着!2015年,让我们重整行装,再度出发,不懈前行。共聚彩虹人生,一起来,更精彩!

绿色浙江,让更多人环保起来!

求是强鹰,让更多人强大起来!

紫领计划，让更多人信仰起来！

彩虹人生，让更多人幸福起来！

（本文由彩虹人生公益盛典筹委会整理，彩虹人生风雨 20 年，感激您的支持与相伴。）

（2015-02-02　13：06：40）

（http：//blog. sina. com. cn/s/blog_6b84aa070102vaa7. html）

不要让优秀阻碍了你的成长

亲爱的同学们：

6月是终点，也是起点；是离别，也是期待。毕业之际，在这个特殊的时刻，我想与大家分享5句话。

第一句话，不要让优秀阻碍了你的成长。你们是同龄人中的佼佼者，但请不要让过去的优秀阻碍了你未来的成长。这句话包含两个方面：做事要高追求，做人要低姿态。做事要把目标定得高一点，求其上得其中，求其中得其下，绝不能只求优秀，而应该追求卓越；做人要把自己放得低一点，不要因为头上的光环，就表现得不可一世或是高人一等。走向社会，要忘掉自己过去所取得的成绩，虚怀若谷，保持空杯，不断成长。

第二句话，不要让别人的优秀阻碍了你的成长。从小到大，你应该听过无数别人家的孩子。而当你走向社会的那一刻，你就会发现同龄人中已经有人评上了教授，有人当上了董事长……优秀的标准永远不是单一的，当你在羡慕别人的时候，也许别人也在羡慕你。人生是一场马拉松，不要让急功近利扰乱了本该有的远大理想，不要让盲目攀比使你丧失本该有的斗志，克服浮躁的心态，学会掌握自己的节奏，你会走得更远。包容他人的优秀，欣赏他人的优秀，拥有更加宽广的胸怀，你会更加优秀！

第三句话，成功不能复制，但优秀可以复制。很多人的成功，可能仅是小概率事件，其中不乏运气和机遇的差别。我们也会在媒体上看到各种成功案例的分享，这会使你觉得成功很容易。但你必须认识到，还有大量的失败者根本没有露面的机会。所以我们要学会辨识各种所谓成功学的论断，你只需要做最好的自己，学着让自己优秀，而不要过度关注如何使自己成功。

第四句话，别人尊重你是因为别人优秀。优秀的人会放下身份感和优越感，善待、理解和尊重他人，不以身贵而贱人，不恃功成而傲居。这是修养，也是胸怀。所以，懂得感恩，学会珍惜身边那些尊重你的人，与他们为友，你会学到更多为人处世之道，才会有更大的人生格局。

第五句话，唯有守住底线，才能一直优秀，才能从优秀走向卓越。筑牢思想道德防线，划清廉洁自律界线，不越法律法规红线，时刻保持清醒头脑，是优秀的前提。有规矩，才有方圆；有尺度，才有敬畏；有底线，才有尊严。做人要守住底线，守住良心。

告别浙大，你们将各奔前程，但是你们永远不会告别彩虹人生，因为风里雨里，我们一起携手同行。

最后，祝大家毕业快乐，前程似锦！人生更加出彩！

（2018-06-28）

（https://mp.weixin.qq.com/s/lz4SYksT3aa3kQVN-bBNlw）

评　论

Goldpine

求是创新浙大人，为国为民紫领梦，这是我一生永不更改的标签。在浙大成长的 4 年，洞明世事，练达人情，格物致知，从基础科学的探索者到公共管理的热心人，我逐渐明确人生理想、志趣所在，这丰富、忙碌而意义非凡的 4 年，是我腾飞向未来的起点。在紫领奋斗的 3 年，与志同道合的朋友一起为着共同的目标而埋头苦干，只因我们有坚定的政治信仰、有知行合一的追求、有报国奉献的热情。毕业不是终结，而是新的开始，在公共管理读研究生，更要把"以天下为己任，以真理为依归"刻到骨子里。牢记阮老师的教诲，坚持如一，追求理想，永远保持少年的活力！感谢阮老师多年来的支持和帮助，感谢紫领同学们的一路陪伴，祝愿紫领，祝愿彩虹人生！

徐建

在浙求学 9 年，感恩浙大对自己的全面塑造以及所给予的追求梦想的机会。更为幸运的是遇见彩虹人生，遇见阮老师。在这里，我遇见志同道合的伙伴，遇见智慧温暖的导师，遇见理性坚定的信仰，遇见十年如一日的坚守，遇见成就他人就是成就自己的格局，也逐渐遇见更好的自己。感谢彩虹人生给予更多青年人的指引、鼓舞和正能量！即将毕业，临别之际，作为一名选调生，关于"忘"与"不忘"，我想分享一些思考和感受与所有即将踏上工作岗位的朋辈共勉：面对未来，要忘掉学生时代所取得的成绩，一切归零、从头开始；忘掉作为浙大人的标签，将这份荣耀深埋心底，化作干事创业的动力；忘掉自己选调生的身份，扑下身子，做好服务人民群众的公仆。而从始至终不能忘的，是恩情、是初心。

方子东

　　浙大求学 7 载，彩虹人生公益育人平台也陪伴了我 7 年的成长。多年来，彩虹人生公益育人平台源源不断地提供广大青年学子成长所急需的养分。在这里，汇聚着众多优秀的企业界、公益界、政治界导师，他们的倾囊相授为我们带来了智慧的光芒、实践的土壤与信仰的雨露。在这里，阮老师十几年如一日的坚持与无私的付出深深地鼓舞着我们，而广大优秀学员们也为我带来了思想的碰撞、正能量的盛宴。感恩彩虹人生！愿彩虹人生公益育人平台越办越好，愿我们共同坚持，用信仰点亮人生！

大学"四寻",在不断的尝试中寻求突破

　　高校大一新生纷纷入学,大学与高中相比,有三个比较明显的区别:一是在学习上强调更多的主动性,对自学能力有更高的要求;二是氛围相对宽松和自由,在时间安排、课程选择、生活节奏等方面有更多的自主空间;三是对学生的评价更加多元化,不唯分数和绩点,在社会工作、公益活动、创新创业等多方面都可以展现自我,获得成就感和满足感。面对这些变化,大学新生一方面需要具备更强的自我规划和管理能力,另一方面要有强烈的内在驱动力和上进心。在此开学之际,作为一名热心公益育人的浙大教师,结合21年的辅导员工作积累和17年的彩虹人生公益育人平台探索,给大学新生和更多的青年朋友建议"大学四寻",希望能有所助益。

　　一是"寻平台"。优秀的平台可以带来巨大的价值增长,对于个人而言也是如此。不同的平台,意味着不同的价值追求、视野高度、资源类型、机会窗口和社交圈子,因此找对平台就显得尤为关键。社会上所谓的"拼爹",其实拼的就是平台,最终使得有些人的起点成为其他人无法达到的终点。大学里有成百上千的各级团学组织和学生社团,有各种各样的成长平台,学生进校后很容易因选择太多而迷失方向。要多方了解,要结合自己的成长需求和兴趣方向,努力寻找适合自己发展并为之不断付出的优秀平台。而彩虹人生公益育人平台希望做的是为更多吃苦上进的青年学子(尤其是寒门学子)创造更加平等的成长机会。

　　彩虹人生公益育人平台上,有助力创新创业人才培养的求是强鹰俱乐部,会邀请知名浙商来带徒,推动百余位强鹰学员走上创业道路,多位学员因此获得千万元级以上的融资;有助力公共管理人才培养的紫领人才俱乐部,邀请厅级干部手把手带徒弟,同时与政府部门合作建立多个挂职锻炼基地,部分学员毕业后走上了基层服务岗位;也有助力社会公益创业服务人才培养的绿色浙江,通过社会创业家学院、大学生绿色联盟、自然学校等,为社会公益管理和服务提供专业化、科学化、系统化的培训、实践和协作平台,培养了包括中国青年五四奖章、中国志愿服务金奖获得者、绿色浙江秘书长忻

皓和中国志愿者优秀个人、时代强鹰秘书长王承超等在内的一批青年榜样人物。

二是"寻同道"。大学是读书修身之所,也是同道交友之地。人的一生一定要有几个交情过硬的同道朋友。有人因为合群走向了平庸,有人因为合群走向了成功,区别在于和谁在一起。所谓"寻同道",就是找志同道合的优秀伙伴,如同创业合伙人一样,有共同的人生理想和相似的价值观,才能够互相激励,促进坚持,患难与共,分享人生的感悟,迸发创新的火花。"寻同道"有几个很好的方法,比如"寻导师"之后找同门,"寻方向"之后找同僚,"寻平台"之后找同仁,这样相对容易发现益友。年轻时,一个人的层次,是由他身边的朋友决定的。而中年后,一个人的层次,决定了他身边的朋友。当你还有机会选择朋友的时候,需要珍惜。幸福的人生不取决于你的名利、地位和财富,而和你的价值追求和社会关系密切相关。

三是"寻导师"。现在所谓的专家、大师、成功人士不少,以各种头衔到大学做讲座或是开设课程,但真正能称之为"人生导师"的恐怕不多。可喜的是公众意识的觉醒和公民素质的提高,我们不再盲从,而是拥有了较强的甄别能力。寻找导师,尤其在大学里找到自己心目中的良师,恰恰是我们每个人最好的成长过程。冯骥才先生将"读人"比作"读书",正如他所言,读真、读善、读美的同时,也读道貌岸然背后的伪善,也读美丽背后的丑恶,也读微笑背后的狡诈。正是在阅人无数之后,我们才会有抽丝剥茧的慧眼,透过那些包装在外层的财富、地位、名气和标签,寻找到生命中的高人和贵人,并汲取有益于自己的精神养分。尤其是在还不清楚人生方向的时候,跟对人很关键。正如我常说的:读万卷书,行万里路,吃苦无数,阅人无数,高人指路,贵人相助,自己领悟! 为了更好助力青年学生"寻导师",我努力邀请众多风云浙商优秀企业家和厅级领导干部及社会公益领袖等各界精英到浙江大学担任求是强鹰导师或紫领导师,以导师带徒的方式助力青年学生的成长与发展。

四是"寻方向"。人生重要的不是你现在所站的位置,而是你面朝的方向。大学之前的教育使得绝大多数的学生产生了一切以分数为重的思想,考大学就是目标。然而当他们上了大学之后,这个目标就突然消失了。接下来的目标是什么? 他们不知道。在 18 岁的年龄不知道自己未来的目标在哪里,这并不可怕。但是如果缺乏寻找方向的意识,那就很可怕,人生也会更加迷茫。方向比努力更重要。每个人寻找方向的过程都是奇妙而有趣的,因为包含着未知和不确定性。在搞好自己专业学习的同时,建议首先多思考,多接触不同组织平台和不同背景的人,多体验不同难度的事,多参加一些有益的社会实践和志愿服务,多阅读不同主题的书,多走走不同的地区和国家。其次,在广泛涉猎和感受之后,寻找到自己感兴趣并适合的道路,然后坚决地走下去,这是最好的选择。随着年龄的增长,我逐渐认识到,要把一项事业做到极致,必须要有持续的热心和激情,所以对所选方向本身的热爱是非常关键的。同时,不要用"能赚钱""铁饭碗"等世俗的观点去衡量方向的价值,那样很有可能使你产生错觉,丧失本心。

大学四寻,寻找最适合自己发展的优秀平台,寻找志同道合的优秀伙伴,寻找生命中的人生导师,寻找有价值的人生方向!大学四寻,在不断的尝试中寻求突破,让生命更加出彩!

(2016-09-10)

(https://mp.weixin.qq.com/s/DywneEozO7hW9S0QGULe-g)

□ 评 论

徐建

大学教育与之前的中小学教育最大的不同在于,相较中小学的封闭性和思维单一性,大学教育以及大学本身都是开放与多元的,并且大学具有更强的包容性。到了大学,我认为是对自我抉择的回归,选择比天赋更加重要。如阮老师此文所言,平台、导师、同道、方向,每一个都是多项选择,每一个都没有标准答案。当我们做出选择之时,背后是理念、视野和价值观在发挥作用。因此,我想所有的自我突破都离不开内心的勇气和驱动力。

雪儿

认真看完阮老师写的大学四寻,感触颇深!最适合自己发展的优秀平台、志同道合的优秀伙伴、生命中的人生导师、有价值的人生方向,对一个工作了11年的人,回望过去,深深地感觉到,这些真的非常重要!对于刚入大学校门的学弟学妹们来说,如果能及时领悟这些的重要性并做出努力,将会大大减少以后人生的弯路!大学四寻,在不断的尝试中寻求突破,让生命更出彩!

辛瑞

大学是个炼金炉,有些人默默无闻,在大学期间无所事事;有些人却超越了自我,寻找到了新的生活方式,成为得到与付出最多的那批人。好的平台给予奋发向上的机会。感谢阮老师创办了彩虹人生公益平台!

内在人格也能改变人生轨迹

　　全人教育思潮正孕育着新一轮的高等教育变革,构建以立德树人、全面发展为导向的人才培养体系,也正成为越来越多高校的广泛共识。百年名校浙江大学的教育定位也正在从知识、能力、素质俱佳的 1.0 阶段,迈向知识、能力、素质、人格并重的 2.0 阶段,将人格塑造摆在更加重要的位置,以促进学生的全面发展。

　　今天的年轻人有更加优越的条件,更加宽广的视野。我不担心他们知识的获取,因为有各种教育平台和无数网络终端为此提供便捷;我不担心他们能力的提升,因为有许多科学的训练计划满足不同阶段的需要;我不担心他们素质的发展,因为有太多的成长平台可供选择。但是,面对喧嚣与浮躁,面对诱惑与纷扰,面对未知与迷茫,我开始为他们担心。当无良商贩不择手段致富,当网络主播毫无底线吸金,当一次投机倒把超过经年蓄积,当各种二代手擎"拼爹"大旗,我真的担心会有更多年轻人因此失去梦想,放弃坚守,丧失原则。

　　在我看来,年轻人最宝贵的是时间,而不是金钱;人生最宝贵的是经得起时间检验的人格,而非那带不走的财产。人生的扣子从一开始就要扣好,不要去羡慕别人外在的"贵",而应该守住自己内在的"贵"。内在的"贵"是一种人格力量和精神品质,贵在积极进取、乐观向上的心态,贵在敢闯敢干、永不服输的勇气,贵在专注做事、坚持梦想的恒心,贵在感恩他人、回报社会的精神。如果一个人拥有了内在的"贵",那么拥有外在的"贵"只是时间问题;而如果一个人缺失了内在的"贵",那么外在的"贵"也只会是一时的。

　　日本经营之父松下幸之助曾经谈到他的成功之道:"我获得成功,很大程度上是受到上天的眷顾,他赐给我三个恩惠,让我受益无穷。第一个恩惠,我家里很穷,穷到连饭也吃不起。托贫困的富,我从小就尝到了擦皮鞋、卖报纸等辛苦的滋味,并以此得到了宝贵的人生经验。第二个恩惠,从一出生,我的身体就非常羸弱,托羸弱的福,我得到了锻炼身体的机会,这使我人到老年仍身体健康。第三个恩惠,就是我的文化水平低,因为我连小学都没毕业。托文化水平低的福,我向世界上所有的人请教,从未怠慢过学习。"

　　松下幸之助的成功告诉我们,内在的人格力量和精神品质可以改变人生轨迹,在别人眼中的磨难与困苦变成松下幸之助眼中的财富与恩惠,同样的事物因为心态不同产生了完全不同的效果,决定了是你去驾驭生命还是生命驾驭你。人生多坎坷,世上存不公,有的人向现实妥协,放弃了自己的理想和追求,在抱怨中度过余生;而有的人没有低头认输,勇于面对,敢于追求自己的幸福。请记住,与其抱怨黑暗,不如点亮蜡烛,重新审视我们的过去,调整我们的心智模型,培养自己内在的"贵",成为真正的贵子。

　　我自担任辅导员至今 20 余年,坚守彩虹人生公益育人平台 17 年,阅人无数,不少高智商的青年学生很难走得很远,原因就是太注重外在的"贵",被钱和权迷惑了双眼,却忽视了内在品质的塑造和培养,很容易功利性地选择自己所认为最需要的事情,却很难充满热情并执着地坚持去做一件有意义但需要长期付出的事。

　　所以对于出身寒门的同学,我希望引导他们去寻找自己喜欢并愿意付出一辈子的事业,学会专注和持之以恒。一个人现在的贫富以及所站的位置并不重要,关键是选择的方向,并为之不懈努力。

　　作为一名教育工作者,我也在努力思考为更多寒门学子创造更好的发展平台,成就更多的青年学生。绿色浙江让更多的青年学生能够成为一名很有社会责任的环保志愿者,在 NGO 的大平台上磨炼自己、挑战未来,实现自己的人生价值;求是强鹰计划让更多青年人有机会接触到知名浙商和优秀企业家,以导师带学徒的方式,着力培养大学生创业和就业的实战能力,不少导师也希望能帮助更多的学子开阔他们的视野和交际圈,可喜的是不少学生在这个平台中找到了自己的人生方向,开始了自己的创业征途;紫领计划更是注重学生内在品质的塑造和领导力的提升,强调社会责任和家国情怀,打造的就是内在的"贵",卓尔不群,超越自我。我们也一直在引导学生学会感恩,只有这样才能收获生命的贵人。

　　"穷则独善其身,达则兼济天下",内"贵"才能外"贵",内心的强大才是真正的强大。当我们有能力帮助别人的时候,我们要学会回报社会,成为推动社会进步、引领社会公义的一股力量,公忠坚毅、能担大任、主持风气、转移国运,这才是真正意义上的贵子。

　　(2016-10-29)

　　(https://mp.weixin.qq.com/s/KG5yct_0T-r4nl7kn-qQPA)

□ 评 论

任溥瑞

　　我想到的更多是内在人格的重塑和升华问题。何为德行？何为操守？在我们一出生的时候这个概念是简单化的，社会却是复杂的，认识的过程伴随着内在人格的锻造。大多数情况下，人格越丰富、越成熟，对人生的帮助就越大。彩虹人生的平台之所以锻炼人，其妙处也是如此，我们没有理由焦躁，却有理由在前进时多加思考。

丁钒

　　外在的环境和生来赋予的优势可以推动一个人走得快，但内在的人格和积累的修养则可以由内而外地决定一个人走多远。阮老师一直在为我们打造更好的发展环境，也一直在熏陶我们修炼内涵，同时教育我们沉下心来做事。

　　克林顿曾用1年的时间锻炼自己一方面的品行，我们有什么理由焦躁呢？

楼小七

　　如果决定你看待问题的视野的是你学到的知识，如果决定你事业高度的是你具备的能力，如果决定你人生品质的是你的内在素质，那么真正决定你人生方向的就是你的人格。以古观今，"君子和而不同"，"淡泊明志，宁静致远"，"富贵不能淫，贫贱不能移，威武不能屈"，"天行健君子以自强不息"，人格培养的重要性不言而喻。恪守自己的内在人格，守住本心，不受外界的浮华所干扰，脚踏实地地做事。同时还应怀抱感恩，培养和提升社会责任感和家国情怀，将有限的个人能力投入到无限的为人民服务中去。

附录一：部分媒体报道选载

《中华英才》：成全学生的七彩人生之路

（2017 年 9 月 1 日《中华英才》第 17 期）

（http://www.zhyc.com.cn/2017/0919/3593.shtml）

浙江大学有这样一位老师，他蝉联第 7、8 届浙江大学"教书育人、管理育人、服务育人"三育人标兵，是浙江大学 2013—2016 年唯一一位连续两次获评浙江大学三育人标兵的老师。

他曾荣获第七届地球奖、中国首届民间环保十大优秀人物、中国首届十大社会公益之星提名奖、浙江十大最美公益人物、浙江省十大杰出志愿者、浙江省三育人先进个人等诸多社会荣誉。

他的不懈坚持和无私付出，影响和感染了包括浙江省副省长高兴夫、浙江省科技厅厅长周国辉等在内的 50 余位厅级以上领导干部，以及西子集团董事长王水福、万丰奥特集团董事长陈爱莲等企业界百余位知名浙商，一起作为导师带徒，公益育人。

他整合各界社会资源公益育人，牵头相继创办杭州市生态文化协会、浙江省绿色科技文化促进会、杭州创业发展促进会和浙江省七彩阳光公益基金会，引领社会风尚，推动时代发展。

他坚持创办 18 年的彩虹人生公益育人平台，影响和成就青年学生无数。

这位浙大老师是谁，他的背后又有着怎样的故事？今天就让我们走近这篇文章的主人公阮俊华老师以及他创办的彩虹人生公益育人平台。

一位甘做"傻子"、甘当愚公的育人者

听不少浙大的学生说，阮俊华老师的办公室有个特点：只要他在，办公室的门总会留个缝或开着。当记者来探访的时候，确实如此。

对于这个特点，阮俊华这样解释："怕学生走到办公室门口，看到门关着，没勇气敲门，就不敢进来又回去了。所以我经常把门微微打开，就是告诉学生，'老师愿意和你们交流'。"

这位高高瘦瘦、乍一看稍显严肃的浙江大学公共管理学院党委副书记，

实际上十分平易近人,深受学生的爱戴。从一名普通的高校辅导员到学院的党委副书记,阮俊华老师始终将"育人"视为工作的第一职责。就在记者采访阮老师的1个小时内,就有三四个学生推门进来,跟阮老师汇报工作或是有问题向阮老师请教。据来访的同学讲,阮老师虽然是党委副书记,但他一直在育人一线,与学生接触的时间甚至多于很多基层的辅导员。

今年愚人节前后,新华网刊文《浙江大学一教师提倡要过"育人节"》引发热议,报道正是阮俊华老师在杭州向各界人士发出倡议:把4月1日设立为发扬愚公精神的"育人节",多一些不计回报的付出、多一些不离不弃的执拗、多一些真诚纯粹的大爱、多一些服务学生的平台,把育人工作当作义不容辞的使命和事业来做,真正把育人工作做到学生的心坎上。在阮老师的倡议下,浙江省青联教育界别组、杭州市青联、浙江省绿色科技文化促进会、浙江省中小学教师培训中心、杭州学军小学等纷纷响应。

在紫金港校区一个比较窄小的办公室里,阮俊华告诉记者:"育人工作者要想有所作为,就是要不怕麻烦,多给自己'找麻烦',多跟学生接触,了解他们的困难和需求,想学生所想、急学生所急,创新育人方式方法,为学生群体更多地发声和出力。也只有自己'麻烦'多了,学生才能少一些麻烦,多一些成长和进步。"

服务学生,就是要尽可能方便学生。阮老师不仅这样说,也坚持这样做。比如在大学里,学生往往搞不清老师的工作安排,经常找不到老师。为了让学生少跑腿,节约学生时间,他从2010年12月开始在其创办的彩虹人生新浪博客上开辟绿色通道,提前把自己每日的工作时间公布在网上,具体到几点至几点在哪里、干什么,并细心地写下自己和学院几位老师的办公电话,让学生能第一时间找到他,让学生了解他的具体行程安排,尽最大可能方便学生。

近年,阮俊华受聘为首批浙大育人标兵领航计划的导师,结对了几位青年教师和育人工作者,他经常与这些年轻教师和辅导员探讨育人的方法,分享他20多年的育人经验,"作为一名教育工作者,精明、世故、圆滑、老成都不难,但在当今社会保持一颗傻傻的心最难,只有用'傻子'一般的执着和爱心,'疯子'一般的坚持和奉献,才能真正把育人工作做好"。

一座托起学生梦想的彩虹桥

教师是人类灵魂的工程师,是最神圣的职业之一。简单来说,教师的职责可以概括为"教书育人"。"教书"这两个字,也许大部分的老师都做到了。但是"育人"这两字,对任何一位老师来说,都显得沉重。在大学里,越来越多的是踏着上课铃声而来、踩着下课铃声而去的老师,但越来越少见像阮俊华这样重"育人"的老师。而且这位阮老师的与众不同,在于"扶上马、送一程、关爱一生"的育人理念,在于坚持不懈的育人模式。

从 1995 年从事学生辅导员工作开始,阮俊华就一直尽其所能为青年学生搭建与社会接轨的成长平台。1999 年开始创建浙江大学学生绿之源环保协会至今,他不求回报地打造彩虹人生公益育人平台,被学子们亲切地称为"托起梦想的彩虹桥"。

这座彩虹桥具有广泛的影响力,旗下不少的品牌都经营了 10 年以上,培养了一大批优秀的青年人才。其中最具代表性的,当属绿色浙江志愿服务计划、求是强鹰实践成长计划和紫领人才培养计划。

谈起绿色浙江志愿服务计划,阮俊华非常感慨,因为在这条道路上他已经坚持了整整 18 年。由于个人专业的原因,他于 1995 年担任辅导员起就开始思考将环保志愿服务与实践育人有机结合起来。1999 年 9 月他开始牵头创办浙江大学学生绿之源协会,至今一直担任绿之源协会的指导老师。2000 年开始,阮老师带领他的学生忻皓等共同发起筹建浙江省首家民间环保组织绿色浙江,在实践中推动社会管理创新,一步步推动其从一个草根的学生志愿者团队,发展成为一个扎根浙江、放眼全球的专业从事环境服务的公益性、集团化社会组织,主要致力于环境监督、社区营造、自然教育三大领域,是浙江省建立最早、规模最大、中国首家获得 5A 级评估的民间环保组织,在中国数百万个社会组织中唯一"三连冠"民政部主办的中国公益领域项目最高奖——中国公益慈善项目大赛金奖。绿色浙江志愿集体在 2011 年和 2013 年两次问鼎中国水环保年度公益人物奖,2013 年还获得了浙江省十大志愿服务杰出集体。这一切的成果都源于阮俊华老师和他的绿色浙江团队在环保公益事业上多年的不懈坚持和无限付出。

在绿色浙江这一平台上,培养成千上万的青年环保志愿者,他们追随阮老师,一起推动和开展了包括"千年环保世纪行"、"浙江省青少年绿色营"、"迎绿色奥运"、"百里彩塘"、东亚气候论坛、"吾水共治"等众多有影响力的活动,项目活动多次荣获全国、省、市的表彰。推动公众参与钱塘江的保护,发起"同一条钱塘江"系列活动,号召公众保护母亲河,目前已经绘制完成自钱塘江北岸杭州钱江三桥往西 8.75 千米以"保护钱塘江"为主题的海塘,是世界上最长的彩绘海塘;矗立钱塘江第一护江碑;征集钱塘江之歌,让《同一条钱塘江》的歌声响彻《中国梦想秀》的舞台。推动在浙江建立绿色浙江"水未来"实验室,召集利益相关方开展"吾水共治"圆桌会。推动生态社区建设,并在万通公益基金会的支持下,在杭州市上城区西牌楼社区尝试推广建立生态社区的示范样板。创建绿色浙江自然学校和余杭黄湖自然体验园，被授予杭州市青少年第二课堂基地；自 2011 年至今，组织巡护 8 万余千米，利用基于平台的公众协作互动型环境监督模式高效地协助政府查处污染事件数百起。联合浙江卫视策划推出大型新闻报道《寻找可游泳的河》，总共开展 136 期系列报道；开展电视问政《问水面对面》，直接助力推动浙江"五水共治"，引起了广泛关注和强烈反响……首届中国生态文明奖、中国五四青年奖章获得者忻皓和共青团中央委员申屠俊都是在这一平台成长起来的青年学生代表。

此外，阮俊华于 2007 年下半年开始酝酿创建教育部优秀校园文化成果奖项目——求是强鹰实践成长计划，至今已坚持 10 年。从第 1 期到 15 期，求是强鹰已形成了以西子集团董事长王水福、万丰奥特集团董事长陈爱莲、海亮集团董事长冯亚丽、奥克斯集团董事长郑坚江、康恩贝集团董事长胡季强、盾安集团总裁吴子富、锦江集团总经理王元珞、绿盛集团董事长林东、阮仕珍珠董事长阮铁军、九鼎投资董事长俞春雷等为代表的 130 余位知名企业家创业实践导师团队，为 976 位求是强鹰学员的成长导航。这种回应时代呼唤、反映大学生真实需求、整合社会资源的育人新模式，不仅得到了新华社、《人民日报》《中国青年报》等各类媒体的广泛关注报道，也成为《浙江大学百年文化研究》中的五个代表性校园学生文化品牌之一，是浙江大学乃至中国高校大学生最向往、最受欢迎的育人文化品牌之一。

求是强鹰推动了 100 余位学员成功走上创业道路，不少学员在全国挑战杯创业大赛中荣获金银奖。在导师的支持下，4 期学员徐凌佳和 3 期学员陈旭共同创办的格致教育，成为浙江省历史上第一个获得千万元风投的大学生创业项目；4 期学员白云峰、13 期学员王旭龙琦创办的杭州利珀科技、杭州光珀智能等公司，从事机器人视觉从芯片、相机硬件到系统集成的全产业链研发、生产、销售，拥有多项国际、国内领先技术。当李克强总理来到浙江大学和同学们交流创新创业时，白云峰作为代表汇报了创业的一些想法和建议。总理表示，创业要依靠创新，希望同学们继续发扬浙大"求是创新"的校训。这是一个大国总理对青年的期许。全国政协副主席、科技部部长万钢和时任浙江省长的李强也专门到访企业考察指导。强鹰 10 周年之际，强鹰学员、海望教育创始人陈旭成长为强鹰导师，反哺彩虹人生公益育人平台。

阮俊华也在思政育人方面不断创新和探索，于 2009 年开始创建紫领人才培养计划，坚持至今培养了近 300 名紫领学员，每年亲自带领学员到基层挂职，推动越来越多的学员到基层和西部，投身社会公益服务事业。他首创的政界厅级以上领导干部作为导师带徒培育在校大学生的模式,在校内外产生了广泛而深远的影响。将厅级以上领导干部请入校园,"手把手"带徒弟,每位导师对接 3～5 位学生,在思政育人一线开展为期 1 年的"师徒行"。这一模式开展以来,形成了以浙江省副省长高兴夫、浙江省人大常委会原副主任王永昌、浙江省委宣传部原常务副部长胡坚、浙江省科技厅厅长周国辉、浙江省民宗委主任楼炳文等为代表的 50 余位厅级以上领导干部导师团。除了每年 1—2 月一次的与导师的面对面日常交流,导师亲自带领、指导的上百场导师组活动也如雨后春笋般开展起来,包括乡镇基层走访、省级部门参观交流、浙江省委党校课程旁听、阿里巴巴西溪科创园创新创业行、红色寻访、廉政教育基地走访等。这一做法改变了原有思政课堂"灌输式"的教学模式,重视言传身教和互动交流,重视理论与实际的结合,将学生由"被动灌输"转变为"主动内化",由"单向通道"转变为"交互参与",通过切实的实践教学,使大学生把有关政治信仰的理论转化为内在的行为标准、人生的价值观念。

这一做法得到了社会的广泛关注和认可。2014 年 4 月,浙江省委宣传部在浙江省高校党建暨宣传思想工作会议上,强调要借鉴浙大紫领计划,开始在浙江省高校中推广政界导师带徒制。全国人大代表、浙江省科技厅厅长周国辉导师在 2015 年两会期间还专门介绍、宣传了紫领计划等对高校思政教育的创新影响,得到人民网、《中国日报》、《科技日报》、浙江卫视等众多新闻媒体的关注报道。

一根"思考的芦苇"带来的心灵洗礼

法国著名物理学家、思想家帕斯卡尔曾经说过:人是会思考的芦苇。

阮俊华的办公室就在浙大紫金港的启真湖畔,他说他平时喜欢看着湖面,做一根"思考的芦苇"。虽然一根芦苇的力量并不一定很强大,但是对育人工作的有益认识和思考,能够像芦苇花一样,随风而舞,在更远的地方扎根发芽,去影响、帮助更多青年成长。

他于 2010 年 8 月受新浪邀请开通彩虹人生博客,至今已经有 92 万余次的访问,累计撰写和转载了 1300 余篇和育人相关的文章。阮俊华经常提前上班和推迟下班,他定期会写一篇博文,这已经成为他的习惯。因为博客的文章经常被新浪网转载到首页,浙大出版社就联系他将博客精选集结成册,取名《寻梦彩虹人生》,这本著作至今已经连续多次印刷,发行量达 40000 册。蓝狮子读书会在书籍特别推荐语中写道:"没有哪本书比《寻梦彩虹人生》更像一场来之不易的春雨。这是一本薄薄的小书,没有佶屈聱牙,也没有冗长难懂,但这里有走过年少激昂和艰难求存之后得出的感受和道理。他将一批青年人带向充满机遇的道路,也将更多的豁达开朗、创新进取融入社会。这其中所蕴含的哲理和深意正如一场低调的春雨,悄无声息地洒落,却溅起无穷的意义和深远的影响。"

后来微信逐步成为他与更多学生沟通的桥梁,他于 2013 年 2 月 19 日开通了彩虹人生微信公众平台,传播正能量。无论是大年初一还是在美国学习访问,他每天早上起来后的一件事就是坚持发送微信文章,天天坚持,从不放弃。阮老师说:"育人者要跟上时代的潮流,要善于运用新媒体,善于把握网络平等、开放、互动的特点,辐射和影响更多的青年学子,从而影响和改变他们的人生轨迹。"目前彩虹人生微信公众号已经发表图文消息 1700 余条,粉丝近 40000,影响校内外师生众多,每月阅读量位列全校前三。浙大的一位学生这样评价阮老师的微信平台:"每天叫醒我的不是闹钟,而是彩虹人生微信公众号,是它带给我一次又一次心灵上的洗礼。"

一树芬芳,桃李传佳话

十年树木,百年树人。阮俊华彩虹人生平台上成长起来的学生,如今不少已经成长为社会的中坚力量。尽管阮俊华老师获得了无数的荣誉,但在他的眼中,教师的最高荣誉是学生的评价和口碑。作为一名老师,唯有成就学生,才能更好地成就自己。

强鹰 7 期学员、香港昊申国际发展有限公司创始人李熙昂在强鹰 10 周年之际专门留言感谢:"本人李熙昂,在考入大学时原本是在计算机学院,由于并不是理想专业,我在学习过程中出现了缺乏学习兴趣、对未来十分迷茫的情况。在人生的关键时期,我接触到了阮老师的彩虹人生博客。阮老师的循循善诱和不断鼓励让我坚定了信念和选择,毅然降级转入管理学院,并在之后的学习过程中大展拳脚。我不但以队长身份带队获得第 7 届蒲公英商业计划竞赛的特等奖及全国挑战杯商业计划竞赛银奖,还在创业路上一走到底。毕业 6 年,由我创立的跨境电商企业已经渐入佳境,年销售额数千万元。回首过往,很庆幸能加入强鹰,在这里有志同道合的同学,有企业家导师的引路,也有阮老师不断的关切和鼓励,可以说我的人生轨迹因此而改变。"

浙江财经大学人事处长鲍海君教授这样评价阮老师:"我从 1996 年开始跟随阮老师直到 2005 年毕业,毕业后我在阮老师的影响下也选择了教育行业。离开母校 10 余年,恩师对我的培养一直在延续,特别是阮老师创办的强鹰、绿色浙江等彩虹人生育人平台,不断促进我成长。期待更多青年学子在公益育人的影响下成长成才！"

中国青年五四奖章获得者、首届中国生态文明奖获得者、绿色浙江秘书长忻皓早在 2011 年 4 月 17 日就在新华网专门评价他的恩师阮俊华老师："一个无法改变的事实是，他的人生观、价值观，他的处世风格和言行举止，已经潜移默化地影响了一批在他身边的人去追求人生的真理。如果除了假设，再给我一个机会梦想，我会梦想阮老师能够成为所有大学教师的一个典范，去影响和鼓励曾经和我一样年轻、充满梦想、激情荡漾的青春学子，给他们机会，让他们成长！"

阮俊华认为，对于一名教师而言，人生最幸福的事情就是得天下英才而育之，人生最宝贵的财富就是培养了众多优秀的学生，人生最大的收获就是学生对他的信任和情感，人生最大的快乐就是看到学生的进步和对社会、国家的贡献。人生的价值不在于我们自己有多闪光，而在于有多少青年学生朋友因我们而闪光，让平淡无奇的小水珠焕变成奇彩多姿的七彩虹，散发出灿烂夺目的光芒。

在《寻梦彩虹人生》一书中，记者找到了这样一句话："我愿弯下腰，成为一座'彩虹桥'，以青春和激情帮助和成全更多青年学生的彩虹人生！"这或许就是阮俊华老师所追求的，相信他也将一直坚持下去。

□ 评 论

宋明亮

如果有更多的阮老师，我想会出现更多优秀的年轻人。

AAA 曹松涛

能遇到阮老师就是人生中最大的幸运。

叶晴旻

大学里面需要教书教得好的老师，需要育人育得好的老师，更需要可以教学生做人、成就学生的老师，阮老师就是这样的老师。谢谢阮老师！

张登攀@杭州浙江大学校友会

一切为了学生，为了一切学生。绿色浙江、求是强鹰、紫领计划等七色彩虹，阮老师一直在耕耘，一直在坚持。为了学生的发展，搭建一个又一个好平台，培养一大批浙大学子成为社会各界精英。阮老师很少考虑自己，感恩阮老师，支持阮老师！

颜开

阮老师是我们寝室的新生之友，阮老师每个月都给我们安排几次活动，也是在阮老师的带领下，我认识了彩虹人生，改变了我的大学生活，支持阮老师！

DM

深深折服于这位青年教师对待学生成长的强烈责任感。"人生最重要的不是你所处的位置，而是你面朝的方向"，阮老师常把这句话挂在口上，铿锵有力的语调和瘦削刚劲的身材很容易让学生同他一起务实地思考着，这应该就是"要想走得远，得和大家一起走"的爱生如子的境界吧。阮老师加油！

徐建

浙江大学有这样一位可敬又可爱的阮俊华老师，阮老师常说自己像一个"疯子"，像"疯子"一般地投身公益环保事业，像"疯子"一般地倾注心血搭建平台，像"疯子"一般地传播彩虹人生正能量，像"疯子"一般地坚守阵地、坚持理想。可就是阮老师的这股精神，感动、感染着我们，让我们愿意向他学习，懂得感恩，像他那样做一个理想主义者。这次阮老师入围浙大的三育人标兵评选，我们一起为阮老师点赞，让他的事迹能够为更多人所知，也让我们学生能拥有更多像阮老师这样的好老师。感谢阮老师！支持阮老师！

ZJU 韩熠宗

"教书"这两个字,也许大部分的老师都做到了,因为这是他们的职业,是他们的义务。但是"育人"这两字,对任何一位老师来说,都过于沉重。在大学,越来越看惯的是踏着上课铃声而来、踩着下课铃声而去的老师,但越来越少见的是像阮俊华老师这样重"育人"、愿意花大把时间在学生身上的老师。

刘创

不知不觉很多年过去,很多同学因阮老师牵线搭桥走到一起,在浙大、在强鹰圈有了诸多缘分。这份难得的经历值得铭记和珍视。聚在一起,彩虹人生便是无尽的矿藏,人人共享。又一次三育人标兵评选,感恩阮俊华老师! 作为一名学生,我愿在浙里为阮老师加油!

徐骁列 4520

永远记得自己在迷茫时走进阮老师的办公室,阮老师立马放下手头的工作,帮我分析问题,解开心结。特别感动在研究生阶段能够遇到这样一个好老师!

潘小蕾

阮俊华老师对待学生从来不摆架子,亲切真诚,他开通的绿色通道帮助了一个又一个走在人生岔路口的青年学生。阮老师对学生的关心不是嘴上说说,而是落实到切切实实的行动上,阮老师是位值得尊重、值得称赞的好老师。

6X1

有幸与阮俊华老师结识始于工会组织的领航新教师成长计划,他的敬业以及对学生无私的奉献精神令人钦佩,我记得阮老师说得最多的就是,"成就学生才能更好地成就自己","每天叫醒我的不是闹钟,而是彩虹人生",诸如此类催人奋进的话语。育人于乐,一直以来是阮老师默默践行的信条,也是他最与众不同的地方。在与阮老师接触的过程中,我总能感觉到,无论工作如何忙碌,他都能抽出时间来关心和帮助学生,这种大爱师魂值得每个新教师学习,也值得每个学生敬佩。支持阮老师,支持彩虹人生,支持领航计划。

梅荣军 Roger

同行的人比要去的地方重要,因为阮老师,我们遇到了这群人,找到了奔跑的方向。感恩阮老师,感恩彩虹人生公益育人平台,点滴的坚持释放着无尽的光芒和力量!

应建坤

燃烧自己照亮学生,阮俊华老师数年如一日地坚持为学生搭建成长平台,为了培养学生鞠躬尽瘁、尽心不已。阮老师于我更是一位引路人,对我有诸多的帮助和指导。

周洋

依然记得有幸接触阮老师是在一通电话过后,那时虽还未曾谋面,但老师的细致和担当让我感动,至今难忘。阮老师给了我们这代浙大青年很多平台和机会,几十年如一日的主动和不计利害的奉献造就了阮老师卓越的人格魅力。大学之大不在大楼,而在大师。阮老师是学生心目中的大师,更是浙江大学的杰出代表!育人育生育梦想,愿老师桃李满天下,硕果遍神州。

毛驴

第一次见阮老师是在大一,听到一句话:读万卷书不如行万里路,行万里路不如阅人无数……当时只是觉得话语精彩,但如今回头看来,这句话影响了自己整个大学生涯以及后来的人生态度。所谓春风化雨,润物无声,阮老师就这样关心、帮助他认识的每一个学生。为老师点赞,送上祝福!

鲍海君

我从1996年开始跟随阮老师直到2005年毕业,毕业后我在阮老师的影响下也选择了教育行业。离开母校10余年,恩师对我的培养一直在延续,特别是阮老师创办的强鹰、绿色浙江等育人平台,不断促进我成长。期待更多青年学子在公益育人的影响下成长成材!

《浙江日报》:躬身甘做"彩虹桥"

(2017 年 12 月 11 日,《浙江日报》头版头条)

(http://zjrb.zjol.com.cn/html/2017-12/11/content_3101231.htm? div=-1)

赤橙黄绿青蓝紫。

在光学里,它是雨后阳光穿越水滴折射的光谱。在浙大,七彩光谱绘就了一座"彩虹桥",为青年逐梦描绘人生底色。

绿色,是绿色浙江志愿服务计划,近 20 年来在之江大地镌刻环保印记;蓝色,是求是强鹰实践成长计划,让上千名学子像雄鹰般振翅创业天空;黄色,是黄土地基层挂职成长计划,激励无数青年深入基层,感受大地冷暖;紫色,是紫领人才培养计划,引导青年学子坚定信念、报效祖国……

这座"彩虹桥",就是浙江大学彩虹人生公益育人平台。它的背后,是浙江大学公共管理学院党委副书记阮俊华 20 余年的坚守与呵护。他牢记立德树人使命,整合各方资源,架起一座成就成千上万学子梦想的"彩虹桥"。

立德树人 坚定青春理想

青年兴则国家兴,青年强则国家强。青年一代有理想、有本领、有担当,国家就有前途,民族就有希望(十九大报告)。

12 月 1 日晚,第 14 期"紫领·问政讲堂"在浙江大学如期举行。27 岁的浙大建筑工程学院硕博连读生宋明亮想听上最后一场,因为他马上要到陕西省汉中市城固县做一名基层公务员。

讲堂第一排显眼的位置,穿着深色西服、高挑瘦削的就是阮俊华。他创办的紫领人才培养计划,潜移默化地影响了一大批"宋明亮"。

2009 年,已调至管理学院的阮俊华围绕建设浙大"双一流",结合学校培养未来领导者的目标,启动了紫领人才培养计划,培养志向高远、胸怀报国之志的领导型人才。

"浙大人,要做什么样的人?公忠坚毅、担当大任、主持风气、转移国运的领导人才。"眼前的阮俊华老师,胸前别着党徽,竺可桢老校长的这句话脱口而出,这也是他对学子的忠告和期盼。"评价学子成功的维度,不应该是金钱和地位,而是对社会的贡献。"

紫领计划实施多年,培养了一批有信仰的英才。开办至今共 9 期,有

350多名浙大紫领学员,许多人前往西部和各省市基层,将青春与梦想贡献给祖国最广阔的河山。

目前,紫领计划共邀请50余位政界厅级以上领导干部、10多名公益界知名人士担任学生导师,选拔与培养富有责任担当和公益精神的未来领导者。这些社会资源,是阮俊华老师通过微博、微信、电话、登门拜访等一个个请来的。

知行合一 培育"国之重器"

中华民族伟大复兴的中国梦终将在一代代青年的接力奋斗中变为现实。全党要关心和爱护青年,为他们实现人生出彩搭建舞台(十九大报告)。

每天清晨,阮俊华早早来到办公室,打开门后,总习惯性地让门虚掩着。随后,打开电脑,更新彩虹人生博客、微信公众号。

育人,是阮俊华从教20多年贯穿始终的主线,学生若想找他,到蒙民伟楼4楼公管学院,找到那扇虚掩的门,进去准没错。

"青年学生是祖国的未来,而诱惑与纷扰、未知与迷茫常常成为他们的羁绊,我希望更多同学不甘平庸,锻造内心的人格力量和精神品质,成为国之栋梁。"阮俊华是这么说的,也是这么做的。他搭建的"彩虹桥",从"绿色"起源,根据学子需求、时代需要不断扩容,最终凝聚成一个大型综合性公益育人平台,托起各类学子的彩虹人生。

自1999年开始,阮俊华先后创建了绿之源、绿色浙江、银丝带、黄土地计划、青年博士志愿讲师团、紫领计划、强鹰计划等项目,向成千上万青年学生传递责任担当和公益精神。

"人生导师",这是学生对阮俊华的评价。知行合一、说干就干,是阮俊华为学子树立的榜样。

1995年,毕业于原浙江农业大学(1998年并入浙大)的阮俊华,留校担任辅导员,出于专业考虑,他当时就一直思考着如何将环保志愿服务与实践育人有机结合起来。1999年9月,他牵头创办学生社团——浙江大学学生绿之源协会。

2000年发生的一件事,彻底改变了阮俊华的人生轨迹。阮俊华的学生忻皓携伴,耗时36天,骑行2000余千米,看到了垃圾乱扔、污水直排等现象。他们的所见所闻,引发了阮俊华对绿色生产、绿色生活实践路径的思索。

"何不成立一家公益环保组织!"在阮俊华的带领下,他们一起筹备建立了浙江首家民间环保组织绿色浙江,开启了搭建社会平台培育学子之门。

如今,绿色浙江发展成一个扎根浙江、放眼全球的专业从事环境服务的社会组织,培养了成千上万青年环保志愿者。首届中国生态文明奖、中国青年五四奖章获得者忻皓和共青团中央委员申屠俊都是在该平台成长起来的青年学生代表。

初战告捷,让阮俊华看到了整合资源、搭建平台对学生成长的推动作用。把握时代需求,响应社会呼唤,阮俊华的育人项目内涵不断丰富,对青年成长的关照方向也不断拓展。

黄土地基层挂职锻炼成长计划拜群众和基层干部为师;求是强鹰实践成长计划聚焦创业创新,培养未来企业精英;浙大青年博士志愿讲师团深入基层宣讲,办得有声有色。

阮俊华一门心思扑在育人上,无时无刻不在思索学生缺什么、自己能给什么资源,以至于他大部分的寒暑假、业余时间都在与学生打交道。每年暑假,他都会送学生到湖州长兴、安吉、南浔等地锻炼,待结束再把他们接回来。11 年里,他累计接送 400 余名浙大学子。

阮俊华还将彩虹人生育人平台做到了线上,每日撰写、转载育人文章。2010 年 8 月,他开通彩虹人生博客,累计发布 1300 余篇文章;2013 年 2 月,彩虹人生微信公众号上线,至今发表图文消息 1700 余条,粉丝近 4 万人。

"得天下英才而育之",阮俊华说,这是身为浙大老师最大的幸运。

放飞梦想　书写人生华章

广大青年要坚定理想信念,志存高远,脚踏实地,勇做时代的弄潮儿,在实现中国梦的生动实践中放飞青春梦想,在为人民利益的不懈奋斗中书写人生华章(十九大报告)!

阮俊华秉着"扶上马、送一程、关爱一生"的育人理念,不断创新育人模式、搭建育人平台,将一批青年带向充满机遇的道路,让他们在人生的宣纸上尽情"泼墨"。

全国首创导师带徒模式的求是强鹰实践成长计划,10 年间汇集了 130 余位风云浙商和知名企业家,为 888 名浙大优秀学子和 88 名来自哈佛、耶鲁、牛津、北大、清华等海内外高校的强鹰名誉学员的成长导航,推动 100 余位强鹰学员翱翔在创业的天空。

浙江以在校大学生身份获千万元风投第一人的陈旭、今年荣获全国"互联网＋"大学生创新创业大赛总冠军的光珀科技创始人白云峰、中国 A 股上市公司最年轻的金牌董秘高坚强、PE 创投界新秀九仁资本 CEO 姜有为……杰出的"强鹰"不胜枚举。

今年,在强鹰计划 10 周年之际,数百名来自全国各地,乃至在纽约、硅谷、伦敦、墨尔本、东京、新加坡学习或工作的"强鹰",纷纷飞回浙大校园,喊出一个豪迈的口号:"从此你我像鹰,放眼寰球,志在天下!"

"用你的全部力量和才能去效忠和服务一个超越自身的东西。"阮俊华做到了。育人,是他生活的全部意义。

窗外,满树银杏叶随风飘落,留下一地金黄。那几棵高大的玉兰树上,分明已经有了含苞待放的花苞。历经阳光雨露后,它们将在来年春天,绽放出最灿烂的光芒。

坚持心中的梦想

中国青年群英会代表，母亲河奖、中国志愿服务金奖获得者，
绿色浙江总干事　忻　皓

　　人们总爱把教师比作阳光和雨露，我觉得这个比喻很是妥帖。有意思的是，认识我的恩师阮俊华13年来，在见证他的育人思想体系不断形成和完善的过程中，我强烈地感受到了一种愈来愈强大的力量，这种力量甚至超脱了阳光、雨露这样的简单事物，正引领着他身边的人们去追逐一个叫作梦想的东西。

　　于是在《寻梦彩虹人生》一书中，阮老师将他所致力的七件事比作天上的七色彩虹，娓娓道来一个个清晰可见的育人故事，传播着世人共通的真、善、美价值。尤其让我感到清醒的是，这篇篇短文共同讲述了做一个浙大人最重要的人生准则——做人就要坦荡明白，绝不能把"强鹰"的光环轻易拍卖！

　　他的这种彩虹人生的育人思想体系，在我看来，更像是彩虹的本原回归——当阳光照射到空气中的水滴，光线被折射及反射，在天空上就可能形成拱形的七彩光谱，这便是彩虹。简言之，阳光和雨露能够让你生存，而它们更可以奇妙地合作出彩虹这摸不着的虚无之美，这美在于——它给你梦想，它让你知道什么才是对的！

　　我很庆幸通过阮老师的博客，成为这彩虹人生中的一小点构成色，更让自己在每次翻开时，都能换一个角度去审视自己，然后自问：曾经的梦想，我是否还在坚持？

2012 年 2 月

春雨无声

蓝狮子读书会

我热爱四季之美，虽然对被万物宠幸的春季无丝毫偏袒之意，但对于春雨，倒有一些难以言喻的感情。它不像夏日的暴雨来势汹汹，留给大街小巷一片狼藉后又大摇大摆地离去；也不像冬天的冰雨稀疏清冷，顽强地渗透到皮肤深处，只有长时间温热的光照才能渐渐驱散没入体内的深寒。

春雨则完全不同，它不喜欢说话，安静地踏着几片云朵而来，在我们的皮肤稍微感觉到凉意之后，绵密的雨点就这样清清爽爽地下来了，纤细、低调，不多时又回归万里晴空。除了未干的地面和持续的凉爽，之前皮肤细腻的触感竟好像没有出现过一般。比起夏雨的肆虐和冬雨的凄冷，春雨带来的影响则更为宁静和深远：落在农田，催生了一年的希望；落在原野，催发了无数的生命；落在溪水，将活力和清澈不急不缓地送向远方。

此时在我的脑海里，没有哪本书比《寻梦彩虹人生》更像一场来之不易的春雨。不同于时下盛行的"成功学"，也不赘言说教，作者将他彩虹人生博客中的博文和一部分网友评论辑录成书，有感而发，寓教于事，简单朴实。

多年的育人之路让作者的文字饱含哲理。翰墨书香，字字深藏无我与不贪，点滴都是出世的哲理；文韵词锋，责任和进取跃然纸上，方寸间道来入世的法门。500多年前智者王阳明创立的"心学"慢慢演化成了"求是"的学风，并且成为阮俊华所在的浙江大学的校训。也许冥冥中自有联系，但更多的应是理想的感召，阮老师不满足于做一个学者，而是理论结合实践，运用手中的资源，发起了绿色公益组织，并领跑了许多学生创新项目。在他的努力下，许多迷茫至低谷的大学生和不知所措的职场新人重新认识和挖掘了自己的潜力，并且成为社会中的骨干。与此同时，这些宝贵的经验也正潜移默化着他身边的其他教育者，这场春雨势必会给更多的人带来红红火火的正能量。

良好的价值观和优秀的内在品格是匆匆疾行的现代社会人所欠缺和需要的，而合理的人生规划和不断成熟的思维能力则是良好价值观的一种外在体现，并且能和内在相辅相成、互相促进。正如洁丽雅公司总裁石磊先生读后所说，这本书包含着一种"外儒内道的修身理念"。在他的指导和培育下，求是强鹰学子、紫领精英正逐渐成为各大行业和企业的生力军。把百年育人的成功经验留驻笔尖，让更多的年轻人手握明灯，少走崎岖之路，将真诚有力的教育带给晚辈，作者之意便足矣。

这是一本薄薄的小书，没有佶屈聱牙，也没有冗长难懂，但这里有一个中年人在走过年少激昂和艰难求存之后得出的感受和道理。他将一批青年人带向充满机遇的道路，也将更多的豁达开朗、创新进取融入社会。这其中所蕴含的哲理和深意正如一场低调的春雨，悄无声息地洒落，却溅起无穷的意义和深远的影响。（说书人：邵小怡）

注：继蓝狮子读书会为浙江省青年企业家协会和浙江省青联常委等配送近千本《寻梦彩虹人生》后，蓝狮子又专门撰文《春雨无声》在其双月刊《狮子品书》第 45 期中特别推荐。该刊 7、8 两月共特别推荐了三本书，另两本是著名经济学家李稻葵的新著《乱世中的大国崛起》和著名银行家威廉·罗兹的《走向世界的银行家》。

微书评集萃

　　《寻梦彩虹人生》于 2011 年 10 月出版后，得到了校内外及社会各界的大力支持和众多好评，后连续 4 版印刷发行 40000 册，均已售罄。我将该书出版相关内容放入彩虹人生微信公众平台、新浪博客，阮俊华腾讯微博、新浪微博和人人网，得到了很多网友的评论、跟帖，也得到了众多鼓励和推广。不少学校、机关、企业和省市县共青团，包括一些海外名校中国学生组织，纷纷邀请我与当地青年和学生交流分享彩虹人生。不少战友、朋友、网友主动订购并积极推广，一些网友纷纷网上购买并多次到紫金港找我交流，令我深为感动，也激励了我坚持开展彩虹人生公益育人事业的勇气和决心！现摘录部分相关书评，与大家分享。感谢各位战友、朋友、网友的大力支持！

　　20 年铁肩担道义，20 年真情绘彩虹。我们见证了彩虹人生的活力与绚丽！敬佩重担当、有大爱的阮俊华老师！他如桥，弯下腰让学生从桥上走过；他如水，无时不在滋养着学生的心灵；他如藤，坚韧修长，不断向上攀登；他如火，燃烧自己，为他人创造光明。我以为，高尚、伟大在于责任与担当，一位好老师，胜过万卷书，敢于担当之人，其心灵必然美好！

——浙江省妇联党组成员、巡视员、
浙江省妇女研究会常务副会长　金　敏

　　20 年风雨兼程，20 年赤诚奉献，20 年一路前行，20 年义无反顾。在漫漫人生路上，阮俊华老师和他的伙伴们用济世的情怀和对信仰的虔诚，投身于公益事业。把爱心撒向人间，让绿色布满大地，使雏鹰搏击长空，为紫领成才铺路。他让我们看到用大爱铸就的人生是如此美丽灿烂，如同彩虹高悬天际。今天，当我们仰望彩虹的时候，由衷地愿意化作一滴水珠，融入那广袤的天空，让阳光也透过我们的身躯，折射出七彩的光华。

——浙江省政协常委、文卫体委员会主任、文化厅原厅长　杨建新

　　彩虹人生，立德树人；重在坚持，贵在创新；立于平凡，创造不凡；求是求

真,不懈追寻;万里长空,强鹰徜徉;亦师亦友,同心筑梦;功在未来,可赞可钦!

——商务部服务贸易和商贸服务业司司长　周柳军

2014年5月加入浙大后有幸与俊华共事,由此开始了解、接触彩虹人生,并深深为之吸引。我为俊华的不懈追求鼓掌,为他所引领的彩虹之路骄傲。我祝俊华的彩虹梦想成真,愿更多人加入寻梦彩虹人生之旅。

——浙江省政府参事、摩根大通中国前行长　贲圣林

《寻梦彩虹人生》不仅仅是一本智慧书,更是教育人、感化人、指引人积极向上,为你充满正能量的精神食粮。阮俊华说:"人有两次出生,一次是肉体,一次是灵魂,努力成为有价值而不是有价格的人。"这句话不知道深深打动了多少人,能有这样高尚的道德情操,绝对不是一句口号,而是对人生价值的定位,把自己人生的价值最大化,这也是人生的最高信仰。

——世界武术冠军教练、杭州市陈经纶体育学校教师　周建海

一个国家的强大,不仅仅只靠几个GDP数字,国民素质的提高才是根本。拜读《寻梦彩虹人生》深有感触,百年育人,人才的培养教育,不是一朝一夕之事,更不可急功近利、做形象工程。这就好比苗圃的园丁,每天悉心地浇灌,才能换得满园春色,育得桃李芬芳。阮老师开创的彩虹人生、绿色浙江公益事业,正默默地为国家、为民族的发展做着这样一件具有战略意义、令人尊敬的事情。

——全国人大代表、绿色浙江公益大使、浙江省舞蹈家协会主席、
杭州歌舞剧院院长　崔　巍

与彩虹人生创始人阮俊华老师的最近一次碰面是在杭州净慈寺的佛堂里。雷峰塔下闹中清幽,南屏晚钟静候繁华。获赠阮老师的《寻梦彩虹人生》,思绪万千。人生很像我们碰面时的情境,奔波中需要灵魂的暂时归隐,安静后才能更清醒地出发。而彩虹人生就像一座心灵的桥,让我们随时跨越喧嚣、连接至纯、返璞归真。这也许就是一个公益组织最引人入胜的气质——在坚强中彰显柔软的力量,在迅猛中体会缓慢的伟大。

——绿色浙江公益大使、浙江慈善大使、
浙江电视台教育科技频道主持人　小　强

拜读阮俊华老师的《寻梦彩虹人生》，有种久旱逢甘霖、他乡遇故知的感觉。书里多次提到"理想、行动、坚守、感恩"，与我所供职的浙江电视台"励志、勤奋、尽职、感恩"的集团核心文化不谋而合！让我在而立之年，更加明白要做一个有价值的人，而不只是一个有价格的人！不经历风雨，怎能见彩虹？不树立梦想，又何谈寻梦？我希望更多年轻人看到这本书，读懂这本书，从这一刻开始树立梦想、心怀感恩、努力拼搏，成就彩虹人生！

——绿色浙江公益大使、浙江电视台钱江都市频道
新闻部副主任、首席主播　姜　楠

"我们无法把握人生的长度，但可以拓展人生的宽度，提升人生的高度"，一句话为我们勾勒了一个三维人生。阮俊华老师以《寻梦彩虹人生》为巨笔，为三维人生平添了七彩色度，描绘的是健康的心灵，成长的是激扬的青春，塑造的是以梦想为基底和标高的人生。

——绿色浙江公益大使、全国青联委员、浙江卫视首席主播　席　文

"我愿化身为一座'彩虹桥'，弯下腰让学生从桥上走过。"这是多么高贵的品格！每次看到阮老师的这句心语，敬佩之心便会油然升起。二十年的坚守和付出，成就了一批又一批莘莘学子，堪称时代楷模！紫领计划、绿色浙江、求是强鹰，已经成为推动社会进步、引领社会风气的一股力量。每当我困惑迷茫的时候，彩虹人生便是我坚持前进的动力！

——绿色浙江公益大使、全国青联委员、
浙江歌舞剧院首席女高音歌唱家　郑培钦

我是新入伙的，对绿色浙江、紫领和强鹰计划理解不深，但我把它当作是在一位老师的感召下，一群理想主义者塑造人生彩虹的社会实验，旨在使人生像彩虹一样丰富、精彩、有意义，具有梦想和追求。阮老师已经用行动回答，彩虹人生就是成就他人、造化自己。有梦想才有未来，有追求才叫人生。因此，我们永远年轻。

——浙江省科技厅厅长　周国辉

再阅《寻梦彩虹人生》，油然而生一种感动和敬意！阮俊华老师以自己多年来的人生感悟，从点滴小事想起、从细微之处聊起、从热点问题谈起，述为人处世之道，知书明理，解惑释疑，循循善诱。字里行间充满着对青年学子的一片真情、挚爱和希望，以自己的信念、激情、责任与行动，感召、引领青

年学子。润物无声,开卷有益,为《寻梦彩虹人生》再版点赞!

——湖州市委常委、组织部部长   于武东

  这是一本教育的书,书中有很多作者对教育问题的思考,对教育现状的忧虑,发乎于心,动于情,切中中国教育的时弊,开卷细读,让人深省。

  这是一本创新的书,紫领计划,求实强鹰,字字句句之中,融入了作者的教育理念、人文精神。最为可贵的是,作者总能另辟蹊径,超越创新。

  这是一本绿色的书,记录了作者创立环保组织、开展绿色公益活动的心路历程,作者对地球母亲安危的关切,对生命的热爱和敬畏,震撼心灵。

  高度来源于知识的积淀,感动来源于心灵的真诚,作者以大爱为笔墨,怀着一颗感恩心、赤子心和公益心,誓为人间传美善,力为世界开太平!

——2007 年中国青年群英会代表,地球奖、中国十大杰出志愿者、
中华慈善奖获得者   叶   榄

  彩虹人生,寻梦人生,美丽人生! 辅导员的工作就是编织美丽彩虹的工作,就是引导人寻梦的工作!

——浙江省社科联主席、浙江工商大学党委书记、
浙江省特级专家   蒋承勇

  我也曾担任过政治辅导员,《寻梦彩虹人生》一书中所提到的诸多育人问题我深有感触。俊华老师能够创新育人思维,并且不辞辛劳地为青年学生搭建成长平台,其理念、大爱和探究的精神都值得学习和效仿,也希望更多青年教师和辅导员能像阮老师一样,为学生筑梦,让学生圆梦,共同成就绚烂的彩虹人生!

——浙江农林大学党委书记   宣   勇

  化身彩虹,指点迷津,激励成长;寻梦绿色,俯首环保,激情人生。点赞阮俊华老师的《寻梦彩虹人生》。

——浙江省政协副秘书长、研究室主任   盛世豪

  为大学生的青年导师阮俊华先生喝彩! 您从浙大求是园起步,培养青春强鹰,搏击社会长空,画出一道道美丽灿烂的人生彩虹!

——浙江省科协党组副书记、副主席   陈世权

"我愿化身为一座'彩虹桥',弯下腰让学生从桥上走过,希望能帮助和成全更多的学生找到属于自己的彩虹人生。"这是阮老师最大的理想,也是我们学校青年团干服务青年学生成长成才的责任和使命。借此机会向更多学校青年教师、青年团干和青年学生推荐阅读《寻梦彩虹人生》,共同思考,共同感悟,共同成长。愿更多的青年学子能够从这里起航,把握好人生方向,心怀感恩,坚持不懈,寻梦属于自己的彩虹人生!

——共青团浙江省委副书记 朱 斌

师者,传道授业解惑也。阮俊华老师的《寻梦彩虹人生》在新时代里传正道,授正业,解正惑,真正体现了为师者的担当和勇气。《寻梦彩虹人生》是青年人值得随身携带的好书,值得广大青年思想工作者和团干部认真学习、研究。隆重推荐!

——共青团河南省委副书记 郭 鹏

很好的一本书,是作者十几年忘我工作的纪实,受到了全国高校管理干部的好评。

——浙江大学党委宣传部部长 应 飚

"彩",象征缤纷与精彩;"虹",象征路径与希冀。彩虹人生,是通向属于每位年轻人缤纷梦想的健康之路,是一位老师16年化身"彩虹桥"追逐理想的奉献之歌。人生最幸福的,就是追逐心中的梦想,为梦想而付出,再辛苦也是快乐的。人生最精彩的,不是实现梦想的瞬间,而是坚持梦想的过程。向阮老师致敬!

——共青团浙江省委常委、办公室主任,
浙江省青年研究会副会长 陈 江

"彩虹"是书,一本使人永葆青春活力的养心宝典,在养生术、关系学、炒股经充斥书市的当口,令人触目时眼前一亮,过目后神清气爽。

"彩虹"是罗盘,让人在深陷功利主义的泥沼而不可自拔的时候,得以重新审视人生轨迹,确立人生坐标。

"彩虹"是纽带,一道由正气、理想、信念、承担、感恩、信任和大爱编织而成的七彩丝带,一头连着中华民族道德的基石,一头绾结着当今学子、学人和仁者的心房。

洗尽铅华,贵乎心灵。"彩虹"正是以近乎谈心的方式,走近大学生,走近读者，走进年轻和盼望年轻的心。

除了引领该书的原读者——大学生们，"彩虹"还让但求自保的中老年人重新点亮充满创造精神的理性之火；让埋头题海的中学生仰望星空，憧憬未来，设计人生……"彩虹"不愧为各年龄段读者的良师益友。温中人为阮师兄绘就的"彩虹"歌而舞、鼓而呼。

——浙江省温岭中学校长　陈才琦

面对与以往迥异的大学生活，很多学子往往会感到莫名其妙的迷茫。读阮俊华老师的《寻梦彩虹人生》如静静聆听长者之言，内心不再浮躁与慌乱，平心静气，剥去万千缠绕，体会心灵最深处的诉求。再借老师所授之点滴，走出迷茫，享受大学生活，必能不枉青春而成就一番景象。《寻梦彩虹人生》如一位心灵调剂师，从自身修为、学业精进到立志追梦，时时激励着青年朋友，伴随其大学之路开启彩虹人生。

——中组部青年千人计划入选者、东方学者、
复旦大学博士生导师、教授　周旭辉

阮俊华老师的彩虹人生给我们很多的启发和思考，尤其是他所引导的求是强鹰实践成长计划，搭建了一个全员育人的良好平台，整合了校外优质导师资源，使渴望奋斗、充满激情的青年学子确立了清晰的人生目标，强化了责任意识，主动积极地投身各种社会实践、创新创业活动。一群肝胆相照、志趣相投的挚友们相识相助、分享体验与收获，在自身成长的同时，更在朋辈中起到了引领示范的作用。期盼求是强鹰能够不断探索新的体制机制，使其他高校的优秀学子也能够在这个舞台实现人生梦想！

——哈尔滨工业大学本科生院党委副书记　邵　兵

《寻梦彩虹人生》是恩师阮俊华老师的人生梦想，更是广大青年学子的理想风向标。风雨 20 载，绿色浙江、求是强鹰、紫领计划等元素构筑成了绚丽多彩的"彩虹桥"，他"弯下腰让学生从桥上走过"。阮老师以海纳百川的胸怀、天下为公的理想引导那些从"桥上走过"、正在"桥上走"以及即将"走上桥"的青年学子用心灵对话，寻梦理想、责任与担当，不断给我们注入"深沉的勇气"，鼓舞"昂扬的斗志"，启发"明白的理性"。

——浙江省师德先进个人、浙江财经大学城乡规划与
管理学院主持副院长、教授　鲍海君

　　粗阅到细读，很钦佩！有发自内心的真爱，有慧眼通透的识见，有清晰可鉴的生涯。更令我感到难得的是文字，形式看似平常，仔细读来却意深味醇。最令我欣赏的是"十问"，言简意赅，小中见大。谢谢你思想的馈赠！

——杭州电子科技大学教授　徐旭初

　　读阮俊华老师的书，如读他的人，读到了包容，读到了深刻。《老子》里面的一句话特别应他：大邦者下流，天下之牝，天下之交也。意思是大国要像居于江河下游那样，拥有容纳天下百川的胸怀，只有用谦虚、低调的态度来对待，才有可能产生如此浩大的包容心。《寻梦彩虹人生》让我感觉到阮俊华他躬下自己的脊背搭成一座桥来承载他的学生们，莫名感动。如同一个旅人，路过陡峭山壁、断流小溪，用信仰积淀了一名师者的幸福。

——绿色浙江公益大使、浙江电台交通之声著名主持人　许　诺

　　"我愿化身为一座'彩虹桥'，弯下腰让学生从桥上走过。"这是把自己比作一根"思考的芦苇"的阮俊华老师在《寻梦彩虹人生》里的一段话。文字是有灵魂的，只有拥有梦想的人才会描绘出缤纷灿烂的彩虹；只有具备责任、自律、无私这些高贵品格的人才会坚持 16 年如一日，始终保持激情，把帮助青年学生找到理想与信仰作为己任，并和自己的生活融为一体。亲爱的朋友们，请永远记得自己的梦想，假如此刻你在寻梦之路上迷失了自己，那么用你的心灵之语和《寻梦彩虹人生》对话吧，相信你会重拾心底的梦想，并付诸实现梦想的行动。

——绿色浙江公益大使、世博会特聘礼仪专家　万里红

　　欣闻阮老师《寻梦彩虹人生》再版，满心的感动！教育的本质是什么？《说文解字》给出了答案，"教，上所施下所效也；育，养子使作善也"。多朴实，多简单！每一个教育工作者应努力成为学生榜样，"上行下效"，帮助学生树立基本道德观，教其如何做人，"使其向善"足矣！向团员青年推荐此书！

——共青团浙江省衢州市委书记　徐建芬

　　祝贺阮俊华老师《寻梦彩虹人生》面世。相信这本心血之作，一定能给广大的青年师生以启迪和感悟。一本好书，值得推荐。

——全国人大代表、中国新光控股集团董事长　周晓光

看完阮老师写的《寻梦彩虹人生》,相识其多年,一直很敬佩他立志培养青年人成长为中国崛起脊梁之宏愿,而且他一直努力践行着。相较当下流行的成功学、励志书籍,阮老师此书更侧重引导年轻人如何做一个知书、懂礼、正直、有公益心、平实而健康的人。文风平易朴实,如点滴春雨,润物无声。

——2011 年十佳全国巾帼建功标兵、十大风云浙商、

万事利集团董事局主席　屠红燕

认识俊华老师缘于求是强鹰,之后一直关注他的彩虹人生博客,并阅读了他的签名书《寻梦彩虹人生》。我为他的青春、激情、学识、师德深深感动着……他是一位值得尊敬的好老师。他的为人与著作点燃着大学生的心灯,对我们商界人士培育大学生人才成长很有借鉴意义。

——2011 年十大风云浙商、浙江十大经济年度人物、

盾安集团总裁　吴子富

看了阮俊华老师的《寻梦彩虹人生》,深深为那些平凡而真实的育人故事所打动!在这个浮躁、现实、追求名利的社会,尚有这样一位老师用他无私大爱的心灵之灯照亮青年学子的成长之路。一如他倡导的浙大求是强鹰计划,使学生更快地融入社会,明确自己的前进方向,而我很荣幸两次成为他们的创业导师。

——2011 年十大风云浙商、浙商创投董事长　陈越孟

细读阮老师的《寻梦彩虹人生》,内容朴实,事例典型,情真意切,多是从职业出发对生活工作中寻常平淡事的一些思索,切入点多、角度广、意义大,为青年大学生的人生成长提供了一把开启心智的"钥匙"。彩虹人生是一种人生态度,更是一种人生追求,希望读者认真阅之、品之,相信必有一些对于人生的感悟。

——2009 年十大风云浙商、洁丽雅集团有限公司总裁　石　磊

人的一生能做的事不多,能做成几件有意义的事更难。如果可以选择,我的梦是做阮俊华老师那种培育年轻人的事,把自己在追梦人生中悟到的心得真诚地告知年轻人,你不觉得这很有意义吗?这样,你曾经的正确将被传承放大,你曾经的错误将在传承中被纠偏。《寻梦彩虹人生》,真实的爱,是人性在熠熠闪光。

——2011 年浙江十大经济年度人物、杭州中商集团董事长　董国民

大学生时常给我们与社会脱节的感觉，阮老师通过自己对社会的感悟、对人生的思考，为当代大学生指明了一条彩虹之路，也为社会的发展架起了一座彩虹之桥。"责任"二字贯穿全书，对于青年学生而言，寻梦彩虹人生，更多的是一份责任与担当。同样对于我们80后年轻创业者而言，在把企业做强、做大的同时，更需要传播的是承担责任、乐于奉献社会的企业精神和文化。此书非常值得我们企业青年员工学习，在寻找自身更大的价值和快乐中推动企业更大的发展！

——2013年浙商杰出少帅、伟基发展控股集团董事长　虞　辉

阮老师的"彩虹人生"与零点的"黑苹果"有异曲同工之妙，旨在点拨青年人如何健康成长。拜读了，学习了，受益了。

——零点研究咨询集团前进策略公司总经理　冯　晞

《寻梦彩虹人生》内容贴近大学生生活，文字娓娓道来，阅读它就像同一位智者对话，在异常轻松的氛围下许多疑惑迎刃而解，同时带给自己更多的人生启迪。阮老师的《寻梦彩虹人生》值得一看，许多青年学子会对眼前的大学生活和未来的发展感到迷茫，从阮老师的书中，你或许能找到答案，并汲取不断前行的力量。

——浙江大学光电信息工程学系党委书记　叶　松

细细翻阅阮俊华老师著述的《寻梦彩虹人生》，看着充满思想与哲理的一篇篇短文及其后的评论，深感作为老师的我们肩上的责任。这本书，值得浙大学子读，值得广大学生朋友读，也值得我们老师读。

——浙江大学全球浙商研究院副院长　鲁柏祥

点滴感悟，持之以恒，背后隐藏的是阮老师对学生的挚爱和年轻的心。与学生一起快乐成长，让优秀成为习惯，让先进成为个性，令人钦佩与感动。

——华侨大学党委宣传部部长　庄志辉

《寻梦彩虹人生》，虽说这是本寄语大学生的书，我读来却觉得很有普世精神，适合很多年轻人去感悟。所以就向区图书馆推荐订购了58本，分送到一些学校及农家书屋，去激励更多的年轻人。通往成功的路可以不同，梦想却可以一样多彩。

——浙江省衢州市柯城区文化局副局长　王丽君

近日拜读阮俊华的《寻梦彩虹人生》，博文成书。他将自己比作一根"思考的芦苇"，字里行间流露出对学生的爱与真情，对当代青年如何重塑信仰和坚守理想进行了深刻的诠释。正如他所说，"我愿化作一座'彩虹桥'，弯下腰让学生从桥上走过，希望能帮助和成全更多的学生找到属于自己的彩虹人生"。

——杭州市余杭区乔司街道三角村党支书　高国华

阮俊华老师是个很有思想、很有创造力、很有魄力的人，深受学生喜爱。从辅导员、团干一路走来，求是强鹰、紫领计划等都已浓缩在《寻梦彩虹人生》中，这是值得我们一看、一学的好书。

——浙江工业大学建筑工程学院党委副书记　陈　晓

因为"学生会干部应努力成为学生的榜样"，彩虹人生让我找到归属；因为"我弯下腰，只为成就你的彩虹人生"，彩虹人生让我感动；又因为书中充满的理想主义情怀，彩虹人生让我震撼！阮俊华老师的《寻梦彩虹人生》让我们心中充满了正能量。一个人能做好自己不容易，能为国家、社会做贡献更不容易，能搭建平台、团结他人、形成合力更是难上加难！为彩虹人生点赞！

——2010—2011年全国学联驻会执行主席、
第18届中国科学技术大学学生会主席　范　煜

我大一的时候就参加了阮俊华老师彩虹人生下的求是强鹰项目，并深深受益。阮老师为同学们提供了一个挖掘个性、拓展视野的平台，鼓励同学们多元发展，寻找自己的独特梦想。愿更多人加入寻梦彩虹人生之旅，编织多彩的人生。

——哈佛大学肯尼迪政府学院中国学生学者联谊会主席　柳　茜

他20年倾心奉献，愿化作桥，让学生走过；他20年慷慨给予，愿化作水，让心灵滋润。因为他，成千上万的学生感受到了梦想，明晰了方向；因为他，不计其数的青年知晓了真谛，品味了人生。还记得，他曾经说过"成就他人才是更大的价值和意义"；还记得，他曾经讲过"做别人生命中的加号"。他就是亲爱的阮老师。我十分庆幸自己能在学生时代接受阮老师的教导，他引领了我一生的方向，我将从感恩出发，从谦卑做起，让更多的人拥有彩虹人生。

——斯坦福大学学生　王竞凡

有幸到英国学习,使我对中国同西方发达国家的比较有了初步的感性认识。祖国的日益繁荣令人振奋,但在点滴的见闻中,我还是感到了我们同别人的差距。复兴之路,任重道远,而我们青年一代正是开路先锋。纵使前路坎坷,但手捧阮老师这本书,我就如同拥有了一盏明灯,引领我"正心,修身,齐家",并沿着彩虹之路,寻梦中国。

——牛津大学工商管理硕士　胡苗楠

《寻梦彩虹人生》一书的很多篇章又把我带回了当时的场景。听阮老师给我们讲绿色浙江从无到有的点点滴滴,很是振奋;慕名参加求是强鹰,从第一次笔试失利到鼓起勇气再报名、结识我的导师,领悟到"快乐人生"和"浙商精神"的真谛,这里让我在快乐中成长、在成长中无悔;在北大主办的学生活动交流中,我把在求是强鹰的经历与收获同朋友们一起分享,很多学生会的同仁们与其说是羡慕我们学校与浙江这一区域性优势,倒不如说是羡慕我们背后有阮老师这位时时在为学生的成长与成才不断铺路的恩师。

——2009—2010 年全国学联副主席、
浙江省青年联合会副主席、浙江省学联主席　褚涵文

《礼记》中有记载"儒有合志同方,营道同术;并立则乐,相下不厌",它描绘的是志同道合者相伴前行的美妙意境。《寻梦彩虹人生》为志同道合的青年学子提供了一个多元化、互通有无、发人深思、引人自省的平台,并塑造了谦于学习、乐于分享、勇于担当的强鹰文化。"我愿化身为一座'彩虹桥',弯下腰让学生从桥上走过",字里行间无不体现阮老师甘为人梯的胸怀。望与各位有志学子一道,仰望星空,脚踏实地,同寻彩虹人生,共筑美梦中华!

——第 10 届中国科学院大学学生会主席　李伟亨

人生彩虹始于足下,阮老师以他的言传身教为我们年轻人点燃了梦想。他用坚定的理想信念、高尚的道德情操、扎实的学识和宽厚的仁爱之心,多年来帮助年轻人踏上寻梦之路,走出彩虹人生,令人敬佩,让人感动! 这本书没有刻板说教,不是空洞理论,而是阮老师长期以来育人实践的所感、所思、所得。学生时代我有幸得遇阮老师,已是受益匪浅,如今成为一名大学教师,这本书更值得我去细细体会和领悟,真心把它推荐给广大青年朋友们,相信大家读后也定能备受启迪。

——复旦大学第 21 届研究生会主席　张文渊

近日拜读阮俊华老师所著的《寻梦彩虹人生》，感触颇深。阮老师是我的恩师，我在本科做学生工作时受阮老师教导和熏陶多年，我亲历了阮老师为成全学生而费尽心力的彩虹计划的大部分过程。他是我敬重的人，也是许多浙大学子敬重的人。

——北京大学汇丰中小企业研究中心秘书长　朱　凯

《寻梦彩虹人生》，开卷有益，在不断阅读中更坚定了我的努力方向。在2011年11月由浙江大学博士生会举办的第3届亚洲博士生论坛之主席交流会上，我将此书作为礼物和与会近70位主席分享，反响强烈，他们纷纷感叹于浙大老师对学生工作投入的激情和大爱！

——浙江大学第10届博士生会主席、美国百人会英才奖获得者　王　鹏

红是心怀天下的赤诚胸襟，橙是关心学子的无限热情，黄是满园桃李的丰硕成长，绿是亲切交流的清新文笔，青是积淀深厚的文化学识，蓝是平易近人的淡泊姿态，紫是改变世界的美丽梦想。读《寻梦彩虹人生》，其中有面对风雨、迎难而上的勇毅，有雨后彩虹、收获成功的惊喜，更有七彩斑斓、涤荡心灵的人生感悟。阮老师一直以恩师和慈父般的教导，引导我们青年一起寻梦彩虹人生！

——浙江大学第24届研究生会主席　夏江汉

未曾清贫难成人，
不经打击老天真。
自古英雄出炼狱，
从来富贵入凡尘。
醉生梦死谁成器，
拓马长枪定乾坤。
挥军千里山河在，
扬名万载天地存！

感谢彩虹人生让我找到了人生的方向和心灵的港湾，它将激励我作为一个寒门学子继续去担当自己的社会责任，永远怀着一颗感恩、健康的心去追梦自己的彩虹人生！

——浙江大学管理学院博士生会主席、浙江大学优秀共产党员　卞　军

鸟欲高飞先振翅，人求上进先读书。希望更多想要在自己的领域中有

所作为的同学从《寻梦彩虹人生》中明确自己所处的位置、应该面朝的方向，然后做一只骄傲的求是强鹰，振翅高飞！

——2013 年世界小姐中国赛区季军、浙大研究生　姜媛媛

实习的生活，每天都有新的启示和收获，第一次面对生猛的社会，发现自己有着太多的不足。反复阅读《寻梦彩虹人生》，阮俊华老师的阅历与智慧，帮助我在自我调整的过程中确立更加科学的方向。其纯粹的心地、开阔的灵魂，更是年轻人一生学习的榜样。

——共青团中央宣传部干部　吴　笛

品读《寻梦彩虹人生》，被恩师的执着和大爱所深深触动，重塑信仰和坚守理想的呼唤在阮老师的笔下如此有力，他深刻地诠释了四个字——行胜于言。他俯下身去，架起了实实在在的彩虹桥；他大胆探索，开创了富有特色的育才路。能够成为阮老师的学生是一生的幸运，我会在《寻梦彩虹人生》的指引下不断前行！

——浙江大学紫领人才俱乐部副秘书长　裴冠雄

《寻梦彩虹人生》积累了对大学生殷切的希望和恳切的要求，小到乘坐电梯、签字盖章、请假开会等细节，大到国庆节、教师节等节日的意义，都值得我们反思。这是一本塑造意志、强健精神、重拾理性的书，有幸一读，获益匪浅！

——南加州大学学生　陈鼎文

18 年寒窗，16 年磨砺。一辈子事业，一生在育人。每一个青年人都应该能够并且有机会像阮老师一样，脚踏实地，不辞辛苦，怀揣着激情与梦想，勇敢追逐彩虹人生。

——2010—2011 年浙江大学博士生会副主席、
求是强鹰 8 期学员　马　飞

初读阮老师《寻梦彩虹人生》时还是大二，一转眼已经出了第 4 版。书中许多深入浅出的人生道理和为人处事的方式方法都给我们青年学子很大的启发。读此书，如同与老师面对面交流，言辞恳切，循循善诱。今朝行走彩虹桥，他年应记老师心。

——2013 年浙江大学十佳大学生、全国挑战杯金奖获得者　陈敏洵

在读《寻梦彩虹人生》之前，想着"彩虹人生"，按习惯理解，不会又是一个"高高在上"的缥缈口号吧？但是接触到阮老师、求是强鹰、绿色浙江这些真实的人和事时，再阅读此书，感叹于此浮躁时代还有如此正向、踏实之教育，社会之幸，国家之幸！其中阮老师自创的浙商带徒计划，开创了内地教育界的先河。此交流方式在国际高校盛行良久，多称为"Mentorship Program"，是一种校友或者社会人士反馈后来人的绝佳模式。而阮老师开创的浙商带徒模式则更加接地气、落实处，知行结合，承前启后，多益多赢，功德无量。

——香港中文大学研究生会第 6 届会长、

浙江旅港青年会外联负责人　汤志成

人生起步，立志需高远，莫效燕雀安于栖；追梦需结伴，三人行必有我师。正是求是强鹰所践行的理念，指引着我们寻梦彩虹人生。《寻梦彩虹人生》告诉我们或淡或雅、或盈或缺的人生都是我们应该经历的，没有谁的路途是一帆风顺的，只是在寻梦的过程中，我们需要坚持自己的梦想，静心前行，持之以恒，因为希望总在前方。

——澳门新闻网 CEO、澳门大学第 6 届研究生会主席　厉江斌

结识俊华老师缘于一次对求是强鹰和紫领论坛的求教之旅，自此被俊华老师的热情、真诚与睿智所深深感染，相信《寻梦彩虹人生》将会影响越来越多的青年朋友，同寻彩虹人生，共筑美梦中华！

——2012—2013 年全国学联执行主席、北京大学研究生会主席　魏文栋

一个人能走得快，一群人能走得远。求是强鹰就是在不断践行这一理念。《寻梦彩虹人生》是一个指引，它教诲我们沉下心来，坚定信念，明确方向，努力追寻自己的梦想。感谢阮老师，感谢强鹰！

——中国农业大学第 9 届研究生会主席、博士研究生　甘芝霖

翻开书页，清风拂面，这是一种清新的力量，支撑希望，折射曙光，激励成长。彩虹人生，是雨，润物无声；彩虹人生，是光，照亮前程。不抱怨、不沮丧、不迷茫，感谢彩虹人生，长明引航之灯！

——清华大学团委副书记　林正航

18 载砥砺，不忘初心。教书育人，以德树人，以理服人，以诚动人。点拨青年卓越成长，雪中送炭，不辞辛劳，娓娓道来，润物无声。重塑青年信仰和

理想,引领青年以梦为马,勇担使命,脚踏实地,追寻彩虹人生!

——同济大学教师、同济大学第 21 届研究生会主席、

上海市学生联合会副主席　龚韵霖

　　春节时拜访了平湖职业中学的团委书记姚雁老师,畅聊了工作与梦想,把阮俊华老师亲笔签赠的倾心力作《寻梦彩虹人生》与他分享,姚老师非常喜欢,他本人走出校园 7 年,做团工作六七年,也遇上了些发展上的瓶颈,该书颇有雪中送炭之意!

——网友　为学子

　　进入大学该学习怎样的本领? 这些本领与未来的发展又有着怎么样的关联? 这应该是所有大学生入学时的困惑。品读《寻梦彩虹人生》,读者将从中找到答案,树立正确的价值观和人生理想,满怀信仰与力量,探索通往美好未来的梦想通途。

——中国大学生自强之星标兵 孙书剑

　　(资料来源:彩虹人生微信公众平台、新浪博客,阮俊华腾讯微博、新浪微博、人人网,2015)

后　记

　　每年 11 月的最后一个星期四是美国的传统节日——感恩节。这个节日在美国首创,在北美流行,并在西方社会影响深远。这样一个感谢上帝赐予丰收之恩的节日,反映了西方人理性思维中弥足珍贵的感恩情怀。

　　中国历史上并非没有感恩的节日,只是随着农业社会的解体,那些与农业丰收有关的节日也已改头换面,甚至逐渐消失在历史的尘埃中。节日的消亡对社会的发展并无大碍,然而,随着一些节日的消失,我们的感恩情怀似乎也在逐渐远离。处身当今社会,很多人不再感恩自然,不再感恩社会,不再感恩父母,不再感恩那些给予我们帮助和支持的人……社会上诸多矛盾的激化,在一定程度上与感恩情怀的消退脱不了干系。一个人如果不会感恩,便缺少敬畏之心和谦虚之情,同时骄傲、自私等人性阴暗的一面也会凸显出来。积少成多,越来越多人感恩情怀的消退最终会对社会造成难以估量的负面影响。

　　如果一个人不会感恩自然,便不会珍惜环境,甚至会肆意破坏环境;如果一个人不会感恩社会,便可能对社会产生仇恨心理,对他人的生命和财产造成威胁;如果一个人不会感恩父母,便不会孝敬父母,只会向父母索取;如果一个人不会感恩给予自己帮助以及支持的人,便会陷入自私自利的深渊……所以说,一个人若要学会成长,必要常怀一颗感恩之心,有所敬畏,有所信仰。如此,才不会被社会上横流的物欲蒙蔽心灵,才不会在人生道路的选择上迷茫彷徨,才不会因打击而丧失信心。

　　如果要为这本书提取几个关键词的话,我想其中一定会有"感恩"和"坚持"。无论是"佳节明志"还是"绿色梦想",无论是"紫领论坛"还是"真情告白",这些篇章中的许多文字都包含我对"感恩"、"坚持"这些词汇的感悟和思考。我希望这些感悟和思考能够对大家有所帮助,也希望阅读这本书的人都能够跟随自己的内心,坚持自己,常怀一颗感恩之心,无论是对自然还是对社会,无论是对父母还是对他人。我还希望每一位读者内心都能够强大起来,真正地成长起来。

唯有感恩和坚持才会让我们有可能走得更远！作为一名老师，我一直希望能够为更多青年学生搭建和营造深受他们欢迎和向往的成长平台和空间。从教 20 余年的不懈追求和努力，红银黄绿青蓝紫的七色彩虹育人平台也日益完善。创办并坚持 19 年的绿色浙江已成为国内外颇有影响的环保NGO，创办并坚持 12 年的求是强鹰也已然成为浙江大学乃至中国高校最受青年大学生欢迎和向往的文化品牌之一，创办并坚持 10 年的紫领计划也在浙江大学校内外受到越来越多的关注。新华社、《人民日报》、《中国青年报》、《香港文汇报》、《浙江日报》、《钱江晚报》、《青年时报》、《教育信息报》、中央电视台、浙江卫视、人民网、新华网等数百家新闻媒体也纷纷报道了我所搭建的彩虹人生育人平台。我也受北京大学、浙江大学、复旦大学、中国美术学院、浙江工业大学、团浙江省委、湖州市委组织部、杭州市团委、湖州市团委、浙江省能源集团、浙江省移动公司、浙江省武警、学军中学、温岭中学等众多单位邀请为各界青年朋友和学生骨干做"寻梦彩虹人生"专题讲座。

感恩，不仅仅应该挂在口头上，更应该付诸实践，牢记于心。其实，我能够取得今天的些许进步，除了依靠自己的努力，还离不开社会各界和很多朋友的理解、支持和帮助。这本书就是我最衷心的感谢和回馈。

感谢学校领导及相关部门、学院领导及同事对我的支持和帮助！

感谢社会各界人士对我的鼓励和支持！

感谢我的家庭在背后默默的支持和付出！

感谢我的朋友给予我的理解和鼓励，让我能够不畏艰难、执着向前！

感谢我的学生，是你们和我相互促进，共同成长！

感谢所有对我彩虹人生教育事业提供过帮助和支持的人！

感谢所有阅读本书的读者，祝你们在今后的生活中身体健康、学业进步、工作顺利、生活幸福！

阮俊华

2019 年 4 月于浙大紫金港启真湖畔

图书在版编目（CIP）数据

寻梦彩虹人生 / 阮俊华著. —5 版. —杭州：浙
江大学出版社，2019.10（2019.11 重印）
ISBN 978-7-308-19543-0

Ⅰ.①寻… Ⅱ.①阮… Ⅲ.①大学生—思想政治教育
—中国—文集 Ⅳ.①G641-53

中国版本图书馆 CIP 数据核字（2019）第 192806 号

寻梦彩虹人生（第 5 版）

阮俊华　著

责任编辑	曲　静	
责任校对	程曼漫　杨利军	
封面设计	周　灵	
出版发行	浙江大学出版社	
	（杭州市天目山路 148 号　邮政编码 310007）	
	（网址：http://www.zjupress.com）	
排　　版	杭州中大图文设计有限公司	
印　　刷	杭州杭新印务有限公司	
开　　本	710mm×1000mm　1/16	
印　　张	17.75	
字　　数	309 千	
版 印 次	2019 年 10 月第 5 版　2019 年 11 月第 2 次印刷	
印　　数	45001—50000	
书　　号	ISBN 978-7-308-19543-0	
定　　价	38.00 元	